O AMOR
OS UNIU

O AMOR OS UNIU

Pelo espírito Madalena
Psicografia de Márcio Fiorillo

LÚMEN
EDITORIAL

O amor os uniu
pelo espírito Madalena
psicografia de Márcio Fiorillo

Copyright @ 2014 by Lúmen Editorial Ltda.

1ª edição – novembro de 2014

Direção editorial: Celso Maiellari
Direção comercial: Ricardo Carrijo
Coordenação editorial: Sandra Regina Fernandes
Preparação: Roberta Oliveira Stracieri
Revisão: Ana Beatriz Viana Souto Maior de Oliveira
Projeto gráfico e arte da capa: Vivá Comunicare
Impressão e acabamento: Orgrafic Gráfica

DADOS INTERNACIONAIS DE CATALOGAÇÃO NA PUBLICAÇÃO (CIP)
(CÂMARA BRASILEIRA DO LIVRO, SP, BRASIL)

Madalena (Espírito).
 O amor os uniu / pelo espírito Madalena;
psicografia de Márcio Fiorillo. -- São Paulo : Lúmen Editorial, 2014.

Bibliografia.
ISBN 978-85-7813-153-1

1. Espiritismo 2. Romance espírita
3. Psicografia I. Fiorillo, Márcio. II. Título.

14-08930   CDD-133.9

Índices para catálogo sistemático:
1. Romance espírita : Espiritismo   133.93

Rua Javari, 668 - São Paulo - SP - CEP 03112-100
Tel./Fax (0xx11) 3207-1353

visite nosso site: www.lumeneditorial.com.br
fale com a Lúmen: atendimento@lumeneditorial.com.br
departamento de vendas: comercial@lumeneditorial.com.br
contato editorial: editorial@lumeneditorial.com.br
siga-nos nas redes sociais:
twitter: @lumeneditorial
facebook.com/lumen.editorial1

2014
Proibida a reprodução total ou parcial desta obra sem prévia autorização da editora
Impresso no Brasil – Printed in Brazil

A força do amor

"Amai-vos uns aos outros, pois o amor é a força máxima da vida; sem esse sentimento em nossa alma, seríamos como folhas secas que o vento leva para qualquer direção."

Madalena

Sumário

PARTE I - ATÉ QUE A VIDA OS SEPARE   13
Capítulo 1 - Um ano antes... 15
Capítulo 2 - A vida é um grande negócio...24
Capítulo 3 - A noite corria a esmo 34
Capítulo 4 - A volta ao Brasil 42
Capítulo 5 - O voo Paris-São Paulo 53
Capítulo 6 - La Barca...64
Capítulo 7 - Avenida Paulista 73
Capítulo 8 - A briga 87
Capítulo 9 - O triângulo amoroso 98

PARTE II - O PREÇO DA ILUSÃO   111
Capítulo 10 - Os verdadeiros valores da vida 113
Capítulo 11 - As lembranças...129
Capítulo 12 - O encontro 139
Capítulo 13 - Momentos ardentes..151
Capítulo 14 - Recomeçar...159
Capítulo 15 - O dia das grandes realizações.......................................170
Capítulo 16 - O ciúme..176
Capítulo 17 - A transformação 185
Capítulo 18 - A descoberta 200
Capítulo 19 - À luz da lua, os caminhos se cruzam 208

PARTE III - A VIDA SEMPRE SABE O QUE FAZ!   219
Capítulo 20 - Um turbilhão de pensamentos 221
Capítulo 21 - O bom exemplo..232
Capítulo 22 - A decepção..238
Capítulo 23 - O perdão 244
Capítulo 24 - Chegou a hora 252
Capítulo 25 - Cumplicidade 265
Capítulo 26 - O noivado..271
Capítulo 27 - O amor verdadeiro..283

Prólogo

As primeiras estrelas apontavam no céu quando as luzes diante do mosteiro foram acesas. A bela igreja estava decorada com elegância: entre os bancos, pilastras com lindos arranjos de lírios brancos e grossas fitas de cetim separavam a passagem da noiva dos convivas, que logo começaram a chegar lotando a capela. Os murmurinhos incessantes dos que ali estavam, impacientes com o atraso, inundavam o ambiente de indagações e comentários maldosos.

Marlene olhava a cena sentada no último banco; lembrou-se do que fizera com Rogério na noite anterior e sorrira intimamente; fora obrigada a participar daquela farsa por sua mãe, sem que ela soubesse de seus reais interesses em comparecer àquela cerimônia. Carla, ao ver a amiga esforçando-se para permanecer firme, pegou levemente em sua mão e disse ao seu ouvido:

– Você precisa mostrar para o Rogério e para aquela sirigaita que é superior a eles, tenho certeza de que quando ela a vir ficará perturbada!

Marlene não respondeu, olhou para o relógio de pulso; a cada minuto que se passava, a certeza de que seu ex não entraria naquela igreja aumentava; mas ao ver Rogério passar pelo tapete vermelho de braço dado com a mãe sentiu seu coração bater descompassado, por segundos teve ímpetos de levantar-se, gritar para quem quisesse ouvir que ele a amava e que era com ela que deveria se casar, mas controlou-se, um escândalo àquela altura do campeonato faria sua mãe odiá-la pelo resto da vida, e nunca pensou em desagradar aquela que era sua heroína. Tudo pronto para a entrada da noiva. Os minutos passaram arrastados, e logo os convidados foram se impacientando com a demora daquela que teria todas as atenções voltadas para si, fazendo Carla não perder a oportunidade de tecer um comentário quase inaudível.

– Bem que aquela megera poderia tropeçar no vestido e se esborrachar no chão!

Marlene esboçou um sorriso nervoso antes de lhe responder:

– Não se preocupe, o que ela quer é chamar a atenção de todos, não está nem um pouco preocupada em pagar a multa que a igreja cobra por atrasos.

Carla já ia responder quando finalmente a cantora lírica começou a entoar a *Ave Maria* de Gounod, e todos se voltaram para a entrada principal, de onde aquela figura altiva tão odiada pelas duas sorria levemente ao dar seus primeiros passos rumo ao altar. Marlene, ao ver a rival com ar triunfante, não conseguiu controlar seus nervos, olhou à sua volta, aquele deveria ser o seu casamento, com seus convidados. Carla, ao ver Marlene tremer dos pés à cabeça, esperou a noiva passar lentamente por elas e pegou no braço da amiga, dizendo:

– Vamos embora! Dona Diva que me desculpe, mas não dá para permanecermos neste circo!

Marlene consentiu com a cabeça; não estava em condições de raciocinar e, com um nó na garganta, deixou-se conduzir pela amiga. Na rua, após sentir o vento fresco daquele começo de noite primaveril, finalmente esbravejou:

– Maldita, mil vezes maldita! Eu estou com tanto ódio daquela mulher que tenho vontade de voltar àquela igreja e arrancar sua imensa grinalda com as unhas!

– Mau caráter! Onde já se viu? Ela sabia de seus planos para o casamento e não trocou nem a decoração. Ah, mais isso não vai ficar assim, ela ainda vai nos pagar caro! – comentou Carla, sentindo um forte vento gelado bater em seu rosto como a concordar com suas palavras carregadas de ódio.

– Deixe estar, Carla! Aqueles dois se merecem! – afirmou a bela jovem entre lágrimas. E, sem dizer mais nada, rodou nos calcanhares e rapidamente caminhou até a praça mais próxima, onde, ao ver um táxi parado no ponto, entrou, seguida pela amiga que, mais serena, indicou o caminho para o motorista, que percebeu o clima tenso e não disse nada, seguindo calado o trajeto escolhido.

O trânsito estava carregado. Marlene encostou o rosto no vidro do carro, lembrou-se de seu romance com Rogério, da forma tempestiva como tudo acontecera ao término do relacionamento, dos momentos que passaram juntos, da loucura que fizera na noite anterior quando, passando por cima de seus princípios, jogou suas últimas fichas, acreditando que ele voltaria para seus braços. Sem conseguir controlar suas emoções, chorou compulsivamente, deixando o motorista incomodado e querendo se livrar logo daquela situação, a ponto de pegar um atalho, pois detestava ver uma mulher chorando, ainda mais quando o motivo era um amor não correspondido. O que ele não conseguiu ver foi uma caminhonete que, desgovernada, vinha em alta velocidade e bateu de frente em seu veículo, arrastando-o até prensá-lo em um poste. Logo as ambulâncias e a polícia chegaram ao local, e, enquanto os bombeiros tiravam o motorista desacordado da ferragem, um corpo de mulher foi visto inerte.

"Fim para uma linda jovem entre milhares que morrem todos os anos vítimas de acidentes automobilísticos" –, pensou o paramédico balançando a cabeça negativamente, com pesar, ao constatar a morte física de uma das jovens, enquanto a outra estava sendo conduzida ainda com vida para o hospital mais próximo.

PARTE I

Até que a vida os separe

CAPÍTULO 1

Um ano antes...

Marlene levantou-se da cama rapidamente e, após fazer sua higiene, foi até a copa, onde sua mãe, Diva, terminava seu café da manhã. Com um sorriso nos lábios, cumprimentou-a:

– Bom dia, mamãe. Acordei atrasada e se não quero fazer Carla esperar na rodoviária terei de correr.

– Tome seu café tranquilamente, pedi para Antônio ir buscar sua amiga, hoje é sábado e não vou precisar dos serviços dele.

– Não sei o que seria de mim sem a senhora! Obrigada.

Diva levantou a sobrancelha ao sorver um gole de leite quente. Ela era uma mulher de meia-idade, pele clara, olhos amendoados e grandes; as sobrancelhas levemente levantadas nas pontas davam a ela um ar de austeridade, ao contrário da filha, que embora fosse uma morena de olhos verdes, herança do pai, os lábios benfeitos e um sorriso lindo, não possuía a altivez da mãe, que sem dizer mais nenhuma palavra terminou o café da manhã lendo o jornal local. Uma hora depois, Carla entrava no apartamento. Marlene, ao ver a amiga em companhia do motorista que carregava sua bagagem, correu para abraçá-la, dizendo entre lágrimas:

– Que saudade, amiga. Não sabe como fiquei feliz quando aceitou meu convite para vir morar conosco!

– Eu que fiquei feliz, vir morar com vocês e ainda trabalhar na empresa de sua mãe é tudo de que preciso neste momento de minha vida. Só não quero incomodá-las!

– Você não nos incomodará, sempre frequentou esse apartamento enquanto cursava a faculdade. Depois, temos espaço de sobra e será um prazer hospedá-la!

– Obrigada, dona Diva! Eu serei eternamente grata a vocês, que sinto como se fossem de meu próprio sangue!

– Se temos o mesmo sangue, por favor, retire o dona e me dê um abraço!

Diva abraçou a moça carinhosamente e, em seguida, deixou as duas amigas à vontade. Marlene quis saber como fora a viagem, fazendo a jovem contar com detalhes o que fizera nos últimos dias; em seguida foram ao quarto que Marlene arrumara caprichosamente para hospedar a amiga, contando com alegria como mudara a decoração do ambiente procurando deixar tudo a seu gosto. Carla, após passar seus olhos por todo o cômodo, jogou-se na cama e, com um sorriso nos lábios, comentou:

– Você não existe! Não precisava se preocupar com esses detalhes, mas me diga: como anda o Rogério?

Marlene corou levemente a face fazendo a jovem sorrir.

– Bem... Hoje iremos ao aniversário de Henrique e ele estará lá.

– O que o amor não faz... Terá coragem de ir à festa daquele chato do Henrique só para ver o Rogério?

– Sim, e você vai também!

– Ah, não! Isso não vale. Até parece que fez questão que eu viesse morar em sua casa só para eu realizar seus desejos!

– E não foi... – respondeu Marlene colocando a mão na cintura, fazendo Carla rir prazerosamente. Em seguida, deixou-a sozinha para que pudesse desfazer suas malas com calma, e pôs-se a pensar na noite que viria por um longo tempo.

Rogério tomou um banho demorado e, ao sair do chuveiro, foi direto para o quarto se vestir; ao parar diante de um grande espelho, gostou do que viu: sua pele morena, seus músculos bem definidos, tórax largo, olhos amendoados, lábios grossos, dentes alvos e bem distribuídos entravam em harmonia com sua beleza apolínea, e quando sorria mostrava duas pequenas covinhas nas bochechas que não passavam despercebidas pelo público feminino. Arrumou-se com capricho, passou seu melhor perfume e saiu. Na sala, encontrou Olga, sua mãe, que, ao ver o filho bem vestido e cheirando a lavanda importada, comentou:

– Você está cada dia mais lindo, meu filho!

– Obrigado! – respondeu o rapaz com um leve sorriso e, ao ver a jovem senhora já arrumada para a festa, retribuiu o elogio, dizendo em seguida: – Hoje é o papai quem está demorando a se arrumar!

– Seu pai está ao telefone com Diva Mendes, não sei que tanto eles conversam uma vez que se veem todos os dias na empresa!

– É impressão minha ou está com ciúme de dona Diva, mamãe?

– Imagine, eu com ciúme daquela viúva que mais parece um sargento. Diva desde que o marido morreu não faz outra coisa a não ser trabalhar!

Rogério fitou a mãe demoradamente; quando criança ouvira uma discussão dela com o marido, os dois falavam a respeito de Diva e de um suposto romance que seu pai tivera com ela. Querendo conhecer mais sobre o passado de seus pais, comentou:

– Eu uma vez ouvi alguém dizer que papai e dona Diva chegaram a namorar quando jovens e talvez esse seja o motivo de sua implicância.

– Não fale bobagens, Rogério, os dois tiveram um namorico sem importância.

Rogério abriu a boca para continuar o assunto quando seu pai apareceu na sala e, escutando parte da conversa, questionou:

– Quem teve um namorico sem importância?

– Estávamos falando da filha dos Oliveira. Fiquei sabendo que a moça anda de namorico com Eduardo Albier.

Saulo olhou para a esposa, não era dado a mexericos. Sem dizer nada, caminhou para a garagem, sendo seguido pela esposa e pelo filho, ambos silenciosos. Entraram os três no automóvel e, em pouco mais de meia hora, chegaram à bela casa na região dos Jardins, onde alguns convidados aguardavam autorização para entrar na mansão. Olga, ao ver a fila que se formara à sua frente, não conteve a indignação:

– Eulália está exagerando, não faz nem um ano que seu marido morreu e já está dando uma festa dessas. Minha irmã não está em seu juízo perfeito.

– Eu discordo! Tio Sílvio nunca gostou de recepcionar em sua casa, nem nós que somos da família ele queria por perto, e agora que ela ficou viúva quer fazer o que gosta. Digo isso porque Henrique me falou que não queria festa e que foi a tia quem insistiu em convidar os amigos – comentou Rogério.

– Seu primo está cada dia mais excêntrico, isso sim! É outro que desmiolou de vez com a morte do pai.

Rogério calou-se. O porteiro, ao ver o carro da família, não se deu ao trabalho de confirmar o convite e abriu logo o portão, para alívio dos três, que não baixaram o vidro para cumprimentar o senhor, como faziam os outros convidados. Com altivez, desceram do veículo e um outro funcionário da mansão apareceu para manobrar o automóvel. Olga olhou à sua volta, a casa estava lindamente decorada; ao ver a irmã na porta principal, aproximou-se dando-lhe dois leves beijos na face e comentou:

– Você caprichou na decoração, Eulália, meus parabéns!

– Não fiz nada, só posicionei um vaso aqui, outro ali...

Eulália cumprimentou o cunhado, deu um beijo na testa do sobrinho e os convidou para entrar. Henrique conversava animadamente com alguns amigos e, ao ver os tios e o primo, cumprimentou-os, chamando Rogério para se juntar ao grupo. Mais de uma hora depois foi a vez de Diva, Marlene e Carla entrarem na sala. Henrique, ao vê-las, pediu licença aos amigos e foi recebê-las.

– Sejam bem-vindas! E sintam-se em casa.

– Obrigada, Henrique, você sempre muito gentil – respondeu Diva estendendo a mão, que o rapaz beijou carinhosamente. Em seguida, Henrique cumprimentou as moças com beijinhos no rosto e ficou conversando com elas, enquanto Diva, ao passar os olhos pelo local, avistou alguns amigos em uma sala contígua e foi cumprimentá-los, deixando Henrique e as jovens mais à vontade.

– Sei que é seu dia, mas não deve monopolizar lindas jovens dessa forma, primo! – comentou Rogério aproximando-se do grupo e fazendo as duas sorrirem para ele, que as cumprimentou cordialmente, lançando um olhar furtivo para Marlene, que não passou despercebido por Carla. Rogério convidou-as para se juntarem ao seu grupo de amigos, o que foi aceito com prazer pelas moças, que não viam em Henrique uma companhia agradável.

A noite passou rapidamente. Já era mais de meia-noite quando Eulália chamou a atenção de todos, dizendo o quanto seu filho a fazia feliz, desejando-lhe saúde e felicidades. Rogério, ao ver Marlene sentada em um canto segurando um prato que acabara de receber com um pedaço de bolo, foi conversar com ela:

– Espero que esteja gostando da festa.

– Está ótima! Sua tia, sempre muito simpática, e seu primo está mudado, mais vistoso e alegre.

– É, eles mudaram muito depois que meu tio morreu, falávamos sobre isso ainda há pouco – Rogério pigarreou e, olhando fixamente nos olhos da moça, tornou com um tom de voz mais suave: – Está muito quente aqui dentro, que tal conversarmos no jardim?

– Será um prazer!

Marlene levantou-se e seguiu o rapaz, que conhecia aquela casa como a palma da mão. Em poucos minutos chegaram ao jardim, que ficava nos fundos da casa, onde canteiros de várias espécies de flores davam um ar gracioso ao local. Ao se aproximarem de um lindo caramanchão, decidiram sentar no banco de madeira que ficava sob a cobertura. Enquanto Marlene comia a fatia do bolo, Rogério a fitava carinhosamente. A jovem, percebendo o olhar meigo do rapaz, terminou de saborear o bolo e, colocando o prato em seu canto direito, voltou seu olhar para ele, dizendo:

– Você deve me achar uma tola...

– Só porque está se deliciando com um pedaço de bolo? Não... Eu não faria tal julgamento a seu respeito, afinal fomos criados juntos!

Uma leve brisa bateu no rosto de Marlene fazendo a fragrância que Rogério usava chegar às suas narinas; sentiu o cheiro gostoso que o corpo do rapaz exalava e teve de se segurar para não abraçá-lo. Os dois se conheciam desde a infância, seus pais eram sócios em uma construtora; quando o pai de Marlene faleceu, sua mãe tomara as rédeas dos negócios e, embora tivesse feito a filha se formar em administração de empresas para um dia ocupar seu lugar, não permitia que ela trabalhasse, ao contrário de Rogério, que aos poucos estava assumindo a parte de seu pai na empresa, uma vez que era filho único e Saulo desejava se aposentar. O rapaz, ao vê-la com o olhar perdido no espaço, pegou em sua mão dizendo:

– Você é a mais linda flor desse jardim. Sabe que há muito desejava ter esse encontro a sós!

Marlene sentiu seu corpo tremer, a mão macia daquele homem sobre a sua, a fragrância que inundava suas narinas com aquela aproximação, seus olhos que a fitavam em uma busca incessante por sua alma, a brisa, o cheiro das flores... E, sem conseguir controlar seus instintos femininos, entregou-se ao caloroso beijo do rapaz, que a agasalhou em seu peito ficando assim por um longo tempo. Carla procurou a amiga com os olhos, ficara tão distraída com a conversa dos jovens que nem notara sua ausência, e foi um dos rapazes que ao vê-la em busca de algo comentou:

– Se está procurando Marlene, desista! Ela saiu com Rogério. A menos que queira segurar vela...

– Não é minha intenção.

– Carla, onde está Marlene? Estou cansada, é hora de irmos – interpelou Diva, fazendo a moça responder com um leve sorriso.

– Ela foi dar uma volta no jardim, sentiu calor, vou buscá-la!

– Pois faça isso imediatamente querida, não é de bom tom sermos os últimos convidados a ir embora.

Carla levantou-se – não queria que Diva soubesse o que a filha estava fazendo, nem com quem – e, após pedir licença ao rapaz, foi para o jardim; ao se aproximar do casal, que olhava as estrelas de mãos dadas, forçou uma leve tosse no intuito de chamar a atenção dos dois, dizendo em seguida:

– Diva está à sua procura, Marlene. Ela quer voltar para casa, vamos!

Marlene contemplou mais uma vez o rosto do rapaz, que a beijou com sofreguidão:

– Vamos nos ver de novo, quero que saiba que minhas intenções com você são as melhores possíveis.

A moça consentiu com a cabeça, seu coração pedia para o tempo parar; mas ao ver o olhar sério da amiga, acabou por acompanhá-la, não antes de dar mais um carinhoso beijo no rapaz, que ficara sentado observando as duas deixarem o local. Quando finalmente chegaram em casa, cada uma foi para o seu quarto. Marlene deitou-se, mas não conseguira conciliar o sono, ficando a relembrar os momentos que passara ao lado daquele que amava desde sua adolescência.

Na manhã seguinte, Diva tomava seu café da manhã em companhia de Carla quando a filha finalmente sentou-se à mesa. Vendo seu jeito retraído, balançou a cabeça negativamente, fazendo as duas moças trocarem olhares.

– Você não dormiu bem, algo me diz que aconteceu qualquer coisa na festa de ontem que mexeu com seus sentimentos! – comentou a senhora olhando com mais atenção para o rosto da filha, que estava com a face abatida e com profundas olheiras, denunciando uma noite maldormida.

Procurando socorrer a amiga, Carla comentou:

– A noite de ontem foi mágica, acabamos exagerando um pouco no vinho. Não foi, Marlene?

– Nem me fale... Sabe que não sou dada a bebidas e qualquer gota de álcool me faz passar mal.

Diva olhou a filha por cima, algo lhe dizia que as duas jovens estavam mentindo. Procurando mudar o rumo da conversa, comentou que sairia pela manhã e fez um convite às duas, que o recusaram. As jovens, ao verem Diva sair, sentaram-se no sofá. Marlene sorriu para a amiga e disse, empolgada:

– Ah, minha amiga, estou nas nuvens, Rogério me ama, eu pude sentir isso ontem à noite quando finalmente nos beijamos.

— Não sei não... Acho que está indo com muita sede ao pote. Rogério anda lhe assediando como você mesma me disse ontem. Não acha estranho um interesse repentino desse rapaz por você?

— Não! Rogério é um homem bonito, mas vive para o trabalho. Era fiel à chata da Arlete, que terminou tudo com ele por telefone. Imagina acabar um relacionamento dessa forma? Acho que ela arrumou alguém melhor em Paris, leviana como é, isso estava previsto.

Carla mordeu levemente os lábios; ao longo dos anos que acompanhara a amiga nas festas da sociedade, vira-o ao lado de Arlete, uma mulher mimada que exibia Rogério como um troféu; não gostara do casal e agora sua intuição lhe dizia que sua amiga sofreria com aquele namoro, mas decidiu não dizer nada. No dia seguinte, começaria a trabalhar na empresa ao lado de Rogério e poderia observá-lo melhor. Deixou de lado esse pensamento e tentou prestar atenção na conversa da amiga que, animada, contava com detalhes o que acontecera entre os dois na noite anterior.

Olga andava impaciente pela sala de visitas de sua casa, uma linda mansão em um bairro nobre da cidade de São Paulo, onde vivia ao lado do marido e do único filho. Saulo, ao passar pelo local após ler o jornal em uma espreguiçadeira no jardim e ver a esposa aflita, parou à sua frente, questionando:

— O que deu em você? Acaso está doente?

— Poupe-me de seu cinismo, Saulo! Você sabe muito bem por que estou assim. Laurinda Montenegro ligou há pouco contando que viu nosso filho aos beijos com aquela sem graça da Marlene.

— E qual é o problema? Nosso filho é um homem feito e pode namorar quem bem entender.

— Não a filha daquela mulher, e se pensa que sou idiota está muito enganado, sei que tem seu dedo podre nesta história. Rogério nunca se interessaria por aquela mulherzinha sem sal nem açúcar.

— Do que estão falando? — interpelou Rogério, que ainda sonolento descia os degraus da escada e pôde ouvir seu nome.

– Ainda bem que acordou, terá de me explicar o que estava fazendo com Marlene no jardim, aos beijos! – esbravejou Olga, fazendo o filho sentir ligeira dor nos ouvidos.

– Eu não queria que soubesse por meio de suas amigas fofoqueiras, mas já que está sabendo... Eu estou apaixonado por Marlene e quero me casar com ela – disse Rogério após se recuperar do susto causado pelos gritos da mãe.

– Você o quê? – Olga deu uma risada histérica e sentou-se em uma poltrona, colocando a mão no peito e sentindo as batidas fortes de seu coração. – Não sei o que deu em você em concordar com os absurdos de seu pai. Essa ideia é dele, que quer ter o controle da empresa e, claro, casando você com a sonsa da Marlene no futuro ele terá o poder da construtora nas mãos!

– E se for? – indagou Saulo não gostando do comentário feito pela esposa. Após olhar fixamente em seus olhos, tornou: – Sabe que sou um homem prático, Marlene é a herdeira de uma imensa fortuna, além de deter ao lado da mãe cinquenta e um por cento das ações da construtora. Depois não quero que meu filho cometa o mesmo erro que eu!

Olga deu um grito sentindo suas pernas bambearem ao ouvir a declaração do marido. Rogério, sem entender aonde o pai queria chegar, pensou em questioná-lo, mas diante da face pálida da mãe tratou de lhe abanar, o que fora benéfico para ela que fingiu um desmaio no intuito de mudar o foco daquela conversa, fazendo o filho correr atrás dos empregados em busca de algo para reanimá-la.

CAPÍTULO 2

A vida é um grande negócio

Olga tomava seu desjejum em silêncio. Desde o dia anterior que não esboçava nenhuma palavra com o marido e o filho. Ambos, ao perceberem o clima pesado, logo pela manhã, trataram de tomar o café rapidamente e sair. Olga, ao vê-los tirarem o veículo da garagem, foi para seu quarto, pegou sua bolsa e deu algumas ordens à governanta, saindo em seguida. Em poucos minutos, parou seu automóvel diante de uma bela mansão e deu um leve toque na buzina; a amiga Laurinda surgiu rapidamente e entrou no veículo, comentando com seu jeito espalhafatoso de ser:

– Quando ligou falando de seus intuitos eu não acreditei, nunca imaginei que você voltaria um dia àquele lugar!

– Nem eu, mas é preciso. Rogério não se casará com a filha da sargentão ou não me chamo Olga Alvarenga!

– Só espero que saiba o que está fazendo, sabe que sempre visito Túlio e ele não mudou nada!

– Ótimo! Agora vamos deixar de conversa, pois temos um longo caminho até o subúrbio.

Olga calou-se, procurando prestar atenção nas placas que lhe indicavam a Radial Leste. Laurinda era uma mulher bonita, com pouco mais de quarenta anos de idade, loura, estatura mediana, olhos verdes, cabelos sempre tingidos de louro claríssimo à altura do pescoço, em um corte chanel mantido à base de modelador; quando sorria, mostrava dentes amarelados pelo tempo e pelo uso de nicotina. E, não querendo se indispor com a amiga, resolveu permanecer calada, perdida em seus próprios pensamentos.

Passava das nove horas da manhã quando Carla entrou no escritório da presidência ao lado de Diva, que fizera questão de apresentá-la a todos os funcionários do setor administrativo; ao passar pela sala de Saulo deu uma leve batida na porta e entrou.
– Bom dia. Sei que já conhecem Carla, mas quero apresentá-la agora como minha nova assistente e de hoje em diante qualquer assunto secundário será tratado com ela.
Rogério parou o que estava fazendo e levantou-se, esticou a mão e cumprimentou a moça formalmente, dizendo em seguida: – Seja bem-vinda ao grupo, espero que goste de trabalhar conosco.
– Obrigada! Trabalhar em um escritório de grande porte como este é tudo o que preciso como primeiro emprego e farei o que estiver ao meu alcance para honrar a confiança que estão depositando em mim.
– Temos certeza que sim. Diva não colocaria ninguém em nossa empresa que não fosse realmente capaz e, reforçando as palavras de meu filho, espero que se dê muito bem em sua função – obtemperou Saulo, fazendo a moça esboçar um sorriso encabulado.
Diva, aproveitando o minuto de silêncio que se instalara no local, olhou para Rogério e perguntou:
– Você não tem nada para me dizer?
Rogério trocou olhares com o pai e, em seguida, respondeu:
– Sobre?
– Ora, Rogério, você se tornou um homem astuto, foi criado praticamente como da família e deve me conhecer muito bem para

saber que não sou tola, sei que está de flerte com minha filha. Só quero que me diga se levará esse namorico a sério, pois não quero que Marlene se machuque, ela é muito frágil e sensível, não está acostumada a lidar com os homens.

– Eu não tenho o que esconder. Andei pensando muito em Marlene, sei que ela gosta de mim desde a infância e sempre nutri por ela um imenso carinho. Agora que eu e Arlete terminamos, descobri que Marlene é a mulher ideal para mim e quero me casar, construir uma família a seu lado.

– Tem minha permissão, mas gostaria que tudo fosse feito nos conformes. E já que penssa em casamento, que seja para daqui a um ano. Em um mês faremos um jantar de noivado.

– Para que tanta pressa, Diva? Não acha que nossos filhos são adultos e devem decidir isso sozinhos?

– Não, Saulo. Rogério, embora seja um homem bem criado, não deixa de ser homem, se é que me entende, e não quero falatórios a respeito da vida dos dois na sociedade, isso não fará bem aos negócios, não podemos esquecer que essa união coroa nossa sociedade nesta empresa, que já é sólida e ganhará ainda mais credibilidade no mercado, uma vez que o casamento dos dois torna o grupo praticamente um só. E não me diga que não pensou nisso, pois é uma raposa velha!

Saulo inclinou levemente a cabeça para baixo. Rogério, percebendo a astúcia de Diva, foi quem respondeu.

– A senhora está certa, dona Diva, será como quiser!

– Obrigada, isso mostra que será um bom genro. Agora, se me derem licença, vou para a minha sala. Diva levantou a cabeça e deixou o local imponente ao lado de Carla que, boquiaberta com o que acabara de ouvir, seguiu-a calada. Quando finalmente entraram na sala da presidência e se viu a sós com a senhora, comentou:

– Desculpe-me, mas não pude deixar de prestar atenção na conversa. Você já sabia do namoro dos dois e ainda trata do casamento de sua filha como um negócio?

– Ah, tolinha... – Diva passou sua mão levemente no queixo da moça e a fez olhar em seus olhos ao prosseguir. – Você é uma moça admirável, desde a primeira vez que a vi senti um carinho especial por sua pessoa, pois possui qualidades que faltam em Marlene, e só por isso vou fingir que não entendi seu tom de reprovação. A vida é um grande negócio, minha querida, e um casamento deve ser encarado como tal! Marlene é uma mulher apagada, sem brilho, não tem astúcia para a vida, logo se apaixonou por Rogério, um homem forte e decidido. Sendo assim, essa união só trará bons lucros para todos. Só não sei se Olga concordará em receber minha filha como sua nora.

— E por que não concordaria, já que esse consórcio será lucrativo para ambas as famílias?

— Essa é uma longa história que não sinto vontade de lhe contar. Agora, vamos ao trabalho. Comigo, aprenderá a valorizar seu potencial.

Carla calou-se, precisava de um tempo para digerir melhor aquela conversa. No entanto, conhecendo Diva como conhecia, sabia que ela não lhe daria tal brecha. Procurou então concentrar-se no que sua chefe falava e esqueceu-se momentaneamente da conversa particular, focando no trabalho daquela empresa que lhe prometia ascensão profissional.

As horas passaram rapidamente para Olga e Laurinda, que atravessaram a cidade rumo a um bairro da periferia. Ao pararem o belo automóvel diante de uma singela casa, crianças que jogavam bola na rua se aproximaram curiosas. Laurinda, mais acostumada com o local, tratou de comentar com a amiga:

— Esse bairro mudou muito desde a última vez que esteve aqui, popularizou-se e empobreceu ainda mais. Mas não se preocupe, essas crianças são inofensivas e não fazem mal aos clientes de Túlio, pois todos o temem.

— Acho bom. Tudo o que não quero é esse bando de famintos me atormentando! — Olga ergueu a cabeça e passou rapidamente pelo pequeno portão de ferro ao lado da amiga, caminhou por um longo e estreito corredor e deparou-se com uma jovem que, ao vê-las, abriu um largo sorriso. A jovem, reconhecendo Laurinda, comentou:

— Bom dia, dona Laurinda, que surpresa agradável, mas não me lembro de ter marcado hora com pai Túlio!

– E não marquei, queridinha. Na verdade, hoje só vim acompanhar minha amiga, que tenho certeza que será recebida por seu patrão!

A jovem mediu a senhora de cima a baixo e logo percebeu se tratar de distinta dama da sociedade que, assim como Laurinda e outras socialites, buscava naquela casa a realização de seus desejos mais vis. Sem dizer nada, pediu licença às duas, não antes de vê--las acomodadas na sala de espera, onde algumas senhoras conversavam enquanto aguardavam serem chamadas pelo médium. Indo direto à sala de consulta, encontrou Túlio despedindo-se de uma de suas clientes. Ao ver a moça, Túlio foi logo dizendo:

– Estou sentindo que estamos com problemas. O que foi Camila?

– Dona Laurinda está aqui acompanhada de uma senhora muito fina que não quis se identificar!

Túlio fechou os olhos procurando se concentrar com as entidades com quem trabalhava e, ao ver a fisionomia de Olga, mordeu levemente os lábios, dizendo à jovem:

– Invente uma desculpa para as outras clientes que estão na espera e traga Laurinda e a amiga até mim! Meu sexto sentido não falha, sei que terei problemas pela frente!

A moça obedeceu de pronto, voltando em seguida acompanhando as duas. Laurinda cumprimentou Túlio alegremente, enquanto Olga fazia uma avaliação da aparência do senhor. Túlio estava diferente, a barba branca por fazer, a pele morena desbotada devido à falta de sol e as rugas nos cantos dos olhos lhe deixavam com um aspecto sombrio, aparentando ser mais velho do que realmente era. Sem demonstrar nenhuma reação, estendeu a mão para ele, dizendo:

– Quanto tempo, Túlio! Acho que nem se lembra mais de mim!

– E como esqueceria de Olga Alvarenga? – Túlio apertou levemente a mão da senhora e convidou-a para sentar à sua frente: – Como pode observar, esse lugar não mudou muito depois da última vez que nos vimos, com exceção das imagens que quebraram e fui obrigado a repor.

Olga olhou à sua volta: a sala era ampla, havia um espaço reservado para os simpatizantes do local que iam assistir aos trabalhos abertos da casa, uma imensa cortina divisória; no altar, imagens de vários santos; ao centro, a imagem de uma mulher de bustos fartos e longo vestido azul se destacava das outras; abaixo, à esquerda, estátuas de homens e mulheres de chifres e seminus; por instantes lembrou-se do dia em que entrara no local chutando e quebrando tudo o que via pela frente; balançando a cabeça de forma instintiva para esquecer aquelas lembranças, comentou:

– Não posso apagar os erros do passado, querido, lembro–me muito bem do mal que lhe fiz e do vultuoso cheque que pedi para Laurinda lhe enviar dias depois, cobrindo os danos materiais e espirituais!

Túlio abriu um sorriso maledicente, fechou seus olhos e buscou pelo espírito que lhe ajudava no astral, que se aproximou dizendo em seu ouvido: – Peça para ela lhe falar o que deseja, tenho certeza de que se surpreenderá!

Túlio balançou a cabeça negativamente; não suportava aquela mulher e só a atendia por se tratar de uma socialite influente; abrindo um sorriso amarelo, comentou:

– Posso imaginar os motivos que a trouxeram até mim, então seja breve e específica!

Olga suspirou fundo, se houvesse algum espírito ao lado dele não precisaria esboçar uma palavra; chegou a abrir a boca para questioná-lo, mas logo as lembranças do passado lhe vieram à mente e, receosa, resolveu atendê-lo.

– Meu filho Rogério pretende se casar com uma moça de nosso meio social, seu nome é Marlene, ela é filha de...

Túlio deu uma gargalhada sarcástica, interrompendo-a e deixando-a irritada.

– A vida é mesmo uma caixinha de surpresas! Você me reaparece aqui após longos anos para pedir que eu faça um trabalho para separar seu filho da filha de sua antiga rival!

Olga sentiu seu sangue ferver, enquanto trocava olhares com Laurinda, que lhe suplicava para não responder ao pai de santo, o que foi ignorado por ela, que comentou irada:

– Não sei por que o escárnio, se fora você quem fizera o trabalho malfeito. Eu lhe pedi para afastar Diva de nossas vidas, e você, o que fez? Nada! E olha que todos os anos lhe mando generosa quantia em dinheiro para fazer as tais festas para as entidades!

– Sim! Quantia essa estipulada pelos espíritos que realizaram seu desejo, minha querida, desejo esse que se não fosse por nossa interferência nunca se realizaria. Então não venha jogar em minha cara a comida que lhe alimenta há anos. Quanto ao trabalho para seu filho, vou ver o que poderemos fazer, não será fácil e precisarei de um tempo para analisar a situação, saber o que realmente acontece no astral entre os dois para só depois agir. Retorne em uma semana e veja se abaixa sua crista quando voltar, pois não tolerarei mais tais comentários. Agora, se me derem licença, tenho muitas clientes que foram passadas para trás para que vocês fossem atendidas! Túlio apontou a porta de saída para as duas. Olga ainda pensou em lhe dizer que tinha dinheiro para bancar quantos trabalhos fossem necessários e que ele não estava prestando nenhum favor, mas Laurinda, temerosa, pegou-a pelos braços e tirou-a do local.

Camila, ao vê-las saírem, foi rapidamente à sala do chefe e, ao vê-lo com o semblante fechado, comentou:

– Você está precisando de um descanso. Quer que eu desmarque as consulentes da tarde?

– Não, eu estou precisando de dinheiro e não posso me dar ao luxo de recusar clientes.

A moça consentiu com a cabeça e voltou para seu posto, ficando a imaginar o que aquela fina senhora fizera para deixar o patrão tão irritado.

– Você viu que desaforado? Fomos praticamente expulsas desse pardieiro! – comentou Olga bufando, ao voltar suas vistas para a casa já sentada em seu automóvel.

Laurinda, após respirar profundamente no intuito de recuperar o fôlego e colocar o cinto de segurança, respondeu:

– Não é por menos! Você tinha que falar que dava dinheiro para os trabalhos com as entidades? Deveria ter ficado quieta. Túlio é rancoroso, tenho certeza que não esqueceu o que fez para ele e, por mais que tente amenizar seus erros durante esses anos todos, sei que ainda guarda raiva de você!

– Fiz o que fiz e não me arrependo, e caso ele não resolva meu problema farei de novo, não duvide! Olga ligou o veículo e saiu do local cantando os pneus, estava prestes a ver seu filho casando-se com Marlene e isso ela nunca aceitaria.

Na manhã do dia seguinte, Olga lia uma revista de moda sentada confortavelmente em uma poltrona em sua sala de estar. A conversa que tivera com o pai de santo não saía de sua cabeça, por segundos lembrou-se de quando Laurinda lhe apresentara o médium, que conhecera quando fora procurar ajuda espiritual para se livrar da presença indesejada da ex-mulher de seu marido, bem mais velho que ela, com quem se casara pensando na fortuna que herdaria com seu falecimento, que com a idade avançada e os problemas de saúde não demoraria a deixar a matéria. Ela, ao vê-lo pela primeira vez, contou-lhe que havia se apaixonado pelo namorado da amiga e que o queria de qualquer jeito. Túlio a escutou atentamente consultando os espíritos, que concordaram em ajudá-la e, meses depois, já estava casada com Saulo, acreditando que nunca mais teria notícias de sua rival. O que ela não esperava era que a vida tinha outros planos para Diva, que conheceu João, amigo e sócio de Saulo, sem saber de quem se tratava e se apaixonou perdidamente por ele; em pouco tempo anunciaram a união, deixando Olga possessa, pois acreditava que ela só se aproximara do sócio de Saulo para ficar mais perto de seu marido. Furiosa, fora mais uma vez no terreiro de Túlio que, ao conversar com os espíritos, afirmou que nada poderia ser feito para separá-los; com isso sua fúria veio à tona; sentindo o ódio brotar em seu ser, quebrou tudo à sua frente. Dias depois, sentiu uma dor intensa paralisar seu corpo, chegando a se consultar com vários especialistas, que não encontraram a origem da dor. Influenciada por Laurinda, que acreditava serem aquelas dores castigo dos espíritos, procurou Túlio para pedir-lhe perdão, o que foi aceito pelos espíritos, que em troca exigiram anualmente uma festa com direito a bebidas de boa qualidade e bichos vivos que seriam mortos em rituais e oferecidos a tais entidades. Acordo feito, nunca mais o procurou, até o dia anterior. João, o antigo sócio de Saulo, que estava ao lado de Olga em espírito, forçou-a a se lembrar do passado, aproximou-se e, ministrando-lhe energias de refazimento, comentou:

– Deixe seu filho seguir seu destino. Túlio já provou que não é homem de brincadeiras, ele trabalha com espíritos ignorantes que não perdoam quem lhes deve favores. Pense nisso, ainda dá tempo de rever os erros do passado e pedir perdão a Deus, deixando nas mãos da Providência Divina o futuro das pessoas que estão à sua volta. Veja, você não foi feliz ao lado de Saulo, e não por tê-lo separado de Diva, mas por ter se aliado a espíritos ignorantes que ainda não aprenderam que Deus age sempre para o bem. Você não pode fazer de seu filho uma marionete, é contra as leis universais, e ele sofrerá as consequências caso ceda a tais entidades, pois a vida agirá para que ele aprenda a ser ele mesmo e a fazer o que seu coração lhe pedir, e não a ouvir as sugestões de encarnados e desencarnados que agem de acordo com seus conceitos equivocados.

Olga não pôde ouvi-lo, mas registrou aquelas palavras como se fossem suas; pensou em seu relacionamento amoroso, ela e Saulo há muito não viviam em matrimônio, apenas mantinham as aparências perante a sociedade. Ela sabia que ele não a deixara por estar preso aos feitiços que ela fizera no passado e que só seriam desfeitos com sua permissão. Por instantes pensou em deixar Rogério seguir sua vida, se casar com quem bem entendesse, mas, ao pensar em seu filho ao lado de Marlene, tendo que conviver com a filha daquela que um dia fora sua rival, sentiu seu ódio aflorar, afastando as boas vibrações que aquele espírito lhe enviava. E disse em voz alta a si mesma:

– Nunca! Rogério nunca se casará com aquela sonsa!

Paula, um espírito que acompanhava João, ao ouvir as palavras carregadas de ódio daquela senhora, voltou sua atenção para ele e disse:

– Olga está irredutível, no momento não há mais nada que possamos fazer, só nos resta aguardar os próximos acontecimentos.

– Infelizmente, minha amiga! Sabe que mesmo depois de tantos anos na espiritualidade ainda sinto vontade de resolver os problemas do meu jeito? É difícil ficar à espera da vida, que com seu tempo resolve todas as questões.

– Não podemos nos intrometer, devemos respeitar o direito de escolha dos encarnados; do contrário, estaríamos fazendo o mesmo que Olga e os espíritos ignorantes que a cercam fazem.

– Verdade, só nos resta esperar, embora eu já sinta o que virá pela frente, uma vez que Marlene, Rogério e Arlete estão ligados por questões mal resolvidas em suas encarnações anteriores.

– Sim, mas, como você mesmo disse, só nos resta pedir a Deus que o melhor seja feito na vida deles e aguardar. Paula abriu um sorriso angelical e, pegando na mão de João, voltaram rumo à colônia espiritual em que residiam.

CAPÍTULO 3

A noite corria a esmo

A semana passou rapidamente. No dia marcado, Olga voltou à casa de Túlio, que lhe informou que não seria fácil desfazer o relacionamento dos jovens e que precisaria de uma boa quantia em dinheiro para começar os trabalhos, quantia essa que lhe foi entregue de pronto. O mês passou sem que nada ocorresse para separar o casal, que se tornava a cada dia mais apaixonado. Rogério já não pensava em sua ex. Marlene era uma mulher simples e cordata, sempre dizendo sim a tudo, e, embora aquela atitude o incomodasse, acreditava que com o tempo ela mudaria e, após o casamento, sem a presença constante de sua mãe, ela se tornaria uma mulher mais firme, decidida e segura de si.

A noite ia a esmo quando Olga finalmente terminou de se vestir, contrariada. Nunca imaginou que um dia teria de ir à casa da outra e fingir-se de feliz com o noivado do filho.

Laurinda, que esperava pela amiga na sala, ao ver Saulo e Rogério impacientes com sua demora, resolveu chamá-la. Dirigiu-se rapidamente ao andar superior e, dando uma leve batida na porta, entrou no recinto e encontrou Olga ajeitando o vestido com a cara amarrada. Foi logo dizendo:

– Trate de abrir um sorriso, querida, do contrário todos perceberão sua insatisfação com esse noivado.

– Estou com vontade de estrangular Túlio, esse namorico está indo longe demais e ele ainda não conseguiu resolver essa situação, acho que ele perdeu os poucos poderes que dizia ter!

– Não diga bobagens! Túlio continua mais forte do que nunca, essas coisas levam tempo, eu mesma tive que esperar meses até ver Márcia louca, lembra-se?

– Lembro-me bem. A ex-mulher do velho Lourival acabou em um manicômio morrendo antes dele, ficando somente para você aquela imensa fortuna, da qual você já gastou mais da metade com os garotões!

– Você é sempre indelicada quando está nervosa. Portanto, não levarei a sério seu comentário, deixe minha vida sentimental de lado e vamos descer. Saulo e Rogério já nos esperam impacientes na sala.

Olga deu uma última ajeitada no cabelo e deixou o local. No caminho tentou distrair sua mente e esquecer momentaneamente sua frustração, para alívio de Laurinda que, ao vê-la conversar animadamente com o filho, sorriu internamente.

Diva decorou o apartamento com singular simplicidade e elegância para receber seus convidados. No local, os amigos íntimos das famílias chegavam aos poucos. Henrique entrou ao lado da mãe e foram recebidos por Marlene, que com um sorriso os cumprimentou amavelmente. Eulália, após entregar um pequeno embrulho à jovem, viu Diva e pediu licença, deixando o filho sozinho com a amiga.

– Pensei encontrar Rogério ao seu lado, mas vejo que ele ainda não chegou – comentou Henrique, fazendo a jovem baixar a cabeça, ocultando o que se passava em seu íntimo.

– Ele ligou há pouco. Dona Olga acabou se atrasando por causa de um problema doméstico, creio que já estão a caminho.

Henrique percebeu o incômodo que o atraso do noivo causava na amiga. Marlene era uma irmã do coração e, desde que soubera do relacionamento dos dois, sentira que aquela união não os faria felizes e pedia à Providência Divina que realizasse o melhor na vida do casal. Procurando saber o que se passava na mente da moça, comentou:

– Vejo que está feliz com seu noivado!

– Ah, Rique! Sabe o quanto amo seu primo, e neste último mês ele vem se mostrando tão aberto a esse amor, que me sinto a mulher mais feliz do mundo!

– O amor é um sentimento nobre que vem da alma; se está falando desse amor, fico feliz por você.

Marlene o olhou assustada e, sentindo-se incomodada com o comentário, tratou de se defender.

– Claro que meu amor por Rogério vem da alma, e embora ele seja mais reservado, sei que me ama. Mas por que esse comentário agora? Acaso seu primo lhe falou algo?

– Não! Eu e Rogério não temos tanta intimidade. Desculpe se me expressei mal, é que o amor para mim é algo sublime, tem que vir da alma para que a união seja duradoura. Hoje em dia vemos muitos casais que após pouco período de união se separam por não se suportarem. Isso acontece por que se uniram com base em sentimentos mesquinhos, egoístas; deixaram-se levar pela paixão desenfreada e pelo sonho de um casamento feliz, sem problemas ou dificuldades, e quando surge o primeiro obstáculo acabam se desentendendo e o amor que acreditavam sentir desaparece quase por encanto.

– Olha, Henrique, eu amo seu primo, não sei se seu amor por mim é tão intenso assim, mas não me importo, pois eu o amarei por nós dois! – Marlene deu uma leve alisada no ombro do rapaz e saiu.

Henrique, ao vê-la se afastar, balançou a cabeça de um lado para o outro dizendo a si mesmo: – "Pobre Marlene! Espero que um dia compreenda que em uma relação conjugal ninguém pode amar sozinho, pois o amor entre um casal tem de ser recíproco para que cresça e floresça ao longo dos anos".

– O que disse? – questionou Carla ao vê-lo falando com seus botões.

Henrique, ao ver a moça à sua frente, cumprimentou-a, justificando-se em seguida:

– Estava falando comigo mesmo. Quando estamos em sintonia com a força interior, nos tornamos nosso melhor conselheiro, mas só quando conseguimos entrar em contato com nossa essência e com os espíritos esclarecidos; do contrário, nos tornamos um canal aberto para sermos influenciados pelos pensamentos incrustados em nosso campo áureo e com as influências negativas de espíritos ignorantes que podem levar um indivíduo à loucura.

Carla o fitou curiosa. Henrique mudara muito ao longo dos anos, tornara-se mais sorridente, seguro de si, não parecia o mesmo que conhecera anos atrás. Espantada com aquela explicação feita de forma tão simples, questionou, querendo se aprofundar mais no assunto.

– Você está se referindo à religião?

– Não necessariamente, estou falando em leis imutáveis que regem nossas vidas independentemente de nossas vontades ou de nossos conceitos religiosos; elas simplesmente existem!

– De que forma? Pois sempre achei que cada um vive de acordo com suas crenças!

– E vive! Você é exatamente o somatório de suas crenças enraizadas em sua mente subconsciente, e as leis espirituais agem de acordo com as verdades da vida, para justamente nos ajudar a mudar essas crenças errôneas.

Carla ficou pensativa; o rapaz lhe falava em um tom de voz seguro e suas ideias tinham fundamento; pensou em continuar a conversa, mas ao ver suas amigas atarantadas, procurando dar atenção a todos os convidados, comentou:

– Interessante... Em um outro momento gostaria de conhecer um pouco mais sobre sua filosofia de vida. Agora, se me der licença, preciso ajudar Marlene e Diva com os convidados.

– Fique à vontade. Quando quiser conhecer mais sobre o assunto, é só me procurar!

Carla abriu um leve sorriso e deixou o rapaz, que logo se enturmou com um grupinho de amigos de seu primo que riam enquanto bebericavam um malte. Quando Rogério e sua família finalmente chegaram, todos já estavam na festa e a brincadeira com o seu atraso fora generalizada. Olga esforçou-se para tratar bem a dona da casa e sua futura nora. Laurinda divagava sobre sua última viagem à Europa, arrancando gargalhadas dos casais que lá se encontravam enquanto contava com certos detalhes o romance que tivera com um lindo garotão italiano. A festa estava em seu ápice quando finalmente Rogério chamou a atenção de todos e, de mãos dadas com Marlene, pronunciou algumas palavras românticas, formalizando seu pedido de noivado à mãe da moça, que aceitou. Logo depois algumas garrafas de champanhe foram abertas e o tilintar das taças abençoaram aquela união aos olhos de todos que estavam no local. Em seguida, posaram para as fotos que Diva fizera questão de tirar ao lado de Rogério e sua família, com a intenção de enviar para a redação de uma revista com a notícia do noivado e da união vindoura entre os jovens herdeiros da construtora, sem imaginar o que o futuro lhes reservava.

Rogério acordou assustado ao ouvir a voz da empregada, que ao vê-lo cobrir a cabeça com o lençol, colocou as mãos na cintura dizendo:
— Levante-se, Rogerinho, seu primo está à sua espera há mais de uma hora! Dona Olga teve que sair e não posso ficar fazendo sala para o rapaz!
— Deixe de ser chata, Maria, hoje é domingo... Cheguei tarde do meu noivado e quase não dormi.
Rogério afundou o rosto no travesseiro. Maria, ao perceber que logo ele voltaria a pegar no sono, abriu as cortinas dizendo:
— Olha! O moço está lhe esperando e disse que não sairá daqui sem antes conversar com você, menino!
Rogério suspirou fundo, não tinha nenhum assunto pendente com o primo e de mau humor foi até o banheiro, onde fez sua higiene; quando voltou ao quarto, não encontrou mais a empregada e, sem vontade, desceu os degraus da escada, indo direto à sala de

visitas, onde o primo lia tranquilamente as notícias do jornal. Ao vê--lo, levantou-se e, dando um abraço no jovem, comentou:

– Não imaginei que ainda estivesse dormindo, afinal já são mais de duas horas da tarde. Desculpe!

– Não precisa se desculpar, eu não passei bem esta madrugada, custei a pegar no sono, foi isso. Mas diga o que lhe traz a esta casa com tanta insistência?

– É exatamente sobre o motivo que o levou a não dormir esta noite que vim lhe falar!

– Não estou entendendo. Agora resolveu ser sensitivo também?

– Sensitivo sempre fui, só não sabia como lidar com minha sensibilidade, embora isso não venha ao caso. Vou fazer-lhe uma pergunta e, em nome de nossa amizade, gostaria que fosse sincero.

Rogério coçou a cabeça respondendo:

– Vamos tomar um café e conversamos enquanto isso.

Os dois foram à copa, onde a empregada tratou logo de pôr a mesa para o café da manhã do patrão, que enquanto se servia de uma xícara de leite quente comentou:

– Se você veio até aqui para questionar meu noivado, nem o faça! Deixe isso com a minha mãe, que já o faz com maestria.

– Eu não vim aqui para questionar seu relacionamento com Marlene, não pelos motivos egoístas de tia Olga, ela não gosta de dona Diva e quer vê-lo casado com qualquer outra que não sua noiva. Eu estou aqui por motivos mais nobres. O que quero saber é se realmente ama Marlene!

– O quê? – questionou Rogério engasgando com o leite; após respirar profundamente, comentou: – Acho que não está variando muito bem das ideias, primo. Se eu fiquei noivo é porque nutro verdadeiros sentimentos por ela.

– E Arlete? Não se esqueça de que Diva fez questão de encomendar uma nota naquela revista de fofocas anunciando aos quatro cantos o noivado da filha, e com certeza em poucos dias Arlete saberá de seu compromisso.

– E qual é o problema? Por acaso esqueceu que foi ela quem terminou nosso relacionamento? Agora estou livre para me casar com quem eu bem entender.

– Esse é o problema. Foi ela quem terminou, e não você! Sei que ainda é apaixonado por ela e temo que ela resolva voltar para retomar o namoro.

– Eu gosto de Arlete, sim, e ainda não a esqueci, se é o que quer saber, só que hoje estou noivo de Marlene, que sempre foi apaixonada por mim, desde nossa infância. Então vou lhe dar uma chance e tentar ser feliz ao seu lado, pois sei que o amor que ela sente por mim contagiará a nós dois.

– E como pode ter tanta certeza? Pelo amor de Deus, Rogério! Não se casa com uma pessoa só pelo fato de ela nutrir sentimentos por você. Amor não é isso! Essa relação poderá até dar alguns frutos a curto prazo, mas, e depois, com o passar dos anos? Com a vinda dos filhos, os problemas do dia a dia... Como alimentar um amor se a fonte que o nutre vem de um só lugar e não se completa?

– Você é muito romântico e não tem senso prático. Eu e Marlene somos pessoas bem resolvidas financeiramente; caso nosso relacionamento não dê certo, cada um seguirá sua vida e tudo voltará ao normal.

– Simples assim? Ah, Rogério... Você não sabe nada sobre a vida. Não se fere um coração quando se está dentro dele, porque quem sairá machucado será você! Pense nisso antes de dar o próximo passo. Sei que Marlene já está cuidando de todos os detalhes do casamento, mas antes você terminar com essa farsa agora do que no futuro.

– Não há nada a ser terminado, Henrique. Sei que está preocupado com meu bem-estar, mas chego a desconfiar que suas reais intenções são por Marlene e que não quer que eu me case por puro ciúme!

– Não vou levar a sério o que acabo de ouvir. Pense no meu conselho e, se precisar de um ombro amigo, me procure! – disse o rapaz, levantando-se abruptamente e rodando nos calcanhares para deixar o local, fazendo o primo ficar pensativo pelo resto da tarde.

Henrique entrou em casa cabisbaixo: Rogério estava decidido a levar aquele relacionamento adiante e não havia mais nada que ele pudesse fazer. Eulália, ao ver o filho jogar-se na poltrona, sentou ao seu lado e, acariciando levemente seus cabelos negros, comentou:

– Não fique assim. Você fez sua parte alertando Rogério.

– Ah, mamãe, eu sinto tanto. Meu coração está dizendo que este romance acabará muito mal. Rogério está irredutível, chegou a dizer que o amor de Marlene suprirá todas as necessidades.

– Se seu primo está realmente decidido a se casar, não há mais nada que possamos fazer. Sei que está com maus pressentimentos, mas já aprendemos que não devemos deixar que energias negativas penetrem em nosso ser. Veja! Marlene é uma moça sensível, chega a ser anulada, deixa que a mãe mande e desmande em sua vida. Rogério, por sua vez, também não fica atrás, está seguindo os conselhos do pai, que o quer casado com a herdeira da construtora para ter o domínio total dos negócios. Se analisarmos bem, só quem está sendo lesada nesta história é Marlene. Mas já conhecemos um pouco a respeito da vida e sabemos que não há vítimas, somos responsáveis por tudo o que nos acontece de bom ou de ruim e, ao tentar proteger Marlene, você estará se igualando a Diva, que acha que está fazendo o melhor para a filha. A vida tem seus motivos e sabe exatamente o momento certo para agir. Marlene precisa aprender a não aceitar para si o que é dos outros, e sua mãe a compreender que não devemos manipular ou deixar nossa vontade se sobressair, entregando nas mãos do Criador tudo o que não podemos resolver. Portanto, deixemos este caso com a Providência Divina, que tudo sabe, e ela o resolverá, restando a nós colocar o nome de todos os envolvidos na lista de preces do centro e vibrar amor para todos os envolvidos – Eulália fez uma pequena pausa e, ao ver o semblante do filho um pouco mais tranquilo, tornou: – Vamos mentalizar nossa casa e nossos amigos cercados pela luz branca do Cristo para expulsarmos esses pensamentos negativos que não nos pertencem.

Mãe e filho fecharam os olhos em sentida prece. João, que ficara ao lado de Henrique enquanto ele falava com Rogério, aproveitou para elevar seus pensamentos, pedindo a Deus para abençoar aquela pequena família; deixou o local em seguida e foi visitar sua filha para ficar ao seu lado e lhe inspirar bons pensamentos.

CAPÍTULO 4

A volta ao Brasil

Arlete caminhava lentamente pela praça Charles de Gaulle, em Paris. Aquela paisagem que tanto lhe encantava tornara-se fria, seu coração estava apertado, as lembranças ao lado de Rogério tornaram-se constantes e, por mais que tentasse, não conseguia tirar a imagem de seu antigo namorado da cabeça. Andava com elegância, causando admiração em quem passava pelas ruas naquela manhã, por se tratar de uma bela mulher, alta, branca, olhos castanhos claros, lábios finos e delineados, cabelos castanhos escuros presos em um coque na nuca, de porte altivo e elegante, usava um vestido na cor prata agarrado ao corpo, na altura do joelho, assinado por Gianni Versace, que delineava seu corpo exaltando suas curvas, sapatos combinando e uma pequena bolsa que comprara em sua última viagem a Milão, onde conhecera Genevy, uma linda francesa que, assim como ela, gostava de viver a vida desfrutando as boas coisas que o dinheiro podia proporcionar. Foi para se encontrar com a amiga que chegou a uma cafeteria famosa na cidade. Ao vê-la sentada em uma mesa ao ar livre, apreciando a paisagem, deu-lhe um beijo na face e sentou-se, procurando falar em um francês que aprendera de forma correta para demonstrar sua latinidade.

– *Ma chérie...* Se não fosse sua companhia, acho que voltaria ao meu país hoje mesmo. Estou cansada dessa cidade!

– Não sei como alguém pode enjoar de Paris, vai ver está sentindo falta daquele seu ex-namorado de quem me falou outro dia.

– Pode ser! Ando pensando muito em Rogério, ele me ama e com certeza estará me esperando quando eu voltar!

– Se fosse você não apostaria tanto nisso, os homens são imprevisíveis, dizem que amam, mas logo que estão sozinhos correm para os braços de outra!

Arlete riu prazerosamente respondendo em seguida:

– Não Rogério, *chérie*, que é louco por mim, nós formávamos um casal perfeito!

– Se formavam um casal tão perfeito assim, por que terminou seu relacionamento?

– Eu estava disposta a correr o mundo e ele a fazer carreira na empresa de seu pai, mas, agora, não sei o que quero – Arlete calou-se ao ver um grupo de brasileiros se aproximarem da cafeteria alegremente, tirando fotos e aproveitando para tomar um café naquele ponto que se tornara turístico.

Genevy, ao perceber que se tratava de turistas brasileiros e ver o embaraço da amiga, comentou:

– São pessoas de seu país, por acaso conhece alguém? Você emudeceu de repente!

– Não gosto de turistas brasileiros, eles são sempre escandalosos, riem de tudo e se tornam inconvenientes, sem falar que não conseguem se expressar nem em inglês, quanto mais em francês. Chego a ficar envergonhada quando os vejo!

– Tenho que concordar, sabe que sou contra o turismo desenfreado que vem tomando conta de minha Paris. Hoje em dia, qualquer um pode se dar ao luxo de conhecer nossa Cidade Luz!

Arlete fez uma careta e suspirou profundamente ao ver o grupo se afastar. Não demorou para que uma revista esquecida em uma cadeira chamasse sua atenção e, sem se preocupar com o possível comentário da amiga francesa por tamanha indelicadeza, levantou-

-se rapidamente, pegou a revista e tornou a sentar. Abriu-a com as mãos trêmulas, indo direto para a página onde Rogério aparecia ao lado de Marlene e sua família, logo abaixo a nota do noivado e a data do casamento. A francesa, ao ver o semblante pálido da moça, questionou:

– Oh, *mon Dieu*! Que notícia tem nesta revista que a deixou tão pálida?

Arlete mordeu os lábios em sinal de nervosismo ao mostrar a foto para a amiga e tratou de elucidá-la:

– Este é Rogério, meu ex-namorado; aqui diz que ficou noivo de uma encruada chamada Marlene, que é nossa conhecida desde a infância, e que se casarão em menos de um ano!

– Não falei? Os homens são imprevisíveis. Aposto que essa mulher estava à espreita, louca para pegar o seu lugar!

Arlete sentiu o sangue ferver, se pudesse voltaria ao Brasil em minutos, só para subir no pescoço de Marlene e pegar o que era seu por direito, ou seja, Rogério. Sem perceber que sombras escuras regozijavam-se por conseguirem seus intuitos e com seus pensamentos tumultuados, falou rangendo os dentes:

– Volto para o Brasil hoje mesmo. Rogério é meu e ninguém o tomará de mim!

– É assim que se fala! Volte para seu país e pegue seu homem de volta!

Arlete levantou-se, deixou algumas notas na mesa e despediu-se da amiga. Precisava raciocinar, voltar ao seu país e esbofetear aquela antipática. Com esses pensamentos, voltou ao seu apartamento na avenida Champs-Élysées, uma prestigiada avenida, com seus cinemas, cafés e lojas luxuosas. Após dar alguns telefonemas, reservou sua passagem aérea para dali a dois dias, tempo que achou suficiente para se despedir com calma de seus amigos e da cidade que tanto amava.

Olga dava ordens ao jardineiro quando viu o automóvel de Laurinda passar rapidamente pelo portão e, em segundos, estacionar à sua frente. Vendo a amiga deixar o veículo esbaforida, ajeitando as madeixas louras, perguntou afoita:

– O que aconteceu? Parece que está fugindo de fantasmas!

– Você não vai acreditar, soube por fontes seguras que Arlete chegará ao país ainda hoje! – Laurinda falava rapidamente.

Olga, querendo saber os detalhes, convidou-a para entrar em sua casa e, sentando-se em uma confortável poltrona, ponderou: – Conte-me tudo que sabe, mas devagar.

Laurinda sentou-se à sua frente, cruzando as pernas.

– Hoje pela manhã, fui tomar café com a Claudinha, aquela solteirona prima de Arlete, que me garantiu seu retorno e ainda me confidenciou que ela está voltando por causa do Rogério, pois quer reatar o namoro depois que leu a notícia do noivado em uma revista!

Olga não se conteve e deu pulos de alegria.

– Pelo jeito Túlio está agindo – continuou Laurinda. – Agora você precisa pensar no que fazer para ajudá-la a voltar com seu filho! – comentou fazendo caras e bocas.

– Bem... Se foi Túlio quem fez Arlete voltar, então ele saberá nos aconselhar! Faça um favor, marque uma consulta com ele para amanhã bem cedo.

Laurinda pegou o telefone e, após discar os números que conhecia de cor, falou com a atendente, que prometera arrumar uma hora para elas no dia seguinte. Ao desligar o aparelho, disse:

– Você precisa parar de brigar com Túlio, pois ele está fazendo sua parte; vê se consegue ser mais simpática com ele amanhã, por favor!

– Querida, quem tem dinheiro como nós não precisa de simpatia, mas prometo que me esforçarei para não perder a paciência com aquele aprendiz de bruxo insuportável. Agora vamos tomar um refresco, essa notícia me deixou com a garganta seca.

As duas foram até a copa, onde a empregada lhes serviu suco de laranja. Em seguida, decidiram ficar à beira da piscina. Quando Rogério chegou, encontrou as duas conversando e, sem lhes dar muita atenção, foi para seus aposentos, onde trocou rapidamente de roupa e saiu. Em poucos minutos estava diante do apartamento de Marlene, que estava terminando de se arrumar.

– Rogério está lhe esperando no carro! – comentou Carla, que fora atender o interfone passando para a amiga o recado do porteiro.

– Estou indo! – Marlene olhou-se mais uma vez no espelho e, após dar um leve beijo na face da amiga, deixou o apartamento, passou pela portaria e despediu-se do porteiro com um sorriso no rosto. O senhor, que a tinha em alta estima devido à sua simplicidade e seu carinho com ele e todos os funcionários do edifício ficou a observá-la até vê-la entrando no veículo do rapaz, dando-lhe um beijo e sumindo de suas vistas.

A noite estava agradável, Rogério a levou para jantar em um restaurante bastante frequentado pela alta sociedade. Os dois conversaram animadamente sobre o futuro. Marlene falava sobre os preparativos para a festa, o vestido de noiva que já fora encomendar em um ateliê de um renomado estilista e faria a primeira prova em poucos dias; ela falava com tanta emoção que o noivo a ouviu prazerosamente e, vendo a moça terminar seu relatório, comentou:

– Nosso apartamento já foi reformado e amanhã mesmo poderá chamar o decorador para deixá-lo do seu jeito!

– Que notícia boa, meu amor! Eu e mamãe iremos conversar com Silvana, ela é a melhor decoradora de São Paulo!

Rogério a fitou demoradamente: Marlene era uma mulher interessante, mas não fazia nada sem a presença da mãe e da amiga, o que o incomodava, não queria que Diva se intrometesse em suas vidas após o casamento, e com esse pensamento comentou:

– Sua mãe é uma mulher elegante e de bom gosto, sei que sua ajuda será benéfica, mas não acha que tem capacidade suficiente para decidir como quer decorar nossa casa?

– Não sei... – Marlene fez uma pausa, tomou um gole de vinho e prosseguiu: – Eu me sinto insegura, mamãe sempre tomou a frente de tudo, nunca fiz nada sem sua ajuda. Depois que conheci Carla passei a escutar também seus conselhos e a pedir suas opiniões, acredito que ouvir as pessoas que nos querem bem é um dever.

– Se é assim, não está mais aqui quem falou! – brincou Rogério, sorrindo encantadoramente; em seguida, chamou o garçom, pediu a conta e, passando levemente sua mão pelo braço da jovem, comentou:

– Venha, quero levá-la a um lugar especial!

A jovem consentiu com a cabeça e, em poucos minutos, estavam à espera do carro, que fora trazido pelo manobrista do restaurante. Logo ganharam as ruas da cidade, onde Rogério dirigiu até o centro velho. Procurou um lugar tranquilo, estacionou o veículo e de mãos dadas andaram calmamente pela avenida Ipiranga, fazendo planos para o futuro. Rogério, ao ver um antigo edifício conhecido por ter uma das vistas mais belas da cidade de seu terraço, deu um leve beijo na mão da moça, dizendo:

– Venha comigo, sei que conhece o lugar, mas quero apreciar a vista ao seu lado!

Marlene sorriu e deixou o noivo guiá-la. Logo chegaram ao local, onde a vista do alto deixava a cidade de São Paulo ainda mais encantadora. O céu estava estrelado, e a cidade praticamente a seus pés, toda iluminada, fez com que ela encostasse a cabeça no ombro do rapaz que, carinhosamente, segurou seu queixo, levando seus lábios ao encontro dos seus, beijando-a com sofreguidão, ficando naquele clima romântico até deixarem o local, horas depois. Enquanto andavam calmamente pela calçada, Marlene comentou:

– Ouvi dizer que Arlete está voltando ao país.

– Não se fala de outra coisa na sociedade, creio que ninguém tem mais nada a fazer da vida a não ser mexericos!

Marlene baixou a cabeça. Rogério, percebendo que aquela notícia mexera com a noiva, fez com que a moça olhasse em seus olhos:

– Meu relacionamento com Arlete acabou no dia em que ela me dispensou por telefone, não precisa ficar insegura, estamos de casamento marcado e nada mudará o que está feito, porque eu quero me casar com você!

Marlene respondeu com um abraço apertado; amava aquele homem, e a presença de Arlete ameaçava sua felicidade; mas diante das palavras doces pronunciadas por seu amor, sentiu-se mais tranquila. Uma brisa gelada bateu em seu rosto, o que a fez tremer, levando o rapaz a tirar seu blazer e colocá-lo nas costas da noiva, antes de entrarem no veículo que a levaria direto para casa. Já em casa, ao ver a porta do quarto da amiga entreaberta, Marlene foi falar com ela:

– Desculpe incomodá-la, mas esta noite foi tão romântica que precisava lhe contar – justificou-se ao perceber que a moça assistia a um filme.

– Você nunca incomoda, estava mesmo sem sono – Carla pausou o vídeo, fazendo um sinal para a amiga sentar-se ao seu lado na cama.

Marlene então lhe contou com detalhes como fora a noite ao lado do noivo, finalizando: – Eu comentei com Rogério sobre a volta de Arlete e ele me disse que isso não mudará em nada nosso relacionamento.

Carla a fitou demoradamente; ela e Rogério já trabalhavam juntos há alguns meses e sempre que possível parava para observar suas atitudes; no escritório, todos gostavam dele, que sempre se mostrava simpático com os funcionários, não fazendo distinção de cargos nem de hierarquia. Chegou a vê-lo brincando com o faxineiro, o que para ela era um bom sinal, ao contrário do pai e da mãe do rapaz, que mediam todos pelo seu valor social, ignorando por completo toda a criadagem. Nele vira um homem com valores diferentes dos de sua amiga e, medindo as palavras antes de lhe falar qualquer coisa, comentou:

– Rogério é um homem de palavra, acredito que esteja falando a verdade. E, depois, o casamento já está marcado e ele honrará seu compromisso.

– Você não acredita no amor dele por mim?

– Não se trata disso, eu acredito que ele esteja gostando muito de você, afinal é uma mulher bonita, inteligente e será uma mãe exemplar para os filhos de qualquer homem; só não acredito que ele tenha esquecido completamente aquela sem sal da Arlete, pois uma paixão como a deles não acaba da noite para o dia!

Marlene baixou a cabeça. Carla tinha razão e a incerteza quanto aos sentimentos do noivo machucava seu coração.

– Você está certa! Talvez ele ainda sinta algo por ela, o que é normal. Vou me esforçar para não transparecer minha insegurança com relação a ela quando nos cruzarmos em sociedade!

– É assim que se fala! Mostre àquela sirigaita que você é uma mulher segura, isso fará ela pensar duas vezes antes de se meter com seu noivo.

Carla voltou suas vistas para a televisão. Marlene desejou-lhe boa noite e foi para os seus aposentos, onde deixou que as lembranças daquela noite embalassem seu sono.

O dia mal amanheceu e Olga já tomava seu café da manhã ao lado de Laurinda, que chegara à sua casa com os primeiros raios de sol. Saulo, ao ver as duas amigas conversando enquanto se alimentavam, cumprimentou-as, sentou-se à mesa e se serviu de uma xícara de café.

– Eu não consigo imaginar o que vocês duas estão tramando para terem acordado tão cedo!

– Vamos visitar uma prima de Laurinda que está doente, a senhora é muito pobre e levaremos alimentos e um pouco de conforto à moribunda! – respondeu Olga com um sorriso forçado para transparecer bondade.

Saulo, ao ouvir o tom de voz sereno forçado pela esposa, não conseguiu se controlar e soltou uma gargalhada, que fez as amigas olharem para ele espantadas. Rogério, que entrava naquele instante na copa, ao ver o pai se esbaldando de rir, juntou-se a eles.

– Vejo que estão animados. Qual é o milagre? Até Laurinda, que só costuma aparecer por aqui na parte da tarde, já deu o ar de sua graça!

– Sua mãe vai visitar uma prima pobre de Laurinda na periferia e ainda levará alimentos e conforto. Você consegue visualizar tal cena?

Rogério apertou os lábios para não cair na risada e, dando uma leve piscada para o pai, respondeu:

– Mamãe deve estar aprendendo com tia Eulália e Henrique, os dois agora deram para fazer caridade, soube que estão gastando rios de dinheiro em auxílio aos mais necessitados!

– Sua tia é caridosa, lembro-me de que ela fazia doações aos mais necessitados mesmo a contragosto de seu marido, que era um sovina. Mas sua mãe...

Rogério inclinou levemente a cabeça para o lado sem nada responder. Olga, após tomar seu suco de laranja, levantou-se e disse:

– Pensem o que quiserem, sempre fui incompreendida nesta casa; talvez ajudando a uma desconhecida eu receba mais gratidão. Agora, se me derem licença, temos uma longa jornada até o subúrbio. Vamos, Laurinda! – as duas deixaram a copa rapidamente.

Saulo, ao se ver a sós com o filho, ponderou:

– Sua mãe nunca faria nada por ninguém, nem com os pobres empregados que nos cercam é capaz de um ato desprendido. Outro dia encontrei a Maria chorando com o filho ardendo em febre e sem dinheiro para comprar os medicamentos que o médico receitou e, ao pedir um adiantamento para Olga, teve um não como resposta. Eu que lhe dei o dinheiro. Portanto, pode acreditar: coisa boa essas duas não farão na rua!

Rogério calou-se; ele também não era generoso, achava que cada um deveria sobreviver com a sorte que lhe foi dada, não acreditava em Deus, crescera achando que os mais afortunados mandavam no mundo e os pobres só existiam para servi-los, chegando a comparar as classes menos favorecidas com a escravatura, maquiada por uma sociedade hipócrita em que os privilegiados dominavam a massa ignorante e sem recursos. Mas tinha que concordar com o pai: sua mãe nunca se sujeitaria a ir ao subúrbio, ainda mais em ajuda humanitária. E como não queria botar lenha na fogueira, mudou de assunto, passando a falar sobre os preparativos para o seu casamento, assunto que foi bem-aceito por Saulo, que não queria começar o dia se preocupando com as atitudes da esposa.

Duas horas depois, Olga e sua amiga chegaram à casa de Túlio e foram recebidas com animosidade pela atendente, que lhes ofereceu um café, mas elas o recusaram. O médium, que não demorou a aparecer, cumprimentou-as sem entusiasmo e com um gesto de mãos as conduziu ao salão principal, onde, enquanto acendia alguns defumadores, para desespero das duas, que se sentiram sufocadas pela fumaça e pelo cheiro forte das ervas que se espalhou rapidamente pelo local, pronunciava algumas palavras em tom baixo, chamando os espíritos que com ele trabalhavam. Com as velas acesas e feitos todos os rituais de praxe, o homem sentou-se em uma confortável cadeira, fechou os olhos e logo seu semblante e seu tom de voz mudaram.

– Vocês vieram aqui porque já descobriram que conseguimos trazer Arlete de volta, mas quero que saibam que estamos fazendo nossa parte e que precisarão fazer a de vocês.

– A nossa o quê? Mas...

– Mas nada! – interpelou Laurinda com medo de que o espírito pudesse se irritar. E olhando para a amiga com um olhar reprovador continuou: – O senhor desculpe os arroubos de Olga, ela não faz por mal!

– Não está sendo fácil fazer o rapaz deixar Marlene, os cordeiros estão nos impedindo de agir, pois entre os três há uma espécie de acerto de vidas passadas e só Arlete poderá concluir o trabalho, uma vez que ela é parte envolvida e os da luz não podem interferir em seu livre-arbítrio.

– Que espécie de espírito é você? Eu pago uma fábula para ouvir você dizer que não poderá continuar a realizar o trabalho?

– Eu não disse que não poderei realizar o trabalho, e sim que outros espíritos estão nos impedindo de agir.

Laurinda olhou para Olga a lhe suplicar que não respondesse ao tal espírito. Olga, percebendo os olhares da amiga, abriu um falso sorriso e disse:

– Tudo bem... Sei que Arlete está voltando por causa de meu filho, ela o ama e se arrependeu de tê-lo abandonado. Só quero lembrá-lo que o tempo urge.

– Faça sua parte e esse casamento não se realizará, prometo! – o corpo de Túlio tremeu levemente; quando abriu os olhos; tomou um gole de água e disse: – Vocês ouviram o recado da entidade, tenham paciência e me tragam a moça para que eu possa terminar o trabalho e nunca mais vê-las.

As duas entreolharam-se, Laurinda ainda tentou ser agradável com o homem, que visivelmente perturbado despediu-se rapidamente sem lhes dar mais atenção.

– Não sei o que faremos para aproximar Rogério de Arlete sem que Marlene descubra – comentou Laurinda quebrando o clima de silêncio que se instalara no veículo enquanto a amiga dirigia.

– Isso não será problema, você anunciará uma festa em homenagem a Arlete!

– Eu? Mas não tenho intimidade com essa moça, seus pais vivem viajando e a última notícia que tive deles é que estavam no Egito.

– Isso é apenas um detalhe, trate de anunciar a recepção! Eu mesma ligarei para Arlete e lhe falarei de seu estimado apreço por ela – Olga fez uma pequena pausa ao ver uma ruga de preocupação na face da amiga e continuou: – Claro que não precisará se preocupar com nada, todas as despesas serão por minha conta, só não convide seus garotões, pois não quero promiscuidade em uma recepção da alta sociedade.

– Como você sabe ser desagradável, Olga. Nem vou lhe responder.

– Não responde porque sabe que tenho razão – concluiu Olga mantendo sua atenção voltada ao trânsito.

Laurinda teve vontade de romper com aquela amizade, ela sempre fizera de tudo para a amiga, que volta e meia fazia questão de jogar-lhe na cara seu gosto por rapazes mais novos, mas controlou-se. Olga era da alta sociedade e possuía dinheiro de sobra para colocá-la em maus lençóis, uma vez que sua fortuna se esvaía a cada dia, e manter a amizade com tal socialite era garantia de portas abertas nas tradicionais famílias paulistanas. E com esses pensamentos ficou imaginando a recepção que teria de oferecer a Arlete nos próximos dias.

CAPÍTULO 5

O voo Paris–São Paulo

Caía a tarde quando o piloto do avião que trazia Arlete pediu permissão à base de comando para aterrissar. O voo que fazia o trajeto Paris–São Paulo pousou no solo brasileiro sem dificuldades. Uma hora depois, a moça finalmente deixou o saguão; olhou o céu cinzento; estava de volta à sua terra natal, de volta aos braços do homem que nunca deveria ter deixado. Com esse pensamento abriu um largo sorriso. Tomou o primeiro táxi que apareceu à sua frente e, após dar seu endereço ao motorista, voltou sua atenção para a janela, ficando a observar a paisagem que passava rapidamente por suas vistas. Quando chegou ao edifício, passou pelo porteiro que, sendo antigo no prédio e conhecendo o gênio da moça, tratou de lhe entregar a chave do imóvel sem perguntas ou conversas; limitou--se a ajudá-la a carregar suas bagagens até o elevador. Ao entrar no elegante apartamento, Arlete respirou profundamente, sentindo o cheiro da limpeza feita pela diarista contratada de última hora por sua prima. Já se encontrava a caminho do quarto quando ouviu o som do telefone. Pensou em não atender: na certa era alguma amiga bisbilhoteira querendo saber de seus sentimentos em relação a

Rogério. No entanto, sem conter sua curiosidade, tirou o fone do gancho e, ao ouvir a voz de Olga do outro lado da linha, cumprimentou-a com entusiasmo. A senhora lhe falou sobre o jantar que seria oferecido por Laurinda, e Arlete aceitou o convite de pronto; após trocar mais alguns minutos de prosa, despediu-se da senhora, comentando consigo mesma: – "Essa recepção está me cheirando a tramoia. Eu nunca gostei de Laurinda, claro que Olga está por trás desse jantar. Mas por quê? Que interesse ela tem em querer me bajular? Rogério está noivo da sócia majoritária do grupo e, embora eu seja muito mais rica que aquela sem graça, eles têm um envolvimento sentimental com a empresa... Bom... O que importa é que ela está querendo ser minha aliada, disso não tenho duvida!"

Arlete deu uma rápida volta no apartamento, precisava agradecer a prima que fizera a delicadeza de deixar na geladeira alguns alimentos frescos com que fizera um lanche, ficando a pensar nos passos que daria dali por diante.

Uma forte chuva caía na cidade quando Rogério entrou em casa pisando duro. Ao ouvir a voz de Laurinda e sua mãe, que falavam mal da vida de uma vizinha, foi conversar com elas:

– Eu não sei o que deu em vocês para armarem esse jantar ridículo em homenagem a Arlete, mas peço que desmarquem agora mesmo!

Laurinda baixou a cabeça. Olga, percebendo o embaraço da amiga, saiu em seu socorro.

– Quem lhe deu o direito de entrar em casa nos afrontando dessa maneira?

– O mesmo direito que vocês acham que têm de se intrometer na minha vida. E não se façam de desentendidas. Laurinda e Arlete mal trocavam duas palavras quando ela frequentava nossa casa, e depois eu sei muito bem qual é a opinião de Arlete a respeito de Laurinda. Portanto está claro que armaram esse maldito jantar, convidando todos os nossos amigos em comum, incluindo Diva, que para não virar motivo de fofoca vai obrigar que Marlene e eu estejamos presentes.

Laurinda trocou olhares com a amiga e, procurando manter o tom tranquilo na voz, respondeu:

— Ninguém está tentando fazer nada contra você. Eu estava querendo dar uma festa em minha propriedade para apresentar Sandro, meu novo namoradinho, à alta sociedade, e como Arlete é figura importante, decidi homenageá-la, assim toda a alta sociedade comparecerá em minha casa e conhecerá Sandro.

— E depois, Laurinda — emendou Olga —, que eu me lembre ninguém convidou meu filho para tal evento! Se aquela general da Diva o está obrigando a comparecer ao lado da noiva para não gerar comentários maldosos, nós não temos culpa!

— Ah, mamãe, se a senhora soubesse como não me engana... Mas deixe estar. Um dia da caça outro do caçador! — Rogério rodou nos calcanhares indo direto para os seus aposentos.

Olga, ao vê-lo sumir de suas vistas, riu prazerosamente dizendo em seguida:

— Nosso plano está dando certo, ele e Marlene estão sendo pressionados a comparecer em sua casa por Diva, aquela lá eu conheço de outros carnavais!

— Elementar, queridinha. Acho que mereço uma taça de champanhe!

— É pra já!

As duas abriram uma garrafa da bebida e juntas brindaram o início da derrocada do romance de Rogério e Marlene.

Na noite marcada para a recepção, a casa de Laurinda recebeu a visita de todos os amigos de Arlete. Marlene compareceu ao lado da mãe, da amiga Carla e do noivo e, procurando ocultar seus sentimentos, tentou ser agradável com todos que paravam para conversar com ela. Quando Arlete chegou, estava linda: usava um vestido longo tomara que caia vermelho escuro que a deixava ainda mais encantadora; trazia os cabelos presos em um coque na altura da nuca; recebia elogios dos rapazes, que não perdiam a oportunidade de convidá-la para saírem a sós.

Nos poucos minutos que estivera com Rogério e Marlene, Arlete tentou ocultar seus sentimentos. A noite passou agradavelmente. Laurinda apresentou o seu novo namorado: Sandro era um rapaz bonito, aparentando pouco mais de vinte e oito anos de idade, moreno, cabelos curtos e ondulados, corpo malhado e tórax definido; parecia culto e educado, o que deixou Olga desconfiada, uma vez que sua amiga só se envolvia com rapazes sem estudo, todos interessados na vida boa que ela lhes proporcionava. Diva, ao ser apresentada ao rapaz, cumprimentou-o com um sorriso, ficando aliviada ao ver que finalmente os olhares indiscretos de todos se voltaram para o jovem, e não para a filha e seu namorado.

– Ah, querida, você fez uma festa incrível. Gostaria de retribuir em grande estilo, mas ainda estou sem empregados. Por que não vamos tomar um chá naquele bistrô dos jardins? – comentou Arlete ao se despedir da anfitriã.

Olga, que estava ao seu lado, interpelou:

– Aquele bistrô continua um charme, tenho certeza de que passarão uma tarde agradável!

– Seria ótimo. Preciso ficar a par de como anda a moda na Europa. Há mais de dois anos não tiro meus pés do país!

– O Velho Continente continua o mesmo, mas gostaria que fosse conosco, Olga; afinal, temos tantos assuntos em comum para colocar em dia...

– Será um prazer. Que tal às dezesseis horas?

– Ótimo! – respondeu a moça ao se despedir das duas.

Saulo, que observara a conversa ao lado da esposa, limitou-se a balançar a cabeça negativamente e voltou para casa sem tocar no assunto.

Arlete olhava da janela de seu quarto os carros que passavam pela avenida. Sentiu o peito oprimido: Rogério mal olhara para ela, fizera questão de mostrar-se feliz ao lado de Marlene, não tinha dúvidas de que ele fora à festa só para agradar a sogra. A essa constatação suspirou profundamente. João, que estava ao seu lado a ler seus pensamentos, aproveitou a oportunidade para dizer em seu ouvido:

– Deixe Rogério seguir seu coração, não se envolva com aquelas duas, você poderá ser feliz se deixá-lo escolher por si mesmo com quem ele vai querer se relacionar amorosamente. Há séculos vocês vêm passando por esses desencontros. Não acha que chegou a hora de mudar suas atitudes? Reveja seus conceitos com relação ao amor entre um homem e uma mulher, ninguém é feliz aprisionando o ser amado, isto se chama egoismo, vaidade, falta de fé em si mesmo e na vida. Portanto, siga o seu caminho, deixe que o universo se encarregará de trazer a você o que lhe pertence, e se for Rogério, ele virá por livre e espontânea vontade, sem que necessite fazer nada.

Arlete registrou aquelas palavras como se fossem suas. Por alguns instantes pensou em não ir ao encontro com as duas, não gostava delas; ao contrário, detestava o jeito espalhafatoso de Laurinda, com suas excentricidades, e a língua ferina de Olga, sempre falando mal dos outros.

"Não é o momento de desistir! Rogério me ama assim como eu o amo. Sei que errei, mas estou disposta a provar que sou a única mulher que pode fazê-lo feliz, e sua mãe me ajudará, tenho certeza!" – e com essas palavras afastou as boas energias emanadas pelo espírito de João.

Já estava quase na hora do encontro e decidira ir andando até o bistrô. Lá chegando, deparou-se com as senhoras, que escolheram uma mesa discreta num canto. Aproximou-se com um sorriso e deu os beijinhos de praxe. Sentou-se. Logo a garçonete chegou e anotou seu pedido. Laurinda, ao ver a garçonete se afastar, falou:

– Estávamos justamente comentando como voltou mais bonita da Europa, tenho certeza de que ontem os rapazes ficaram de queixo caído com sua beleza.

– Obrigada. Até recebi alguns elogios, mas não quero me relacionar com ninguém no momento, pois meu coração tem dono!

– E podemos saber quem é o felizardo? – perguntou Olga, trocando olhares significativos com sua amiga.

– Sim, querida, é o seu filho! Sei que não deveria estar comentando isto com você, pois Rogério está noivo de Marlene, que sempre foi como da família. Imagino que esteja feliz com essa união – Arlete fez uma pausa, estava decidida a abrir seu coração para a senhora e, após olhar em seus olhos, prosseguiu: – Quando cheguei à Europa, estava decidida a me estabelecer, deixei-me levar pelos encantos da Cidade Luz e acreditei que seria feliz sozinha, uma vez que Rogério deixara bem claro que não abandonaria sua empresa para me acompanhar. Eu, iludida, terminei o relacionamento com ele e segui em frente. Conheci pessoas interessantes, aproveitei ao máximo o Velho Continente. Mas com o passar do tempo fui me sentindo sozinha e percebi que o amor que sentia por ele era maior que minha vontade de viver em um país civilizado. Resolvi voltar, disposta a lhe pedir perdão e retomar nosso relacionamento. Mas ontem, ao vê-lo com Marlene, concluí que estava enganada e que ele está feliz ao lado da noiva, restando-me apenas a solidão – Arlete enxugou uma discreta lágrima, estava sendo sincera.

Laurinda trocou olhares com Olga e passou delicadamente sua mão no braço da moça, em um gesto de amizade:

– Ah, querida, nunca é tarde para arrependimentos, até achamos nobre de sua parte reconhecer que errou ao terminar seu relacionamento. Eu mesma não deixaria um rapaz lindo como ele escapar de minhas mãos!

– Você não deixaria nenhum rapaz escapar de suas mãos! Agora não se esqueça de que estamos falando de meu filho! – declarou Olga, fechando o semblante para a amiga, que lhe fez uma careta de deboche, e, ao ver que Arlete dera uma risada, tornou: – É verdade que tenho um apreço por Marlene e justamente por sermos praticamente da mesma família é que tenho certeza de que sua união com meu filho será um desastre. Marlene vive à sombra da mãe, não tem personalidade, é toda boazinha, não tem boca para responder a quem quer que seja. Rogério precisa de uma mulher como você, decidida, viajada, que sabe o que quer e como quer. Portanto, se estiver realmente disposta a lutar por esse amor, tenha em mim uma aliada.

– Nunca imaginei que pudesse contar com você. Obrigada, mas acho que Rogério não me perdoará; ontem fez questão de mostrar--se feliz ao lado da noiva.

– Rogério estava fazendo tipo para a sociedade. E depois – interpelou Laurinda –, eu conheço um sensitivo que é capaz de trazê-lo de volta em pouco tempo, caso você se interesse...
– Sensitivo! De onde tirou essa ideia? Desde quando acredita nesses charlatões?
– Túlio não é um charlatão, já me ajudou, e muito, no passado, a mim e às amigas de nosso meio social. Claro que não citarei nomes, pois todas elas pediram discrição. Olha, não precisa me responder agora. Pense, e se quiser iremos até ele.
– Sim, querida, Laurinda está certa. Eu mesma já fui lá e devo confessar que foi para tentar separar Marlene de meu filho e, para minha surpresa, a resposta foi que só você poderá fazer isso. Então, pense com carinho, mas não demore a nos dar notícias. Rogério está cada dia mais apaixonado por aquela sem graça e logo se casarão!

Arlete ficou pensativa, não gostava de assuntos ligados a almas do outro mundo. Quando criança, via os espíritos de entes que faleceram e ficava com medo. Pouco a pouco deixou de vê-los. Mas Olga estava certa: o tempo passava rapidamente, temia não ter o amor de Rogério de volta. Após tomar um gole do chá que a garçonete lhe trouxera enquanto conversavam, afirmou:
– Acho que estão certas! Uma ajudinha do sobrenatural será bem-vinda!
– Então vou marcar um horário para nós três irmos à casa de Túlio – exultou Laurinda com um leve sorriso, levantando a xícara como que para brindar, gesto que foi repetido pelas outras, selando assim um pacto de cumplicidade entre elas.

Passava das cinco horas da tarde quando Carla desligou seu computador. Ao olhar para Diva e vê-la pensativa comentou:
– Terminei meu serviço, ainda precisará de algo?
– Não. Apenas gostaria de conversar com você a respeito de Marlene.

Carla a fitou demoradamente. Diva era discreta e não costumava compartilhar seus pensamentos íntimos. A senhora, vendo que ela não esboçara nenhuma reação prosseguiu:

– Ontem, naquela recepção horrorosa patrocinada por Laurinda, percebi os olhares de Arlete para Rogério, que embora tenha tentado não demonstrar, ficou perturbado com a presença de sua ex-namorada.

– Eu também me preocupo com essa volta de Arlete, mas não vi nenhuma atitude duvidosa da parte dele.

– Não viu porque ele é um homem discreto, passou a noite agarrado a Marlene, fazendo questão de mostrar a todos seu relacionamento feliz e harmonioso. Mas estava incomodado, e se sentiu-se incomodado é porque Arlete balançou seu coração. Do contrário, agiria com naturalidade, sem exageros afetivos!

– Você acredita que os dois ainda poderão se relacionar?

Diva deu uma risada, pegou sua bolsa e, se aproximando da jovem, respondeu:

– Sou uma mulher vivida. Rogério é homem e sempre foi muito apaixonado por Arlete, ele está com o orgulho ferido, foi preterido por ela e inconscientemente decidiu se vingar se relacionando com Marlene. Lógico que seu pai viu nesse relacionamento a solução para o impasse de nossa empresa, uma vez que estamos ficando velhos e não sabemos o rumo que os negócios tomarão – Diva parou para respirar e em seguida prosseguiu: – Eu sempre fui a favor dessa união, porque sei que minha filha ama Rogério e por esse casamento consolidar nossos negócios. Só que agora não sei mais o que pensar.

– Não seria melhor ter uma conversa franca com Marlene e alertá-la?

– Ora, ora, Carla! Até parece que não conhece sua amiga. Ela está perdidamente apaixonada pelo noivo. E, depois, qual mulher escutaria alguém nesta condição? A paixão desenfreada cega as pessoas, e também não posso dizer a ela o que penso, porque no fundo são só suposições. O que me resta a fazer é ficar de olho em Rogério, e para isso espero contar com sua ajuda. Quero que passe a observar as atitudes dele aqui na empresa e, quando conversar com Marlene, procure saber como anda o relacionamento dos dois na intimidade.

– Pode contar com minha ajuda, não quero ver minha amiga sofrendo! – Carla levantou-se e juntas deixaram o escritório, seguindo cada uma um rumo diferente.

Arlete olhava indignada a paisagem que passava rapidamente por suas vistas. Nunca se atrevera a conhecer as áreas carentes de sua cidade. Passara a vida viajando para os melhores lugares do mundo e não imaginava a pobreza existente em seu próprio país. Já começava a se arrepender de ter concordado em procurar ajuda espiritual para ter seu amor de volta, quando finalmente Olga estacionou o veículo diante da casa do médium.

Ao vê-la sem coragem de deixar o automóvel, Olga abriu a porta do passageiro dizendo:

– Pode sair, meu bem! Aqui ninguém morde. Uma coisa que aprendi é que em lugares de extrema pobreza moram muito mais pessoas boas e trabalhadoras do que marginais. Nós é que temos uma visão preconceituosa a respeito dos menos afortunados!

Arlete desceu do veículo e ao ver as crianças se aproximarem sentiu um friozinho na barriga, mas não disse nada: se frequentar aquele lugar horroroso fosse lhe trazer Rogério de volta, pagaria o preço. Sem dizer o que vinha em seu íntimo, seguiu Laurinda e Olga até a casa dos fundos, onde Túlio acabara de se despedir de um cliente, pois já sabendo da consulta que faria às senhoras decidira atender rapidamente seus outros consulentes, para não perder o foco. O homem as cumprimentou secamente. As três entraram e sentaram-se. Túlio, ao vê-las acomodadas, olhou para a jovem, dizendo:

– Esta é a primeira vez que nos vimos e eu gostaria de ser muito sincero com você. Eu trabalho com os espíritos desde antes de você nascer. Nesta minha jornada já vi de tudo: pessoas querendo matar outras para ficar com suas heranças, mulheres desesperadas atrás de um marido rico, outras querendo separá-los de suas esposas e aquelas que querem amarrar seus companheiros. A maioria dos casos resolvi, outros não deram certo, pois não depende só da energia que emanamos para essas pessoas, há outros fatores que influenciam nestes trabalhos e que podem eliminá-los, entre eles o pensamento daquele para quem o feitiço foi endereçado: se essa pessoa for de fé ativa, mantiver um padrão de energia elevado, não conseguimos nada. Digo isso porque no seu caso, embora a moça que deseja separar de seu homem seja altamente fraca e influenciável, há outros espíritos interessados em que não consigamos nossos intuitos, eles dizem que é você quem deve decidir por meio de seu livre-arbítrio se concorda ou não com tal trabalho.

– Eu... por quê?

– Quando Olga veio me procurar, foi para pedir que separássemos seu filho de Marlene. Tentamos de diversas maneiras, mas há alguns espíritos que estão lhe protegendo, mesmo sem o conhecimento de Marlene. Acredite, não imagino o motivo de estarem fazendo isso, mas como não queremos encrencas achamos melhor respeitá-los, deixando a você, que é a parte interessada, a decisão de tê-lo ou não por meio de feitiço de amarração. Desde já quero lhe deixar ciente de que ele se envolverá com você a princípio, por estar sendo influenciado, mas um dia você terá de pagar por isso!

Arlete fechou os olhos, pensou em sair correndo daquele lugar, não queria se comprometer com o que não conhecia. Laurinda, ao ver a face pálida da moça, tentou tranquilizá-la:

– Não o leve a sério, querida, ele está ficando emotivo. Olha, faço trabalho com ele há anos e nunca me aconteceu nada. Até arrumei um namoradinho lindo e estou felicíssima. Essa história de lei do retorno é para pessoas fracas e impressionáveis, meu bem!

– Ela está certa, querida. Eu mesma já utilizei os poderes de Túlio e nada me aconteceu. Não perca seu foco, que é ter o amor de meu filho novamente.

Túlio abriu um discreto sorriso: desde que pegara aquele caso prometera a si mesmo que lavaria suas mãos. Arlete, ao vê-lo à espera de sua resposta, comentou:

– Faço o que for preciso para ter Rogério de volta, não me importo com nada, diga quanto custará!

– Sendo assim...! – Túlio pediu uma quantia exorbitante acreditando que a jovem fosse barganhar.

A moça, após olhar fixamente em seus olhos, tirou seu talão de cheques da bolsa, preencheu uma folha com o dobro do valor pedido e a entregou ao médium dizendo:

– Espero que faça sua parte!

Túlio olhou para o valor do cheque e o guardou em seu bolso, tentando ocultar a satisfação que sentira ao ver as cifras no papel.

– Estamos conversados! O homem em breve será seu, pois hoje mesmo farei o que me pede. Quero que vá ao encontro de Rogério daqui a três dias.

As três se levantaram. Arlete agradeceu Túlio que, ao ver Olga virar as costas sem se despedir, chamou sua atenção, dizendo:

– Esqueci de lhe dar um recado: não está mais em dívida com os espíritos, sinta-se livre da obrigação de fazer a festa para eles este ano!

– Por que isso agora?

– Não sei, foram eles que me deram o recado, e como não há mais nada que nos aproxime, espero nunca mais vê-la.

Olga sentiu o sangue subir pelo seu corpo; aquele homem tinha o dom de despertar seus mais terríveis sentimentos e, sem controlar sua fúria, respondeu:

– É recíproco, Túlio! Até nunca mais e passe muito mal.

– Obrigado! Eu lhe vejo no inferno. Mas faça-me um favor: quando lá estivermos, finja que não me conhece!

Arlete arregalou os olhos. Laurinda, percebendo que sua amiga revidaria, pegou em seu braço e voltando-se para o pai de santo comentou:

– Até qualquer dia, Túlio. Eu ainda apareço para conversarmos em particular – e voltando-se para Olga, comentou em tom quase inaudível: – Não diga nada, vamos embora antes que vocês declarem guerra um ao outro.

Olga aceitou os conselhos da amiga. Agora que tudo estava dando certo, não mais precisaria de Túlio e muito menos gastar o seu dinheiro com festas para as entidades. E com esses pensamentos tratou logo de ligar seu carro e sair rapidamente daquele bairro para nunca mais voltar.

CAPÍTULO 6

La Barca

Diva ouvia um bolero com o aparelho de som no último volume. A letra da música falava de um amor que havia partido, e enquanto cantava seus pensamentos voaram para longe. Lembrou-se de seu marido, de quando o conhecera, da amizade que nascera antes mesmo do sentimento de paixão, da tristeza que sentira com sua morte e da luta que tivera que travar consigo mesma para seguir em frente sem se deixar abater pela tristeza.

– ... *Supiste esclarecer mis pensamientos; Me diste la verdad que yo soñe...* (*La Barca*. Roberto Cantoral Garcia)

Marlene e Carla, que chegavam das compras, ao vê-la cantar aquele lindo bolero com tanta emoção espantaram-se, não estavam acostumadas a ver a senhora demonstrando seus sentimentos. Diva, que não notara a presença das jovens, continuara a cantar e, sem se conter, sentiu uma lágrima de saudade descer por sua face. Ao enxugá-la, deparou-se com as moças, que a fitavam sem nada dizer. Desligou o aparelho, desconcertada, e comentou:

– Desculpem, não as vi entrar!

– Se desculpar por quê? A casa é sua, a música é maravilhosa e a senhora canta muito bem – comentou Carla, ao que Marlene questionou:

– Essa música que fala de alguém que teve de partir faz lembrá-la de papai ou de algum outro amor?

– Que pergunta é essa, Marlene? Essa menina está ficando abusada, Carla, só porque vai casar acha que pode invadir minha privacidade desse jeito, pode? – comentou Diva em tom de brincadeira, fazendo as duas amigas rirem.

Foi Carla quem aproveitou a oportunidade para conhecer um pouco mais da vida daquela por quem nutria verdadeira admiração:

– Ora, Diva, é normal que tenhamos a curiosidade em conhecer um pouco de seus sentimentos. Você é uma mulher de fibra, uma empresária bem-sucedida, há anos está viúva e nunca arrumou ninguém para namorar. Será que uma mulher com seus predicados um dia se deu ao luxo de viver uma paixão cega, um amor impossível?

– Quem nunca teve um primeiro amor que devastou o coração? Desses descritos por vários poetas? Eu tive o meu antes de João, mas perdeu-se no tempo. Essa história de que um grande amor esquecido pode voltar com força no presente não é comigo, sou muito prática, "águas passadas não movem moinhos". Agora responda você, Carla, já viveu uma grande paixão?

– Sim... Flávio foi o único homem que amei e acho que nunca mais amarei alguém como eu o amo. Mas ele faleceu em um acidente de carro e, desde então, não encontrei ninguém que pudesse preencher a lacuna em meu peito.

– Quando menos esperar encontrará um homem que acalantará seu coração! – comentou Diva, pensativa; não imaginava que a jovem havia sofrido uma perda amorosa de forma trágica, nunca questionara a vida dos que estavam à sua volta, vivia tão ocupada com seus afazeres que não sabia nada a respeito de seus amigos e funcionários. A esta constatação comentou: – Sabem que com essa conversa cheguei à conclusão de que não sei quem são meus amigos e meus funcionários, não conheço suas dores, seus sonhos. É incrível como acabamos nos perdendo em nosso egoismo e não paramos para conhecer realmente quem está à nossa volta. Depois do casamento, quero cuidar mais de mim, tirar um tempo para conversar com as pessoas. Você é uma excelente profissional, Carla, e poderá ocupar meu lugar ao lado de Rogério. Agora, se me derem licença, preciso arrumar minha mala e acho que vocês devem fazer o mesmo, pois amanhã cedo partiremos para Campos do Jordão. Quero resolver os problemas daquela casa neste final de semana! – Diva deixou o local, sendo seguida pelas moças, que após pegarem os embrulhos caminharam para o quarto onde Marlene guardava o que estava comprando para enxoval.

Ao deixar as sacolas em cima da cama, Marlene comentou:

– Eu queria que Rogério fosse conosco para Campos. Meu coração está apertado. É como se ele quisesse me dizer para não ir sem ele.

– Isso se chama insegurança. Desde que começaram o namoro que você não passa um final de semana sem ele, é normal sentir esse aperto. Mas nem pense em não ir, sua mãe não gostará nada disso!

– Você está certa, não sei o que está dando em mim, desde que Arlete voltou eu não consigo ficar em paz comigo mesma. Por mais que ele diga que não a quer, eu sinto que a qualquer momento poderá haver algo entre os dois.

– Então simplesmente não pense. Rogério pode até nutrir algum sentimento por aquela sem graça, mas é com você que ele está e é nisso que deve se apegar!

Marlene fez uma careta para a amiga, que riu prazerosamente. Em seguida, deixaram o local sem tocar mais naquele assunto.

Rogério remexeu-se na cama, passara o dia trancado em seu quarto, sentia-se triste, amuado, sem vontade de se levantar; o que ele não percebia era a presença de um dos espíritos que trabalhavam com Túlio, que ao seu lado sugava suas energias vitais, fazendo-o ficar sem reação. Olga, que sabia que naquele dia venceria o prazo dado pelo sensitivo, não se preocupou; imaginou que aquela indisposição era coisa dos espíritos para afastá-lo de Marlene naquele final de semana. Passava das três horas da tarde quando a empregada anunciou a entrada de Henrique na casa, que fora recebido pela tia na sala principal. O rapaz, após lhe dar um abraço carinhoso, sentou-se na poltrona indicada por ela e questionou:

– Desculpe vir sem lhe avisar, mas é que senti uma força me atraindo para sua casa e preciso falar com Rogério de qualquer jeito.

– Seu primo está viajando – respondeu a senhora de pronto e, sentindo-se incomodada com o comentário do sobrinho, completou: – Eu já cansei de falar para sua mãe que devem parar de fazer macumba e cultuar os mortos, vocês estão se tornando dois desequilibrados! Quanto ao seu primo, ele está ótimo e não há nada que precise falar para ele!

– Não cultuamos os mortos e muito menos fazemos trabalhos e despachos!

– Como não? Eu conheço esses lugares, vocês fazem oferendas para as tais entidades que estão sempre lhes cobrando algo em troca de favores, isso é um círculo vicioso que os levará à loucura!

– E como sabe que há lugares exatamente como descreveu?

Olga levantou-se, percebera que falara demais e, após respirar profundamente para ter tempo de pensar em uma resposta plausível, respondeu:

– Não sou tão fútil como vocês pensam! Eu leio, sabia? E depois tenho amigas que frequentam esses lugares e acabam me contando o que acontece por lá.

– Suas amigas devem procurar médiuns equivocados, que usam de um dom que Deus lhes deu para cometerem todo tipo de sortilégio. Pessoas assim se aliam a espíritos ignorantes e juntos agem como bem entendem. Esquecem, ou ainda não sabem, que há uma lei maior que rege o universo e que devolve tudo o que foi enviado aos outros. Essas pessoas um dia pagarão caro por agirem do lado do mal, não para serem punidas, mas para aprenderem que só a força do bem deve ser direcionada ao próximo!

Olga olhou para a parte superior da mansão, com medo de que seu filho descesse e, procurando encerrar a conversa com o sobrinho, comentou:

– Um dia vou querer conhecer um pouco mais sobre sua filosofia de vida, mas agora tenho ordens para dar à criadagem. Se me der
licença, vou deixá-lo só!

– Não se preocupe comigo, tia, estou de saída, mas antes me
responda só uma coisa... – Henrique fez uma pausa para ver a reação da senhora, que sem conseguir ocultar seu desagrado interpelou
em tom irritadiço:

– Diga logo, querido, pois estou realmente ocupada!

– Acha mesmo que conseguirá manipular a vida de Rogério? Sei
que está tramando alguma com Arlete para separá-lo de Marlene.

– Deixe de ser abusado, menino. Desde quando lhe dei o direito de vir à minha casa me insultar? – Olga lhe virou as costas, já ia
saindo quando o jovem a pegou pelos braços, fazendo-a voltar-se
para ele, que olhou em seus olhos, dizendo cautelosamente:

– Deixe que a vida saberá o que é melhor para o seu filho, ainda
se arrependerá amargamente do que está fazendo, sei que Rogério
está em casa e que neste momento espíritos ignorantes o cercam
para que ele volte suas atenções para Arlete. Eu não posso impedi-
-los de agir ao lado do mal, mas endereçarei minhas preces para que
Rogério não se deixe contaminar com os pensamentos de tais espíritos. Quanto à senhora, ainda há tempo de arrepender-se. Tenha uma
tarde maravilhosa, se conseguir! – Henrique deu-lhe as costas.

Olga não conteve seu ódio e pôs-se a xingá-lo: foi até a frente de
sua casa, onde o carro do rapaz estava estacionado, esbravejando e
proibindo-o de entrar novamente em sua residência. Quando o jovem
finalmente chegou em casa, encontrou sua mãe lhe esperando. Eulália ao vê-lo foi logo dizendo:

– Sua tia falou comigo ao telefone, está possessa, disse que você
a desrespeitou em sua própria casa e que nunca mais quer vê-lo. Eu
tentei acalmá-la, mas acabou por bater o telefone na minha cara!

– Tia Olga escutou o que precisava ouvir. E não me arrependo
de nada do que lhe disse. Agora, se me der licença, vou para o meu
quarto. Preciso enviar boas energias a Rogério, que está sendo obse-
diado por espíritos ignorantes com o consentimento de sua própria
mãe – Henrique foi para seus aposentos e deitou-se na cama. Não

queria ter sido tão duro com sua tia. Logo sentiu uma força invisível percorrer todo o seu ser e uma energia tranquilizante o invadiu; procurando manter-se nesta energia, visualizou o primo em volta de uma luz azul brilhante, ficando neste estado por alguns minutos, até sentir que conseguira seu intuito, adormecendo em seguida. Fora seu mentor que se aproximara fazendo o rapaz relaxar para então tirá-lo em desdobramento, no intuito de conversar com o jovem, quando o aconselhou a manter seus pensamentos elevados.

Rogério revirou-se na cama. As influências negativas das sombras escuras que o cercavam não o deixavam raciocinar direito. Sentia vontade de sumir, de morrer. Pensava em Arlete, nos momentos felizes que viveram juntos, mas logo o rosto delicado de Marlene aparecia à sua frente, seguido da figura de Diva dando palpites o tempo inteiro em seu casamento, o que o deixava extremamente chateado. O que ele não podia ver era uma luz azul intensa se aproximando de seu corpo em forma de nuvens, fazendo os dois espíritos que estavam ao seu lado se afastarem. Anselmo, procurando se refazer do susto que tomara quando aquela energia o expulsou de perto do rapaz, olhou para o companheiro dizendo:
— Isso é coisa daquele intrometido do Henrique! Eu falei que precisávamos dar um jeito nele!
— E acha que não tentei? Esquece que ele está envolvido com os cordeiros?
— Vamos deixá-lo sozinho. Olga sabe que estamos aqui. É só nos aproximarmos dela e esperarmos o momento oportuno de agir!
— Os dois espíritos deixaram os aposentos, mantendo o rapaz livre daquelas influências negativas. Henrique pôde sentir uma energia renovadora tomar conta de seu ser, o que o fez levantar da cama e ir direto para o chuveiro, deixando a água morna bater em suas costas por um longo tempo. Ao se vestir, lembrou-se da noiva e sentiu sua falta. Por alguns segundos desejou estar com ela, sentir seu carinho,

sua amizade e, criando coragem, deixou o quarto decidido a ir para Campos. Olga, ao ver o filho passar em sua direção feito um furacão, foi logo dizendo:

— Nem pense em sair! Até bem pouco tempo estava indisposto, melhor ficar em casa e descansar.

— Vou me encontrar com Marlene. Campos do Jordão não é tão longe e devo chegar por lá no início da noite.

Olga sentiu um calafrio percorrer-lhe a espinha. Rogério não podia sair de casa, estava certa de que Túlio faria sua parte. Logo a fisionomia do sobrinho lhe veio à mente, sentindo ódio do rapaz, que não deveria se intrometer na vida dos seus, e procurando ocultar seus sentimentos e ouvindo as sugestões dos dois espíritos negatvos, insistiu:

— Você não está bem e não deve pegar a estrada desse jeito.

— Eu estou ótimo! Do nada saiu um peso enorme de minhas costas e quero ver Marlene de qualquer jeito.

Os dois espíritos entreolharam-se e com Olga o seguiram até a garagem. Lauro, que há anos trabalhava para aquela organização, aproximou-se do veículo e, usando de todo o seu poder mental, conseguiu bloquear a passagem do combustível para o carburador, enquanto o outro espírito falava o tempo inteiro no ouvido de Olga, que repetia suas palavras simultaneamente:

— Não sai de casa, Rogério, estou tendo maus pressentimentos, deixe Marlene sozinha com a mãe, um fim de semana separados irá lhe fazer bem. E depois, logo estarão casados e terão a vida toda para ficar juntos!

Rogério não lhe deu ouvidos, abriu a porta do carro e sentou-se. Ao dar partida, o motor não ligou. Tentou várias vezes e nada, ficando em cada tentativa mais irritado. Logo a camada protetora que o envolvia se desfez. Lauro aproveitou para fazê-lo desistir de sua viagem, intuindo-lhe pensamentos negativos, fazendo Anselmo regozijar ao constatar que haviam atingido seus intuitos.

— Você foi demais, Lauro! Não é por acaso que é um dos mais requisitados pela organização.

— Não fiz nada demais. Um dia chegará ao estágio em que me

encontro e foi para isso que o escolhi para me acompanhar. Agora vamos seguir nosso plano. Rogério voltará para o seu quarto e precisamos fazê-lo se lembrar dos momentos de amor ao lado de Arlete, para quando ela chegar o encontrar sem defesas! – Os dois o acompanharam de volta ao seu aposento, colocando em prática seus intuitos.

Passava das nove horas da noite quando Olga entrou no quarto do filho, dizendo:

– Levante-se, Rogério. Você tem uma visita. Eu e seu pai estamos de saída, vamos jantar com Laurinda.

– Então levem a visita com vocês! Eu não estou esperando ninguém, meus amigos não viriam me incomodar a uma hora dessas sem avisar com antecedência.

– Pois se eu fosse você levantava dessa cama e ia atender. Trata-se de Arlete, e sabe como ela é: não arredará o pé daqui enquanto não conversarem. Portanto desça, é uma ordem! – Olga virou-lhe as costas tendo a certeza de que o filho a atenderia.

Rogério, ao ver a porta fechar-se, levantou-se da cama com um misto de sentimentos: não estava disposto a ver ninguém; após alguns minutos de indecisão, foi para a sala principal, onde Arlete lhe esperava sentada tranquilamente em uma confortável poltrona.

– Desculpe vir sem avisar – balbuciou a jovem lançando um olhar apaixonado, ficando a fitá-lo por alguns segundos. – Sei que não quer mais saber de mim e a culpa é toda minha. Eu só gostaria que soubesse que estou muito arrependida e que o amo.

Rogério sentiu sua garganta secar. Foi até um pequeno balcão, onde uma garrafa de malte estava posta com dois copos ao lado. Servindo-se de uma generosa dose da bebida, tomou-a de um gole. Colocando mais um pouco do líquido no copo, voltou-se para Arlete, respondendo:

– Acho que não temos nada para falar um com o outro. Você escolheu seu caminho e eu segui o meu. Estou noivo de uma mulher maravilhosa que me ama e logo estaremos casados e você que seja feliz da forma que achar melhor!

Arlete mordeu os lábios em sinal de nervosismo; por segundos desejou rir da cara dele, dizer-lhe que Marlene era uma sonsa e que nunca o faria feliz, mas controlou-se e, fingindo-se ofendida, levantou-se, aproximando-se a ponto de sentir o cheiro gostoso de hortelã que vinha de seu hálito.

– Sei que não ama Marlene, que é a mim que deseja e é comigo que quer ficar. Posso sentir seu corpo implorando pelo meu neste momento! – Arlete pegou o copo de sua mão, dando-lhe um beijo apaixonado e o pegando de surpresa, fazendo o rapaz levá-la ao seu quarto completamente envolvido em suas energias sexuais, se entregando àquele momento com volúpia, sem poder ver os dois espíritos que, com o ato sendo consumado sem a pureza de sentimentos, puderam envolvê-los em suas energias, participando ativamente da relação íntima e a tornando ainda mais animalesca. Quando finalmente se sentiram saciados, Arlete levantou-se de supetão e, enquanto se vestia, comentou: – Eu só me entreguei para que perceba que é a mim que você quer. Porque nós nos amamos, Rogério! – Arlete deu mais um beijo na boca do rapaz, que atônito não sabia o que fazer, e foi embora, feliz por estar conseguindo seus intuitos. Deixou o rapaz ao lado dos espíritos que não lhe deram tempo para fazer um exame de consciência.

CAPÍTULO 7

Avenida Paulista

Marlene correu seus olhos pela sala de visitas do apartamento, ficando satisfeita com a beleza do ambiente, e com alegria percorreu lentamente cada cômodo, sentindo o cheiro gostoso dos móveis novos. Faltavam poucos meses para o casamento e já não tinha mais a insegurança com relação ao amor de Rogério. Nos últimos meses, vira Arlete em duas oportunidades, sempre acompanhada de Laurinda e do namorado da senhora, e em nenhuma das ocasiões a moça demonstrara nenhum tipo de interesse por seu noivo, fazendo-a acreditar que o romance dos dois havia ficado no passado. E com essa segurança deixou o imóvel, indo direto para casa, onde ao ver a amiga vestindo-se com esmero para ir a um jantar de negócios e representar Diva comentou:

— O apartamento ficou lindo. Silvana me entregou tudo pronto bem antes do prazo final, você precisa ver com seus próprios olhos!

— Fico feliz por você. Se tiver um tempinho amanhã poderemos ir até lá, o que acha?

Marlene fez um gesto negativo com a cabeça para surpresa da amiga, que nunca ouvira um não de sua boca. Marlene tratou de elucidá-la:

– Amanhã levarei Rogério até lá, quero lhe fazer uma surpresa!
– Uma surpresa no apartamento novo... Sei... – comentou Carla lançando um olhar maldoso à amiga que, procurando ser rápida, justificou-se:
– Não vou fazer nada do que está pensando. Sabe que só terei relações íntimas após o casamento!
– Você não existe! Estamos no final da década de oitenta e você ainda com essa visão antiga a respeito do sexo!
– Não se trata de visão antiga; sou romântica, sempre sonhei com o dia em que entrarei em minha casa vestida de branco sendo carregada no colo por Rogério, entregando-me finalmente ao amor de meu esposo!
– Não vou criticá-la, concordo que não devemos nos entregar intimamente para qualquer namoradinho que aparece em nossa vida, mas daí a esperar o príncipe encantado também já é demais!

Marlene não respondeu, estava difícil controlar a libido do noivo, que sempre tentava uma aproximação mais íntima quando se encontravam a sós. Carla, ao vê-la pensativa, terminou de se arrumar e, dando um leve beijo na face da amiga, deixou o local.

Arlete andava lentamente pela avenida Paulista. Olhou para o relógio de pulso, estava bem adiantada para seu compromisso, e ao dar mais alguns passos tropeçou, dando uma leve torção no tornozelo direito, o que a fez parar soltando um gritinho abafado de dor. Olhou à sua volta e, ao perceber que parara bem em frente ao Parque Trianon, uma pequena área arborizada em pleno coração financeiro de São Paulo, localizado diante do Museu de Artes de São Paulo, o Masp, adentrou o local, procurando equilibrar as pernas para não demonstrar que se machucara. Sentou-se em um banco de madeira, tirou discretamente o sapato e, esticando os pés, sentiu-se mais aliviada. Ficara tão distraída que não vira à sua frente a figura bondosa de Henrique, que se sentou ao seu lado, dizendo:

– Vi quando bambeou na rua e resolvi segui-la para saber se está bem!

– Estou, foi só uma leve torção, obrigada! – respondeu procurando ocultar o constrangimento, colocando o sapato rapidamente.

– Não a tenho visto nas rodas sociais. O que está acontecendo com aquela mulher que não perdia uma festa? – comentou o rapaz querendo puxar assunto.

– Ah, querido! Não sou mais a mesma. E depois ultimamente ando sofrendo de forte mal-estar, nada grave, claro, mas me causa ligeira indisposição!

– Se estivesse namorando eu lhe diria para procurar um médico, esses sintomas são de gravidez.

– Sou uma mulher moderna, não preciso estar com um relacionamento sério e duradouro para engravidar, até parece que não me conhece!

Henrique abriu um sorriso afirmando em seguida:

– Eu a conheço, Arlete! Fomos criados praticamente juntos, ainda me lembro de você menina na casa de meus tios brincando pra cima e pra baixo com Rogério e Marlene... – Henrique fez ligeira pausa; desde que vira a moça tropeçar a alguns passos à sua frente acreditara que aquele encontro lhe fora providencial, e procurando usar as palavras certas, disse: – Você disse que é uma mulher moderna e que não precisa de um relacionamento sério para engravidar. Eu tenho que concordar com você, a vida sabe sempre o que faz e se Deus permite que um novo ser venha à Terra dessa forma, não tradicional, tem os seus motivos. Mas, veja, a vida fica mais bela quando podemos compartilhar dos bons e dos maus momentos ao lado de alguém que amamos. Ter um parceiro com afinidades faz tudo ficar melhor. Eu acredito no amor, acredito que podemos viver uma relação saudável construída de forma sólida com verdadeiros sentimentos de amor mútuo.

Arlete ficou pensativa, aquela conversa de Henrique demonstrava que ele estava desconfiado de algo e, querendo saber aonde o jovem queria chegar, abriu um sorriso largo antes de lhe confessar:

– Mas eu sou uma mulher romântica e quero me casar por amor!

– Eu sei, e não estou dizendo o contrário. Sei também que ainda não esqueceu meu primo, seu orgulho está ferido por ele ter lhe trocado por Marlene e acredita que ele é o homem de sua vida. Você terminou seu relacionamento porque acreditou que não o amava mais e, se fez isso, foi por perceber que não seria feliz ao lado dele. Sei que voltou para reconquistá-lo, e, por mais que negue, está escrito em seus olhos. Não vou recriminá-la, mas acho que devia rever seus conceitos, voltar-se para dentro de si mesma e questionar sua consciência; pergunte à sua alma se é mesmo Rogério que lhe fará feliz, se vale a pena se envolver com um homem prestes a entrar na igreja com outra, que no mínimo ficará dividido entre dois amores. Faça isso e se precisar de um amigo pode contar comigo, sabe meu endereço e as portas da minha casa estarão sempre abertas para você!

Arlete suspirou fundo, por segundos teve ímpetos de esbofeteá-lo. Henrique sabia de suas intenções e demonstrava claramente sua preferência por Marlene. A essa constatação, lembrou-se de como os dois eram unidos na infância: Henrique, sempre que as duas brigavam, tomava o partido de Marlene. E sentindo seu sangue ferver, respondeu secamente:

– Olha, não deveria lhe dar satisfações, mas se quer saber mesmo, eu vou ter seu primo de volta nem que para isso eu tenha que ir ao inferno e voltar! Rogério é meu e aquela sem graça da sua amiguinha não o merece. E se gosta realmente dele deve reconhecer que, ao contrário do que disse, eu é que sou a mulher certa para estar ao lado dele, e não aquela sonsa, pau-mandado da mãe! Rogério é um homem forte e decidido, não deve ter por companheira uma mulher apagada, sem brilho, a chacota da sociedade paulistana! Agora, se me der licença, tenho que ir, estou atrasada para um encontro e não vou perder meu tempo com um frustrado feito você!

Arlete levantou-se, rodou nos calcanhares e saiu sem olhar para trás, deixando o jovem a fitá-la, enquanto desaparecia de suas vistas. Minutos depois chegava à doçaria, onde suas amigas a esperavam apreensivas. Após os cumprimentos, comentou:

– Desculpem o atraso, é que machuquei meu pé, parei um segundo para arrumar a sandália e o chato do Henrique apareceu não sei de onde...

Arlete contou o diálogo que tivera com o rapaz. Olga a ouviu atentamente, dizendo em seguida:

– Henrique está passando dos limites, chegou ao cúmulo de ir à minha casa e me afrontar. Ele se diz médium e sabe o que estamos tramando e fará de tudo para que não consigamos nossos objetivos.

– Deixe que tente, queridinha... Túlio é forte e nos prometeu que Arlete voltará nos próximos dias aos braços de Rogério. Se fizermos nossa parte... e por falar nisso...

Laurinda abriu sua bolsa tirando de dentro um envelope lacrado com o símbolo de uma clínica. Olga, ao ver o documento, abriu um sorriso de orelha a orelha, dizendo:

– Você é maravilhosa, cheguei a duvidar que conseguiria.

– E o que Laurinda Fernot e Montenegro não consegue? O velho golpe da barriga ainda funciona! Foi fácil pagar para uma gestante ir à clínica fazer o exame de urina, mais algumas notas na mão da recepcionista e ninguém duvidará da autenticidade do teste, uma vez que o consultório é um dos mais conceituados da cidade.

– Não sei, não. Rogério poderá contestar o resultado e pedir novos exames!

– Disso não há dúvidas, conheço meu filho e ele não engolirá essa história de gravidez facilmente. Mas deixe comigo, vamos seguir nosso plano à risca que de Rogério cuido eu – comentou Olga após tomar um gole de suco de abacaxi com hortelã. E voltando-se para a amiga disse: – A propósito, o que Túlio lhe falou ontem?

– Disse que fez sua parte e que não está fácil separar os dois, mas que o golpe da barriga dará certo. Ah! Falou também para vocês nunca mais colocarem os pés lá depois disso!

– Túlio é ranzinza, embora nos seja útil. E se ele garantiu que conseguiremos, acredito!

– Assim espero. Eu segui tudo à risca. Depois daquela noite ao lado de Rogério nunca mais o procurei e, quando nos vimos, fingi não vê-lo. O casamento está próximo e essa será minha última cartada!

– Cartada certa, pode apostar! – disse Olga em tom seguro, fazendo as três levantarem os copos de suco e fazerem um brinde. Em seguida se despediram, prometendo colocar o plano em ação já nas próximas horas.

À noite uma lua cheia brindava a todos com sua luz. Marlene olhou para o céu e abriu um sorriso e, enquanto esperava o manobrista do restaurante onde acabara de jantar com o noivo trazer o veículo, agradeceu intimamente ao Criador por sua vida, por estar apaixonada pelo homem de seus sonhos e ser correspondida por ele, sentia-se a mulher mais feliz do planeta. Com esses pensamentos entrou no automóvel e, ao ver Rogério sentar-se e colocar o cinto de segurança, comentou:

– Gostaria de ir com você até nosso apartamento, estou em dúvida sobre a cor de uma parede e quero sua opinião.

Rogério pegou delicadamente sua mão e a levou aos lábios, respondendo em seguida:

– Seus desejos para mim são uma ordem, minha senhora!

Marlene não respondeu; por um segundo teve o ímpeto de abraçá-lo, de dizer que o amava com toda a força de sua alma, que se pudesse ficaria ao seu lado o tempo todo, mas desistiu, ficando a olhar para as pessoas que andavam pelas ruas, chegando a imaginar o que elas faziam de suas vidas, se eram felizes com seus parceiros amorosos. Ficara tão distraída que o tempo passou sem que percebesse, e rapidamente entraram no elegante condomínio, onde, após estacionarem o carro na garagem, caminharam de mãos dadas até a porta do elevador. Chegaram ao hall social e a jovem abriu um sorriso lindo, ao comentar:

– Quero que feche os olhos, pois tenho uma surpresa!

Rogério fechava e abria os olhos para brincar com a noiva, que dava leves tapinhas em seu peitoral cada vez que percebia que ele estava com os olhos semicerrados, provocando risadas espontâneas no rapaz. Quando, finalmente ele ficou com os olhos fechados, Marlene abriu a porta rapidamente e deslizou a mão na parede até achar o interruptor, acendeu a luz, conduziu o noivo até o centro da sala de visitas e deu-lhe um leve beijo nos lábios, fazendo-o abrir os olhos. Rogério, ao passar sua vista pelo imóvel, ficou admirado com a beleza e a elegância com que o apartamento fora decorado e, dando um beijo apaixonado na noiva, elogiou:

– Ficou lindo, você e Diva fizeram um trabalho maravilhoso.

– Obrigada, meu amor, mas foi a decoradora quem fez quase tudo. Eu e mamãe só demos alguns palpites, portanto o mérito é dela!

– O mérito é seu, meu bem. Sei que cuidou de tudo com carinho! – Rogério a enlaçou em seus braços e beijou-a com ardor, deixando a jovem sem reação; levou-a para o quarto, onde a colocou na cama, fazendo seus pensamentos fervilharem. A luz da lua refletindo na janela, o olhar amoroso do rapaz, seu corpo viril sobre o seu, o cheiro gostoso de sua pele morena, seus lábios carnudos e suas mãos lhe pegando com um misto de desejo e carinho, tudo a fez se esquecer de seus princípios e, sem demonstrar qualquer resistência, entregou-se com sofreguidão ao amor daquele homem que em poucos meses seria seu perante Deus e a sociedade, ficando durante horas em seus braços acreditando que o mundo acabava naquelas quatro paredes.

– Você me fez o homem mais feliz desse mundo, meu amor! – comentou o rapaz ao parar o carro diante do condômino onde Marlene morava, horas depois.

– Sabe o que penso a respeito de sexo antes do casamento, mas é que eu lhe amo tanto que já me sinto casada com você.

Rogério abriu um leve sorriso, respondendo com um selinho em seus lábios, despedindo-se dela em seguida e indo direto para casa. Ao ver as luzes da sala principal acesas, espantou-se e, entrando rapidamente no cômodo, deparou-se com a figura de Arlete ao lado de sua mãe, conversando em tom quase inaudível. Arlete, ao vê-lo à sua frente, fez uma expressão de sofrimento e foi ao seu encontro enxugando algumas lágrimas que escorriam por sua face, dizendo:

– Desculpe invadir sua casa e ficar lhe esperando, estou com problemas e preciso de sua ajuda – e voltando-se para Olga deu uma leve piscada e falou: – Olga, querida, sabe que sua companhia me é cara, mas gostaria de conversar a sós com seu filho e mais uma vez mil perdões por ter entrado em sua residência tarde da noite e de forma tão intempestiva!

– Não precisa se desculpar, pois sempre será bem-vinda nesta casa, não importando o horário. Com licença – Olga deixou o local indo se esconder atrás de uma pilastra para ouvir a conversa e retornar à sala no momento oportuno como havia combinado com a moça.

Arlete olhou para os lados fingindo-se preocupada com a possível presença da senhora e comentou:

– Estou muito nervosa, Rogério. No último mês passei por problemas de saúde, cheguei a acreditar que estava com alguma doença, fiz todos os exames e o médico descobriu que estou grávida!

– Grávida? – Rogério não ligou os fatos, estava com sua cabeça nos momentos de amor que passara ao lado da noiva, e querendo compreender por que Arlete fora procurá-lo, disse: – Que bom, mas acho que deveria procurar sua família ou o pai da criança para dar a notícia. Se quer um ombro amigo nesse momento, eu não sou a melhor opção.

Arlete sentou e começou a chorar antes de responder com a voz lacrimosa:

– Está vendo? Eu não devia ter vindo à sua procura, eu devia ter abortado e você nunca saberia que poderia ter tido um filho comigo. Sou tão insignificante em sua vida que já se esqueceu que há pouco mais de um mês tivemos relações!

– O quê? Você está dizendo que está grávida e eu sou o pai? – Rogério sentiu sua cabeça rodar, sentando-se no sofá para não cair.

– Olha, eu só vim procurá-lo porque não tenho ninguém em quem confiar. Vou tirar essa criança, mas não conheço uma clínica que faça esse tipo de serviço. Eu só quero que me ajude a encontrar um bom médico que não coloque em risco minha vida, e não precisa se preocupar, este será um segredo nosso.

– De jeito nenhum! – interpelou Olga entrando abruptamente na sala, fazendo Arlete baixar a cabeça para não rir diante da cena pérfida da senhora, que mostrando surpresa e indignação prosseguiu. – Desculpem, mas não pude deixar de ouvir a conversa de vocês.

– Ah, lógico que não! Só ficou ouvindo a conversa atrás da pilastra porque não tem o que fazer! – comentou Rogério ficando ainda mais irritado com a presença inoportuna de sua mãe.

Olga, ignorando o comentário do filho, prosseguiu com o tom de voz enérgico.

– Eu não posso aceitar que tirem essa criança, minha religião não permite tal sortilégio!

– Religião, que religião, mãe? Ah, por favor, a senhora nunca foi religiosa! – disse o rapaz passando nervosamente a mão no rosto.

Arlete, percebendo que Olga já ia lhe responder, interpelou-a antes mesmo de sair uma sílaba de sua boca.

– Já decidi, vou tentar tirar essa criança. E se não conseguir, irei criá-la sozinha, não quero estragar a vida de Rogério ao lado de Marlene, eles estão para se casar e tudo o que quero é que ele seja feliz!

Olga olhou para o filho, que parecia aéreo, e respondeu:

– E acha que vou deixar um neto meu ser criado como bastardo? Não, não e não! Se você e Rogério tiveram uma recaída sem tomar os prévios cuidados para evitar uma gravidez indesejada, esse pequeno ser que está em seu ventre não tem culpa. Rogério que assuma o erro cometido, fale para a noiva que a traiu em um momento de fraqueza e que se responsabilizará pela educação dessa criança, como manda o figurino.

– Chega, mamãe! – esbravejou Rogério. Seu grito acordou o pai, que foi de pijama mesmo até a sala. Ao ver a esposa a consolar Arlete, perguntou:

– Que gritaria é essa a essa hora da madrugada, Rogério?

– Seu filho engravidou a pobre da Arlete e agora está aí gritando feito um louco.

– Eu só gritei para que parasse de falar, não posso admitir que se intrometa em minha vida dessa forma!

Saulo olhou para o filho e, procurando acalmar os ânimos, comentou:

– Eu não imaginava que estava tendo relações com essa moça, Rogério. Mas não é hora para discutirmos um assunto tão sério – e voltando-se para Arlete, que chorava copiosamente, disse: – Quanto a você, está tarde para sair por aí, durma no quarto de hóspedes e amanhã, quando todos estivermos mais calmos, conversaremos e chegaremos a uma solução sensata!

– O senhor está certo, preciso ficar sozinho. Se me derem licença, vou para o meu quarto! – Rogério deixou a sala. Olga, seguindo seu teatro, pegou a moça pelo braço e a conduziu ao quarto de hóspedes, onde após ter o cuidado de trancar a porta riu prazerosamente, dizendo em seguida:

– Nós merecemos um prêmio teatral. Até Saulo, que achei que contestaria de cara esta gravidez, parece que acreditou em sua história.

– Você é maravilhosa, nem sei como lhe agradecer.

– Casando-se com meu filho. Só de tirá-lo dos braços daquela sem graça já está me agradecendo. Agora descanse, amanhã seguiremos com o planejado!

Arlete abraçou a senhora, que saiu em seguida, indo para seus aposentos, onde passou um bom tempo discutindo com o esposo os problemas familiares. Rogério olhou para o relógio na cabeceira da cama, o dia já havia amanhecido sem que conseguisse pregar o olho. Passara a madrugada pensando em sua vida. Ele gostava de Marlene, aprendera ao longo daqueles meses a compreender seu jeito meigo e passivo, enquanto Arlete era o seu amor avassalador, uma paixão.

"Meu Deus, não sei o que fazer!" – disse a si mesmo ao levantar. Foi ao banheiro, fez sua higiene, colocou uma bermuda e uma camisa e desceu para o café da manhã. Ao entrar na copa encontrou o pai sentado, segurando uma xícara de leite fumegando. Saulo, ao vê-lo, o fitou demoradamente, dizendo após alguns minutos de meditação:

– Não gostaria de estar em sua pele, eu e sua mãe passamos a noite em claro.

– Eu gostaria de sumir, não sei o que fazer. Como explicar para Marlene o que aconteceu entre mim e Arlete, esse filho inesperado?

Saulo colocou a xícara sobre a mesa, não queria que seu filho agisse de forma precipitada e, aproveitando que ambos estavam sozinhos naquele momento, comentou:

– Não deve agir por impulso, primeiro deve fazer Arlete procurar um médico e ter a certeza de que ela está grávida, depois tomar uma decisão mais acertada, com a mente tranquila.

– Por que diz isso? Acredita que ela possa estar mentindo?

– Não sei. Arlete é apaixonada por você, na certa se arrependeu de tê-lo deixado e quando soube de seu casamento voltou para tentar reconquistá-lo. Mulher quando quer segurar um homem é capaz das piores loucuras!

– Nossa, eu não havia pensado nisso. Mas e mamãe, o que acha?

– Sua mãe não morre de amores por Marlene, mas concorda comigo, sabe que Arlete seria capaz de tudo e se predispôs a ir ao seu médico de confiança com a jovem, disse-me que também tem dúvidas sobre a gravidez!

Rogério ia responder ao pai quando Olga entrou no local e, após cumprimentá-los, comentou:

– Arlete foi embora com o raiar do dia, disse que não deveria ter vindo nos procurar, que não quer causar nenhuma desarmonia entre você e Marlene e pediu para esquecermos seu estado.

Saulo olhou para a esposa, que se serviu de um copo de suco de laranja e comentou:

– Essa moça está confusa, seus pais estão em algum lugar do mundo e ela provavelmente não tem ninguém para desabafar. Vá até sua casa e faça a sua parte: convença-a de ir ao seu médico para fazer novos exames. Enquanto isso, ficaremos no aguardo.

– É o que pretendo fazer. Passei a noite rezando para que tudo não passe de um equívoco, um escândalo como esse à beira do casamento de Rogério não será visto com bons olhos pelos nossos amigos. Mas não se preocupem, cuidarei de tudo ainda hoje e pedirei sigilo absoluto na clínica. Ninguém ficará sabendo desse nosso pequeno problema familiar e, se Deus quiser, os resultados dos exames serão negativos e Diva e Marlene nunca saberão desse seu deslize.

O rapaz abaixou a cabeça, estava muito atordoado para conectar suas ideias. Saulo, ao ver que o filho não estava em condições de ir ao trabalho, foi quem quebrou o clima de silêncio que se instalara no local dizendo:

– Tire o dia para descansar. Eu falarei no escritório que está gripado e não poderá trabalhar. Deixe que com Diva eu me entendo!

– Quanto a isso eu não tenho dúvidas. Você e Diva sempre se acertaram – comentou Olga em tom de ironia, e ao ver o olhar fuzilador do marido riu por dentro.

Saulo, não querendo se indispor com a esposa logo pela manhã, deixou a mulher e o filho terminando o café da manhã e foi para o trabalho.

À tarde Olga saiu de casa, havia marcado um encontro com Arlete na casa de Laurinda para juntas planejarem o próximo passo. Quando entrou na casa da amiga, encontrou as duas à sua espera. A jovem ao vê-la abriu um largo sorriso e, após os cumprimentos de praxe, fez a senhora sentar-se, perguntando afoita:

– Me diga como foi a repercussão da notícia?

– Estamos no caminho certo! Saulo colocou em dúvida a veracidade dos seus exames e eu, me fazendo de complacente, me ofereci para levá-la ao nosso médico de confiança. Rogério está balançado a ponto de não ter ido ao trabalho hoje.

– Isso é bom sinal! – interpelou Laurinda, passando de leve a mão no vestido florido que usava e, em seguida, falou: – Se Rogério está balançado, é sinal de que não levará o relacionamento com Marlene adiante. Agora, com relação aos exames de gravidez, deixem comigo, tudo de que precisam é ir ao médico e marcar a data dos exames. No dia eu levarei aquela amiga de minha empregada, a mesma que levei da outra vez, e farei o mesmo serviço. Só não podemos esquecer é de lhe dar uma boa gratificação, a coitadinha só aceitou nos ajudar porque vive em situação financeira difícil, e o dinheiro que lhe dermos lhe ajudará com enxoval do seu bebê.

– Quanto a isso deixem comigo, saberei recompensar muito bem a moça – afirmou Arlete após trocar olhares com Olga, ao perceber o intuito de Laurinda em frisar a situação econômica da pobre gestante.

– Então estamos acertadas, vamos hoje mesmo ao consultório do doutor Odair. Ele nos receberá mesmo sem hora marcada.

Arlete consentiu com a cabeça. Laurinda chamou a empregada e lhe ordenou que trouxessem uma garrafa de champanhe para que elas pudessem comemorar mais aquela vitória. Uma hora depois, Olga e Arlete já estavam diante do médico, que após ouvi-las atentamente recomendou alguns exames de praxe, que Olga conseguira marcar para o dia seguinte e para os quais compareceu ao lado da jovem indicada por Laurinda. Feitos os exames pedidos com urgência, deixaram o local e no final daquele mesmo dia apresentaram os resultados ao médico, que constatou a gravidez, recomendando à jovem que fizesse o pré-natal com um ginecologista de sua confiança. Quando deixaram a clínica, estavam felizes. Olga, ao deixar a moça diante do prédio, comentou:

— Fique em casa nos próximos dias, uma mulher em começo de gravidez sofre enjoos terríveis, irei direto para casa e quando Rogério chegar mostrarei os resultados de seus exames.

— Pode deixar, ficarei aguardando notícias ansiosamente.

Olga ligou o carro e virou a esquina. Já em casa, ficou à espera do filho, que entrou horas depois na companhia do pai. Saulo, ao vê-la com um envelope branco no colo, foi logo questionando:

— E então, Arlete está mesmo grávida?

A senhora fez um ar de consternação e entregou o envelope para o filho, respondendo:

— Sim! Em poucos meses teremos um neto.

Rogério leu rapidamente o parecer médico. Ao olhar o carimbo e a assinatura do doutor Odair não teve dúvidas e voltando-se para o pai comentou:

— Não posso mais fugir dessa situação, terei de contar a Marlene sobre a gravidez de Arlete e juntos encontraremos uma saída que seja plausível para todos.

— Desculpe filho, mas acho que Marlene não aceitará essa traição. O melhor que tem a fazer é terminar seu relacionamento e casar-se com Arlete o quanto antes, assim o escândalo será menor.

— Sua mãe tem razão, precisamos pensar nos negócios, temos um nome a zelar, um escândalo como esse pode comprometer nosso nome no mercado. Termine com Marlene, diga que não a ama, que descobriu que é com Arlete que deseja se casar, e deixe-a. Aproveitaremos que a cerimônia entre vocês está em andamento e seguiremos com os preparativos.

Olga aproximou-se do filho e fazendo um suave carinho em sua face comentou:

— Sei que ama Arlete e será muito mais feliz ao seu lado. Quanto ao casamento, não se preocupe, falarei com o padre e explicarei os motivos para a troca das noivas. Ele nos compreenderá. E ainda bem que a gráfica atrasou a entrega dos convites, assim não teremos que dar explicações aos nossos convidados.

Rogério, ignorando as palavras da mãe, voltou-se para o pai, sua mente estava confusa, gostava de Marlene e não queria fazê-la sofrer, talvez eles estivessem certos: se falasse a verdade para a noiva, ela o deixaria e sofreria ainda mais com sua traição; se fizesse como seu pai lhe indicara, ficaria mais fácil para ela seguir seu caminho. O melhor a fazer era casar-se com Arlete, por quem nutria ainda algum sentimento, e se mudar em seguida para outro país, assim ninguém saberia da gravidez da moça. Voltariam depois de alguns anos, quando todos já tivessem esquecido de seu romance com Marlene. E com lágrimas nos olhos, declarou:

– Farei o que me pedem. Amanhã mesmo terminarei meu noivado!

– É assim que se fala, você está mostrando que tem consciência de seus atos. – E com essas palavras Olga deixou pai e filho a sós e foi para os seus aposentos, de onde só saiu na manhã do dia seguinte, quando aproveitou para falar com Arlete, contando-lhe com detalhes como fora a conversa entre eles e o que haviam decidido. A notícia fez a moça dar pulos de alegria ao pensar que seu casamento com o rapaz não tardaria!

CAPÍTULO 8

A briga

Passava das nove horas da manhã quando Diva entrou no escritório. A secretária ao vê-la foi logo dizendo:
– Bom dia, dona Diva. O senhor Saulo quer falar com a senhora, mandou dizer que é urgente!
Diva olhou para Carla, que rapidamente pegou a bolsa que a senhora tirava dos braços e, sem fazer nenhum comentário, caminhou em direção à sala de seu sócio. A secretária, ao se ver a sós com Carla, comentou:
– Não sei o que está acontecendo, mas o doutor Saulo chegou ao lado de Rogério e ambos estavam com cara de poucos amigos.
– Vai ver estão com algum problema de cunho pessoal, o que não é de nossa conta – comentou Carla dando as costas para Ana e indo para a sua sala. Ela não gostava de conversas paralelas, principalmente quando se tratava da vida de seus patrões. A colega, ao contrário, estava ansiosa para ver a reação de sua chefe, que após dar uma leve batida na porta entrou no local encontrando Rogério cabisbaixo. Saulo ao vê-la levantou-se e a cumprimentou com um aperto de mão, apontou uma cadeira para ela se sentar e ao perceber que ela estava acomodada foi direto ao ponto.

– Eu pedi para você vir até aqui porque temos um problema para resolver.

Diva olhou para Rogério, que evitava fitá-la. Nos últimos dias percebera que havia algo estranho no ar. Rogério deixara de ir trabalhar alegando uma forte gripe, e, quando Marlene ligara para sua casa, sua mãe lhe dissera que ele estava dormindo. Com essa constatação percebeu que o assunto era delicado, e remexendo-se na cadeira para ficar mais confortável questionou:

– Digam logo o que esta acontecendo, sabem que detesto suspense!

Saulo respirou fundo e contou tudo o que havia acontecido com seu filho e Arlete, finalizando com a gravidez e a decisão que haviam tomado na noite anterior, fazendo a senhora levantar feito um rojão e se posicionando diante do jovem gritou:

– Seu patife! Como teve coragem de trair minha filha dessa forma? Marlene entregou seu coração a você, seu safado, e o que fez? Deitou-se com aquela víbora e ainda lhe engravidou!

– Olhe, Diva, eu...

– Eu nada, seu cafajeste de quinta categoria, cale-se! Não me venha com justificativas banais!

Rogério calou-se, Saulo, ao ver Diva feito fera encurralando o filho, foi em sua defesa.

– Acalme-se, Diva, a vida é assim mesmo, essas coisas acontecem.

– Acontecem, sim, com gente de sua laia! Meu Deus, como fui ingênua em acreditar que você e Marlene poderiam ser felizes, ainda mais sendo filho de quem é... Mas é assim mesmo, quem sai aos seus não degenera.

– Cale-se! – ordenou Saulo, com medo de que ela revelasse o passado dos dois.

Diva rapidamente deixou o local e por pouco não pegou a secretária encostada na porta ouvindo a conversa. Ao entrar em sua sala, a assistente se assustou com a vermelhidão em seu rosto e tratando de lhe pegar um copo com água a fez se sentar, dizendo:

– Tente se acalmar, eu estava ouvindo seus gritos daqui.

– Eu não quero me acalmar, muito pelo contrário... Estou com vontade de matar aqueles dois!

Carla fez Diva beber um pouco de água e esperou pacientemente até vê-la mais calma. Diva, sentindo-se um pouco melhor, contou-lhe tudo o que ouvira na sala ao lado, fazendo a moça sentir um ódio brotar em seu peito que procurou ocultar para não colocar mais lenha na fogueira, finalizando:

— Não sei o que será de Marlene. Minha filha é frágil, Carla, sempre foi. Ah, meu Deus! Como eu queria que ela fosse mais forte, que tomasse conta de sua vida sozinha sem precisar de minha ajuda.

— Será muito difícil para Marlene aceitar a verdade, ser traída e ainda saber que sua maior inimiga engravidou de seu noivo.

— Sabe o que me deixa mais irritada? É ter que concordar com Saulo, um escândalo do gênero nos deixará em maus lençóis com nossos parceiros. Infelizmente terei que aceitar sua proposta!

Carla olhou estupefata para a chefe e, sem entender aonde ela queria chegar, comentou:

— Não me diga que aceitará essa de Arlete se casar com os preparativos de Marlene?

— E tenho escolha? Precisamos pensar com a razão. Os convites ainda não foram entregues, é só publicarmos nessas revistas de fofocas Marlene dizendo que desistiu do casamento de forma amigável, e em seguida mandamos uma foto dos três juntos com sorrisos nos lábios e a notícia da união de Rogério com Arlete, ocultando sua gravidez, claro!

— Isso não nos livrará dos mexericos, ninguém vai engolir essa desculpa!

— Podem não acreditar, mas mostrará que nossa empresa está acima de pequenas picuinhas. E quanto à Marlene, está decidido: ela também não saberá que Arlete está grávida!

Diva deu um murro na mesa e saiu deixando Carla atônita com o que acabara de ouvir. Ao entrar novamente na sala do sócio, foi logo dizendo:

— Hoje à noite Rogério irá até minha casa, falará para Marlene que pensou melhor, que não a ama, deseja que ela seja feliz e decidiu voltar para Arlete e seguir seu caminho, ocultando a traição e a gravidez. Quanto ao casamento, seguiremos seu plano, Saulo.

Eu farei com que Marlene engula suas mágoas em nome de nossa empresa.

Saulo a fitou nos olhos demoradamente antes de lhe responder:

– Eu sabia que entenderia minha situação.

Rogério olhou para o pai e querendo tomar as rédeas daquela conversa interpelou:

– Olha, Diva, eu gostaria que soubesse...

– Você não gostaria de nada! Só estou aqui para resolvermos nossos negócios. Quanto a você, faça o favor de não me dirigir a palavra. Eu só espero que consiga cumprir com o que lhe pedi. Deixe Marlene de um modo que ela nunca mais queira vê-lo, pois cafajeste você já é!

Diva os deixou mais uma vez, trancando-se em sua sala e só saindo no final do expediente. No caminho para casa, pediu a Carla para não demonstrar o que passava em seu íntimo e, com um sorriso forçado, adentraram o local. Marlene ao vê-las correu para lhes mostrar o convite de casamento que a gráfica havia entregado naquela tarde. Foi Diva quem lhe respondeu:

– Eu e Carla tivemos uma reunião exaustiva com alguns investidores de um novo projeto, estamos loucas para tomarmos um bom banho. Façamos assim: logo após o jantar você nos mostra com calma os convites.

Marlene olhou para a amiga, que abaixou a cabeça. Carla, evitando olhar para a amiga, pediu licença e foi para o seu quarto, deixando mãe e filha sozinhas.

Rogério dirigia seu carro pensativo. A reação de Diva não querendo nem ouvir suas explicações o deixou incomodado. Ele queria dizer-lhe que gostava de sua filha, que fora sincero quando pediu sua mão em casamento. Logo as cenas de amor que tivera com a moça vieram fortes em sua mente. O que aumentou ainda mais sua angústia, pois sabia que ela se entregara a ele confiando em seus sentimentos. E com os pensamentos tumultuados, passou pelo porteiro do prédio. O rapaz tinha livre acesso ao apartamento da noiva e não foi barrado pelo senhor. Ao apertar a campainha, sentiu suas pernas bambearem. Por segundos desejou sumir e nunca mais ser visto, mas ao ver a fisionomia da noiva ao abrir a porta, respirou fundo e entrou no local sem dar um beijo na face da jovem, que ao vê-lo estranho foi logo dizendo:

– O que você tem? Hoje parece que todo mundo está esquisito, com cara de quem comeu e não gostou. Venha, quero lhe mostrar os convites!

Marlene entregou-lhe um lindo envelope com letras douradas. Rogério, após passar os olhos nos convites, deixou-os de lado e olhando fixamente para a moça foi direto ao ponto:

– Marlene, é sobre nosso casamento que quero lhe falar!

Marlene sentou-se ao seu lado e lembrou-se da fisionomia de sua mãe ao entrar em casa, e, procurando ligar uma coisa a outra comentou:

– Olha... Eu acho que já sei o que está acontecendo: você e mamãe brigaram. Sei que ela está dando palpites demais, mas tenha paciência, após o casamento seremos só nós dois.

Rogério sentiu sua garganta secar. Ao olhar para um móvel cheio de bebidas levantou-se, pegou um copo e colocou uma dose caprichada de uísque, sentou-se novamente, tomou o líquido de um gole e disse:

– Não se trata de sua mãe, se trata de nós dois... Eu andei pensando bem e acho que nunca seremos felizes juntos, é isso!

Marlene o fitou demoradamente, não estava entendendo aonde ele queria chegar e, pegando levemente em suas mãos, que suavam, pôs-se a contemplar a beleza daquele que reinava em seu coração e para quem dera o que tinha de mais precioso, sua inocência. Com lágrimas nos olhos respondeu:

– Não... Eu... Eu te amo e seremos muito felizes. E depois o meu amor por você é maior que tudo... Sei que brigou com mamãe, mas isso passa, ela às vezes é severa demais, mas não é má pessoa!

Rogério levantou-se, aquela conversa não o levaria a lugar algum, precisava ser duro, e com esses pensamentos disse em tom sério:

– Marlene, será que é difícil compreender que eu não te amo? O que quero lhe dizer é que nosso noivado acaba aqui! Eu descobri que é Arlete quem amo, é com ela que quero me casar. Será que agora fui claro?

Marlene sentiu seu peito apertar, amava aquele homem e não o deixaria partir, e como louca agarrou em seu colarinho, sentindo o cheiro daquele a quem entregara sua vida, segurou-o com força e chorando compulsivamente disse:

– Não, Rogério... Nunca o deixarei, você é meu. Ninguém o amará como eu o amo. Por favor...

Rogério respirou fundo, colocou sua mão forte sobre os braços da moça e a jogou longe, fazendo ela se desequilibrar e cair no chão.

– Me esqueça, será melhor para você!

E com essas palavras rodou nos calcanhares sem olhar para trás, deixando a moça jogada no chão frio, chorando sem parar.

Diva, que ficara na sala ao lado, ao ouvir o barulho da porta se fechar foi ao encontro da filha e, agachando-se, pegou-a carinhosamente pelos braços, dizendo com ternura:

– Marlene, levante-se, filha!

– Me deixa! – berrou a moça ao se levantar. E olhando para a mãe com ódio tornou: – A culpa é sua, sempre se metendo em minha vida. Dizendo o que devo ou não fazer! Não vê que foi por isso que Rogério me deixou? O que você fez para ele terminar o nosso noivado desse jeito?

Diva olhou para a filha penalizada, seu coração de mãe estava apertado. Por instantes pensou em dizer-lhe a verdade, contar que o noivo lhe traiu e em poucos meses seria pai, que o melhor que tinha a fazer naquele momento era esquecer que um dia Rogério passara por sua vida, mas desistiu: Marlene era frágil e tinha medo do que ela pudesse fazer a si mesma ao não suportar sua desilusão.

– Marlene, venha comigo, você precisa se acalmar – interpelou Carla, que ao ver o estado da amiga pegou-a pelo braço, conduziu-lhe até o quarto, deixou a jovem extravasar sua dor e voltou com um calmante e um copo de água, que fez a amiga ingerir, ficando a seu lado até vê-la pegar no sono. Quando voltou à sala, encontrou Diva sentada em uma poltrona, com as luzes do local apagadas, e procurando confortá-la passou levemente sua mão em seus ombros, dizendo:

– Marlene está fora de si, não leve suas palavras a sério!

– Minha filha tem razão, eu sempre me intrometi em sua vida.

— Não se lastime, você fez o seu melhor!
— Obrigada, Carla, não sei o que seria de nós sem sua a presença!
A moça abriu um leve sorriso e a deixou, voltando ao quarto da amiga, onde passou a noite velando seu sono, pois tinha medo que Marlene ao acordar pudesse cometer uma loucura.

Olga lia uma revista sentada no sofá ao lado do marido quando o filho entrou sem falar com ninguém e foi para seu quarto. Saulo, ao ver o rapaz subir, virou-se para a esposa dizendo:
— Está contente agora que conseguiu o que queria?
— Não sei do que está falando. Eu tinha certeza que colocaria a culpa dos erros de Rogério em cima de mim!
— E não foi a culpada? Pensa que nasci ontem? Sei que tramou tudo isso com Laurinda e Arlete e só acreditei nessa gravidez porque doutor Odair é um profissional sério, não nos daria um laudo falso.
— Continuo sem entender aonde quer chegar. Acho que está mais frustrado com o fim desse romance do que seu filho, pois não poderá assumir o controle da empresa, sem falar que Rogério magoou a filhinha de sua amiga.
— Você consegue ser insuportável, não sei como um dia pude me apaixonar por você, sua mesquinhez me deixa enojado. Fazer Arlete engravidar de seu filho só para não vê-lo ao lado de Marlene por não aceitar Diva é baixo demais!
Saulo levantou-se deixando a esposa sozinha, que calada ficara a pensar nas palavras do marido.

Diva saiu de casa com o raiar do dia, sem esperar a chegada do motorista. Ao passar diante de uma casa de material de construção, estacionou o carro, entrou no local e comprou vários frascos de tinta preta em spray.

"Dessa vez Olga foi longe demais" – disse a si mesma ao voltar para o carro. Em poucos minutos entrou no prédio onde sua filha moraria com Rogério e cumprimentou o porteiro, dando-lhe uma desculpa para estar lá àquela hora do dia. Ao entrar no apartamento, observou demoradamente cada canto do imóvel. Ali estavam os sonhos de sua filha, que sua antiga rival, por uma vingança pessoal, ajudara a interromper. Logo a fúria se apossou de seu ser e Diva começou a quebrar e a rasgar tudo o que via pela frente, não deixando um só objeto inteiro. Ao passar pela área de serviço, encontrou uma marreta esquecida pelo pedreiro, e com força começou a bater nos móveis de madeira, chegando a destruir completamente algumas portas mais frágeis. O apartamento já estava todo destruído quando finalmente pegou as tintas e pichou as paredes, só parando ao ver que os frascos estavam vazios. Ao ver o resultado, deu uma gargalhada estrondosa. Embora tenha sido ela quem arcara com as despesas da decoração, deixaria um recado para Olga, que com certeza não o esqueceria. E com um misto de satisfação e ódio em seu espírito, entrou no elevador. Estava tão distraída que não percebeu que o elevador havia parado no andar de baixo e que Eulália havia entrado. Esta, ao vê-la, abriu um sorriso, chamando-a à realidade.

– Bom dia, querida! Aposto que veio dar uma inspecionada nas obras do apartamento do jovem casal. Eu pensei que as obras haviam acabado, mas ouvi barulho de marreta há pouco.

Diva espantou-se, não imaginava encontrar Eulália, logo se lembrou de Marlene ter comentado que a tia de seu noivo possuía um apartamento alugado bem embaixo do seu e, com ar de poucos amigos, respondeu secamente:

– Não me venha com desculpas, pois sabe muito bem que o relacionamento dos dois acabou!

Eulália a fitou demoradamente. Diva estava com a face vermelha, visivelmente nervosa, e Eulália, com um tom de voz suave, respondeu:

– Desculpe, mas não estava sabendo do fim do noivado. Eu e Olga não estamos nos falando, após uma pequena desavença entre as famílias.

A porta do elevador abriu, estavam no subsolo. Diva rapidamente caminhou para a garagem. Eulália, que havia chegado ao local de táxi, resolveu segui-la. Ao ver que a amiga entrara no carro sem se despedir, aproximou-se e disse:

– Eu não quero ser indelicada, mas você está muito nervosa. Por que não me deixa dirigir, assim conversamos um pouco no caminho?

Diva a fitou nos olhos, ela e Eulália tinham sido amigas inseparáveis na adolescência e após o que acontecera entre ela e Olga se afastaram, passando a se encontrar apenas socialmente. Após alguns segundos de meditação, pensara em ligar o motor do carro e sair cantando pneus, mas diante do olhar bondoso da amiga, respondeu-lhe:

– Estou bem, posso dirigir meu carro sozinha, mas se quiser uma carona pode entrar.

– Obrigada! – respondeu Eulália entrando no carro e colocando o cinto de segurança.

Diva não respondeu, seu coração estava acelerado. Ao vê-la calada durante o trajeto, Eulália resolveu puxar assunto:

– Eu estou pensando em como a vida nos traz o passado de volta, quando este não está bem resolvido!

– Do que está falando? Seja mais clara, pois sabe que não gosto de ler pelas entrelinhas!

– Você sempre foi muito prática, por isso vou direto ao ponto... – Eulália parou para respirar ao ver uma lanchonete graciosa em uma rua tranquila na região dos jardins e apontou para o lugar dizendo: – Façamos assim, eu não tomei meu café da manhã, tive de sair cedo, pois precisava conversar com o corretor na primeira hora do dia, meu apartamento estava desocupado e já conseguiram um inquilino. Então vamos parar e tomar um café, assim conversaremos mais à vontade.

– Ah, Eulália, você muda! Sei que essa conversa vai longe, mas como que por encanto estou me sentindo bem melhor, farei o que me pede.

Diva parou o carro, embora estivesse com os pensamentos tumultuados, sentira-se bem ao lado da amiga e juntas entraram no local, onde cada uma pediu um lanche à garçonete. Enquanto a garçonete preparava o pedido, Eulália comentou:

– Eu estava lhe falando sobre a vida, que sempre sabe o que faz e não deixa nada por resolver, nada fica sem resposta no universo, que age de acordo com a perfeição.

– Você está falando de mim, de minha filha, do cafajeste de seu sobrinho e cunhado, ou será da cobra da sua irmã? – perguntou Diva, levantando ainda mais sua sobrancelha, fazendo Eulália sorrir antes de lhe responder.

– Eu estou falando de todos, Diva! Sabe que nos conhecemos de longa data, eu mais do que ninguém fui contra a disputa que se instalou entre você e minha irmã por Saulo, disputa esta que vocês trouxeram até os dias atuais com o relacionamento de seus filhos.

– Vocês, não! Sua irmã, aquela falsa rancorosa. De minha parte superei o passado e apreciei a união dos dois!

– Você superou o passado ou projetou em sua filha um sonho que fora seu? Talvez até de forma inconsciente percebeu que a união dos dois faria Olga engolir você e Marlene em seu seio familiar!

Diva sentiu um ligeiro mal-estar tomar conta de seu ser, já estava pronta para responder de forma grosseira quando Eulália a interrompeu dizendo:

– Não precisa me responder, sua expressão já o fez. Você ficou incomodada com meu comentário, sinal de que estou certa, do contrário não tentaria se defendido.

– Do que está falando? Como pode saber o que reside em minha mente, quando nem eu mesma sei? Acaso virou psicóloga?

– Não preciso estar dentro de você para saber o que sente, dentro de você está sua alma e ela fala por si só, basta conhecer um pouquinho sobre a vida que podemos decifrar o que realmente uma pessoa está sentindo em seu ser.

Diva ficou pensativa, talvez Eulália tivesse razão: desde que Rogério aparecera com aquela história de namorar Marlene, sentira que aquilo não acabaria bem, e mesmo assim deixou o romance seguir adiante sem analisar os reais motivos de ter concordado tão rápido com aquele absurdo. Eulália, ao ver que a amiga não esboçava nenhuma reação, disse:

– Eu lhe conheço, sei que está neste momento revendo suas

atitudes com relação ao relacionamento de sua filha, mas em vez de fazer isso, reveja suas atitudes com relação aos seus relacionamentos, sua forma de ver a vida. Marlene e Rogério também farão o mesmo no momento oportuno. Deus sabe o que faz e é paciente, a Inteligência Divina sabe esperar e agir com cada um de acordo com suas necessidades – Eulália levantou-se, quando cruzara com a amiga no elevador sentira a presença de um espírito esclarecido e deixou seus pensamentos se misturarem aos dele para conversar com Diva. E após olhar para a amiga, que pensava em tudo o que ela lhe falara, abriu um largo sorriso dizendo: – Eu adoraria continuar conversando com você, mas tenho outros afazeres. Quando quiser conversar me procure, esqueça que sou irmã de Olga e me veja como sua amiga, a mesma do passado que sempre dividia tudo com você!

Diva sorriu ao vê-la se afastar, as palavras de Eulália haviam lhe feito bem, e ficou ali, terminando seu café da manhã. Quando deixou a lanchonete, sentia-se mais calma e, decidida a voltar para casa, ligou para sua secretária avisando que tiraria o dia de folga. Voltando para o seu apartamento encontrou Carla sentada no sofá da sala, e com o olhar perdido no espaço, comentou:

– Vou ficar em casa hoje, quero estar perto de Marlene quando ela acordar!

– Faz bem, ela precisa de você e de seu carinho.

Diva olhou para a jovem, que estava visivelmente cansada e, sentindo-se grata por sua ajuda, passou levemente a mão em sua face, dizendo:

– Eu pedi para Ana cancelar todos os nossos compromissos, portanto quero que descanse!

Carla não a contrariou, passara a noite em claro e seu corpo pedia um pouco de repouso. E dando um leve beijo na testa da senhora, deixou-a sozinha perdida em seus pensamentos.

CAPÍTULO 9

O triângulo amoroso

As semanas passaram rapidamente para Arlete, que mandara fazer os convites de seu casamento e os enviou a todos os amigos de ambas as famílias. A notícia do casamento causara burburinhos maldosos nas altas rodas sociais do país; ela e Rogério aos poucos retomavam a paixão avassaladora de outrora, com a ajuda dos espíritos enviados por Túlio e de Olga, que fazia questão de manter a moça em casa, enchendo-lhe de mimos e tentando fazer o filho compreender que aquela fora a melhor escolha para o bem de sua família, uma vez que ela e Marlene não se davam bem.

Diva, embora tenha se sentido bem com a conversa que tivera com Eulália, não a procurara. Marlene vivia depressiva e quase não saía de seu quarto. Naquela tarde, ao chegar em casa e encontrar a filha deitada na cama olhando para o teto, não se conteve:

– Levante-se, Marlene. Marquei hora com cabeleireira e maquiador, quero vê-la linda e com um sorriso no rosto para enfrentar os olhares da sociedade hoje à noite.

– Eu não quero ir a lugar algum!

– Mas vai! Eu já combinei com o pessoal da revista para tirar uma foto sua ao lado de Arlete e Rogério, já mandei até a nota que será emitida na matéria, e paguei muito caro para isso. Esse triângulo amoroso causou certo mal-estar e precisamos mostrar a todos que nada mudou entre nós e a família de nosso sócio.

– Você consegue passar por cima de seus sentimentos pela empresa, mas eu não; portanto não vou a essa recepção fazer papel de palhaça!

– Vou fingir que não ouvi o que você disse e vou dar-lhe dois minutos para se levantar e se arrumar!

Diva deixou o quarto pisando duro. Marlene, ao vê-la se afastar, fechou os olhos, não queria rever Rogério, amava aquele homem e só de pensar em vê-lo seu coração já disparava. Logo o cheiro de seu perfume lhe veio à mente, seu sorriso, seu cavalheirismo quando lhe abria a porta do carro para que ela pudesse entrar e todas as gentilezas daquele homem com quem vivera os melhores momentos de sua vida. "Por que aquilo tinha que ter acontecido?" A essa indagação começou a chorar. Na certa Rogério preferira a outra por ser mais bonita, mais elegante. Arlete, além de milionária, sabia se impor e provocava olhares admirados por onde passava, ao contrário dela, que era feia e sem graça e ainda vivia à sombra de sua mãe. "Mas o que fazer?". Ela não conseguia dizer não à mãe. Diva era autoritária e Marlene se acostumara a receber suas ordens sem contestar, afinal ela estava sempre certa. Diante disso, o melhor era ir àquele chá beneficente e fazer o que sua mãe lhe mandara. Marlene balançou a cabeça, logo uma ideia brotou em seu ser como um relâmpago: "E se Rogério estiver arrependido e ao me ver perceber que fez a escolha errada?". Marlene levantou-se da cama e, em meio a seus devaneios, imaginou-se linda entrando no salão principal, onde todos a olhavam com admiração, e Rogério a correr para seus braços quando lhe visse, tomando-a pelas mãos e saindo a correr daquele lugar, deixando todos chocados e questionando Arlete, que furiosa esbravejava enquanto ela, Marlene, nos braços de seu amor, voltava para casa feliz.

– É isso mesmo, preciso estar linda! Mamãe como sempre tem razão! – disse a si mesma ao ir decidida para a sala, onde sua mãe, ao vê-la bem disposta, sorriu e a levou direto ao salão de beleza.

Quando finalmente voltou para casa, estava devidamente penteada e maquiada. Carla, que acabara de chegar, ao ver a amiga com um sorriso nos lábios e muito bonita, não se conteve.

– Como fico feliz em vê-la com esse brilho nos olhos!

– Marlene está linda e com sua ajuda para a escolha do vestido ficará deslumbrante – completou Diva piscando para Carla, que entendendo o recado, pegou na mão da amiga e levou-a até o closet, de onde Carla, após abrir e olhar atentamente todas as peças de roupas, comentou:

– Suas roupas são de extremo bom gosto e elegância, mas muito discretas. Se quiser realmente se destacar precisará usar algo mais sensual, que realce suas curvas. Espere um pouco! – Carla deixou Marlene sozinha por alguns minutos. Quando voltou, trazia um lindo vestido longo azul, que com um sorriso nos lábios entregou para a amiga. – Este é ideal, sei que ficará perfeito em seu corpo, pois temos o mesmo manequim.

Marlene colocou o vestido e olhou-se no espelho, não estava costumada a usar vestidos decotados, e Carla, percebendo o embaraço da moça, ajudou a amiga a calçar os sapatos e escolheu pessoalmente a joia que ela deveria colocar no pescoço. Fez então Marlene olhar-se no espelho depois de completamente arrumada. Observou com um sorriso nos lábios e comentou:

– Esse vestido parece que foi feito especialmente para você, nunca lhe vi tão bela assim!

Marlene deu uma volta diante do espelho; em seguida, voltou-se para a amiga, dizendo:

– Ficou perfeito, mas não estou com astral para enfrentar a sociedade, ainda se você fosse comigo eu me sentiria mais segura.

– Não posso, tenho um compromisso profissional com alguns asiáticos. Mas sua mãe estará ao seu lado. É só confiar em si mesma e não deixar aquela sem graça da Arlete humilhá-la. Caso ela tente, levante a cabeça e a ignore.

Marlene não respondeu. Carla deu um abraço de boa sorte na amiga, que saiu em seguida com a mãe ao seu lado.

Passava das nove da noite quando as duas entraram no salão

principal de um requintado clube na região dos Jardins, provocando sussurros e comentários entre os que lá já se encontravam. Diva, fingindo não perceber os olhares maldosos de algumas mulheres, cumprimentou a todos os amigos com um belo sorriso nos lábios, no que foi imitada pela filha, que sufocada tentava não demonstrar seu estado de espírito. A noite ia a esmo, a cada minuto chegavam novos convidados. Rogério entrou de mãos dadas com Arlete, que usava um vestido longo com decote em V verde musgo e um lindo colar e brincos de pérolas, causando em Marlene uma ponta de inveja, mesclada com despeito, que a fizera abaixar a cabeça na tentativa de ocultar o rosto. Diva, percebendo o que se passava com a filha, ordenou:

– Mantenha a postura, Marlene. Erga essa cabeça! – E ao perceber que o casal se dirigia em sua direção, disse: – Eles estão se aproximando. Faremos o que combinei com Saulo. Logo o fotógrafo nos abordará e pronto!

Marlene deu uma rápida olhada à sua volta, sentiu que todos estavam feito abutres esperando o momento oportuno de saciar sua fome de intriga com o que poderia acontecer naquele encontro, e procurando respirar fundo voltou sua atenção para o casal, não podendo deixar de perceber a beleza de seu ex-noivo, que parecia estar muito feliz. Sem controlar seus pensamentos, lembrou-se das cenas de amor, do cheiro dele que ainda insistia em permanecer em suas narinas, da química de pele que existia entre os dois. Por segundos, pensou em se atirar nos seus braços, armar um barraco com Arlete e dizer a todos que o amava, que não estava feliz com aquela união e que não queria a amizade do casal, e sim o amor daquele homem a quem se entregara de corpo e alma. Mas se controlou ao ver a rival se aproximar com um falso sorriso nos lábios.

– Você está linda, Arlete, sempre causando impacto por onde passa! – comentou a jovem após os cumprimentos de costume, o que fez a rival lhe responder com o mesmo sorriso falso.

– Obrigada, querida, você também está muito elegante – e voltando-se para o noivo, deu um beijo em seus lábios e tornou: – Fico feliz que tenha compreendido o quanto eu e Rogério nos amamos, só espero que possamos ser amigas sem nenhuma rusga em nosso relacionamento!

Marlene sentiu um nó na garganta e não soube o que dizer. Foi Diva quem, tomando a frente da situação, passou levemente sua mão pelo ombro de Arlete e disse em tom quase inaudível:

– Deixe de falsidade, Arlete, pois sabe que nunca serão amigas, e se não fossem as aparências sociais eu mesma lhe dava um corretivo!

– Não precisamos brigar! – acudiu Rogério, olhando com compaixão para Marlene, pois desde que terminaram não parava de pensar nela, sabia que havia errado com a jovem e que sentia algo muito forte por ela, tinha certeza de que se não fosse a gravidez de Arlete se casaria com a moça e seria feliz, mas não havia outra coisa a fazer a não ser esperar a poeira realmente baixar e ter uma conversa franca com Marlene, abrindo seu coração, explicando seus reais motivos por ter terminado o noivado.

Diva já ia lhe responder quando o fotógrafo aproximou-se do grupo dizendo alegremente:

– Uma foto para a revista *Fama e fofoca*, por favor.

Os quatro se abraçaram e sorriram; o fotógrafo tirou várias fotos do grupo e, em seguida, agradeceu aos quatro, deixando o local.

Diva, ao ver o fotógrafo se afastar, comentou:

– Pronto! Regina já sabe o que escrever em sua coluna, agora só falta aparecermos no casamento de vocês para convencer a todos que nossa relação continua perfeita! Nos veremos na igreja para lhes desejar muita infelicidade! – Diva pegou a filha pelas mãos, sorriu para o casal e foi ao encontro de amigos.

Henrique, ao vê-las, foi falar com elas, para alívio de Diva, que gostava do rapaz, apesar de ele fazer parte da família de Rogério. Sem imaginar, o rapaz poderia ajudá-la a convencer os amigos de que tudo estava bem entre os sócios.

– Uma bela dama não pode ficar sozinha. Concede-me sua mão para a próxima a dança? – pediu Henrique a Marlene.

– Com todo esse galanteio até eu aceitaria tal pedido – comentou Diva fazendo os jovens rirem.

Henrique, não se fazendo de rogado, ouviu a bela canção romântica que começava a ser tocada e pegou delicadamente na mão da senhora, respondendo:

– Então seja a primeira a me conceder esta dança!

Diva sorriu, já ia recusar o convite quando o rapaz em um gesto firme levou-a para o meio do salão e, encostando sua mão na cintura da senhora, pôs-se a conduzi-la.

Olga, que chegava ao local ao lado de Laurinda, Sandro e Saulo, ao ver a senhora bailando delicadamente e com desenvoltura comentou:

– Somente o desequilibrado do meu sobrinho para dançar com aquela general. Veja, Laurinda, como ela está assanhada!

– Pois é... Depois sou eu que gosto de rapazes mais novos. Acaso acredita que ela não tenha um cacho às escusas com algum rapazote?

– Vindo dela eu não duvido de nada!

– Por que não vamos cumprimentar os amigos em vez de ficarmos bisbilhotando a vida alheia? – interpelou Saulo, lançando um olhar de reprovação para a esposa.

Laurinda, ao perceber que os dois começariam uma discussão interminável, foi quem lhe respondeu:

– Boa ideia, Saulo! – e olhando para o fundo do salão, onde as mesas estavam postas, disse: – Olhem, Yolanda Rabujim está sozinha! Vamos lhe fazer companhia. Os quatro foram em direção à senhora, que olhava a festa com certa melancolia, mas ao vê-los se aproximarem abriu um sorriso e os convidou para sentarem-se à mesa com ela, e passaram a conversar alegremente.

Diva, que rodopiava pelo salão, ao ver Saulo e seu grupo olhando para seus movimentos fingiu não percebê-los, abriu um sorriso e comentou com o rapaz:

– Você é um perfeito pé de valsa, Henrique, não sabia que dançava tão bem!

– Sou um apreciador da boa música que alegra o coração e dançar nos faz sentir mais leve, relaxa o corpo e a mente, proporcionando ao espírito uma sensação maravilhosa de paz interior, desde que seja uma boa música, claro!

– É incrível como você e sua mãe são diferentes de Olga e sua família. Você seria um genro ideal para mim!

– Minha tia não é má, só pensa e age de forma equivocada. Quanto a ser seu genro, eu e Marlene não nos amamos e um relacionamento por conveniência nunca daria certo!

– Como não? Conheço casais que estão juntos há mais de trinta anos e se casaram por conveniência.

– Disse tudo: estão juntos! Olhe à sua volta, quantos casais estão nesta festa se divertindo, abraçados ou não, que ao entrarem na intimidade de suas casas nem se olham? Sei que cada caso é único, a vida sempre sabe o que faz e toda união é proveitosa para ambas as partes, pois do contrário o universo não conspiraria para aproximar tais casais, mas é preciso ter cautela, observar os sinais da vida, que muitas vezes nos avisa que aquele passo não será o melhor, que aquela determinada união não será proveitosa e que tal insistência levará à dor e ao sofrimento.

– Não consigo compreendê-lo. Para mim duas pessoas se conhecem, se apaixonam e se casam, é simples!

– Seria se estivéssemos neste mundo ao acaso, o que não estamos. Uma união vai muito além de namoro, noivado, casamento e, se não der certo, separação. Quando duas pessoas se unem em matrimônio, não estão dizendo sim para o padre ou para os presentes, mas para Deus; estão se comprometendo perante a vida a serem dois corações pulsando em uníssono até que o desencarne de um dos cônjuges os separe, pois tirando o amor verdadeiro que vem da alma nada é eterno. Isso se aplica não só às cerimônias religiosas, mas a todos que se unem pelos laços conjugais.

Diva ficou pensativa. A música acabou e ela voltou ao seu lugar, deixando o rapaz com a filha, que mesmo sem vontade de dançar seguiu o jovem rodopiando pelo salão com um sorriso falso nos lábios, demonstrando uma felicidade que não existia em seu coração.

Os dias passaram corridos para Olga e Laurinda, que ajudavam Arlete com os preparativos do casamento. Um dia antes da cerimônia, Olga andava de um lado para o outro falando ao telefone, estava com medo de que Diva pudesse fazer algo para atrapalhar o casamento do filho. Ao ver Laurinda vindo ao seu encontro, desligou o aparelho dizendo:

— Finalmente apareceu, estava com medo que Túlio, irritado, pudesse ter feito um feitiço para que você virasse uma de suas estátuas!
— Engraçadinha! — Laurinda riu prazerosamente, fazendo a amiga ficar impaciente.
— Diga-me logo o que aquele bruxo de araque falou a respeito de Diva tentar impedir o casamento de Rogério.
— Túlio só faltou me bater quando lhe perguntei a respeito do casamento, disse que sua parte foi feita e me mandou voltar lá na segunda-feira, pois quer me falar sobre meu futuro.
— Aquele inútil! Não sei como ainda perco meu tempo indo atrás daquele vigarista!
— Acalme-se, amiga. Diva não repetirá o que fez a você no passado, pois hoje ela é a primeira interessada em não causar escândalos.
— Assim espero! Desta vez estou preparada, os pais de Arlete já chegaram da Europa, soube que não estão de acordo com essa cerimônia precipitada.
— Já era de se esperar! Eles são conservadores, mas Arlete contornará esta situação e nada, nem Deus, conseguirá estragar o brilho desse casamento!
Olga não respondeu. Não havia motivos para pânico, ela se certificara pessoalmente de que todos os profissionais envolvidos eram de confiança. E sem emitir mais nenhuma palavra voltou aos seus afazeres, auxiliada pela amiga, que não deixou o local durante todo o dia.

Marlene desligou o aparelho de televisão, passava das onze horas da noite e seu coração estava apertado, aquela seria a última noite de solteiro de Rogério, lembrou-se de ter ouvido Carla comentar com Diva que os rapazes do escritório haviam marcado uma despedida de solteiro em uma badalada boate da cidade. A essa lembrança foi até o toalete e olhou-se no espelho; sua fisionomia estava péssima, pois passara o dia chorando, o que deixara seus olhos inchados. "Por que tinha de aceitar tudo calada?". Durante toda a sua vida fora a boa moça, a cordata, aquela de que todo mundo gostava por não ter boca para nada. "Tenho certeza de que se eu mostrar para Rogério que não sou tão frágil quanto ele e os outros pensam ele volta para mim!" – disse a si mesma antes de jogar uma água no rosto, o que a fez sentir-se melhor. Seguiu então até seu *closet*, de onde tirou um vestido vermelho, que Carla dias antes praticamente a obrigara a comprar lhe convencendo a mudar seu guarda-roupa e, ao vesti-lo, sorriu, sua amiga estava certa: precisava arrumar-se melhor, usar as roupas da moda, principalmente as que valorizavam seu corpo sem ser vulgar. E nas pontas dos pés voltou ao quarto, lembrou-se de um filme onde vira um dos personagens fazer um corpo com as almofadas para que ninguém percebesse a sua ausência, e fez o mesmo, deixando um bilhete, que pedia para sua mãe não se preocupar com ela, pois estava bem, caso fosse descoberta.

Segurando os sapatos em uma mão e sua bolsa em outra, passou pela sala suspirando aliviada ao constatar que Diva e Carla já estavam em seus aposentos, saindo em seguida. Meia hora depois estacionava seu carro diante da casa noturna e passou a observar o movimento. Ficou no local por mais de duas horas, quando finalmente viu Rogério sair e se despedir de alguns amigos, antes de ir ao ponto de táxi. Com um profundo suspiro, ligou o carro, sua mente fervilhava, estava agindo pela primeira vez por impulso, pois precisava fazer aquilo, mostrar para Rogério que ela era capaz de brigar por seu amor e fazer loucuras para tê-lo a seu lado. E sentindo um leve tremor percorrer-lhe o corpo, parou o automóvel ao lado do rapaz e, abrindo o vidro do carro, o chamou. Rogério, ao ouvir a voz de Marlene, espantou-se e aproximando-se questionou, tendo a certeza de que não se tratava de um delírio provocado pelo álcool que consumira.

– O que está fazendo na rua a uma hora dessas?

– Estava em uma festa – mentiu. E abrindo um longo sorriso prosseguiu: – Entre que lhe dou uma carona!

Rogério entrou no carro. Embora tenha achado estranha a atitude da moça, não estava em condições de questioná-la. Deixou-a dirigir enquanto tentava pegar um pouco de ar. Quando deu por si, estavam longe da zona sul.

– Você pegou a via errada, estamos indo rumo à zona norte da cidade.
– Pode ter certeza de que estou no caminho certo! – disse Marlene com um sorriso malicioso, fazendo o rapaz balançar a cabeça negativamente, não acreditando que aquilo estava acontecendo.

Marlene andou ainda alguns quilômetros até parar seu carro no estacionamento de um motel. Esquecendo seus pudores, começou a beijá-lo, sentindo o cheiro de sua pele, que a fazia estremecer; acariciou-o, fazendo o rapaz se envolver em suas energias sexuais; abraçados entraram em um dos quartos, onde se amaram durante toda a noite.

Olga olhou para o relógio de pulso, passava do meio-dia e nada de o filho aparecer. Ao ver Saulo lendo seu jornal tranquilamente, segurando uma xícara de café foi ao seu encontro dizendo irritada:
– Seu filho ainda não apareceu em casa e você está lendo seu jornal?
– Acalme-se, não há motivos para se preocupar! Não se esqueça de que Rogério tivera sua última noite de solteiro e deve ter resolvido aproveitar até o final!
– Estou preocupada, esse sumiço não cheira a coisa boa, sabe que não confio naquelas duas, elas podem ter mandado alguém sequestrá-lo!

Saulo fechou o jornal e olhou para a esposa pondo-se a rir, o que a deixou ainda mais nervosa. Em seguida, respondeu:
– Você anda assistindo a muitos filmes ultimamente! Só nessa sua cabecinha de vento poderia passar algo tão mirabolante!
– Cabeça de vento tem você! Esqueceu o que sua sócia fez comigo no dia de nosso casamento?
– Não, não esqueci. Ao contrário, penso que se ela tivesse lhe trancafiado no quarto em vez de rasgar todo o seu vestido hoje eu estaria livre de você. Agora, se me der licença, vou para o meu quarto! – Saulo levantou-se de um salto, não suportava mais conviver com Olga, se não fossem as aparências colocaria um ponto final àquele relacionamento que já começara falido, e deixou a sala sob o olhar cheio de ódio da esposa.

Rogério acordou sobressaltado, ainda com as imagens de Marlene em sua mente. Ao olhar à sua volta, suspirou. Tendo certeza de que não havia sonhado, procurou deixar a cama sem fazer barulho; levantou-se, já estava se vestindo quando a moça acordou e, ao vê-lo colocar os sapatos, fez um muxoxo, dizendo:

– Não vá embora, fique comigo mais um pouco!

Rogério olhou para a jovem, pensou em se deitar novamente e ficar em seus braços, esquecer daquele casamento às pressas com Arlete, mas desistiu ao dar ouvidos para Lauro, que o aconselhava a deixá-la e a assumir suas responsabilidades. Evitando mais comentários respondeu:

– Sabe que me caso hoje, não posso ficar ao seu lado!

Marlene levantou-se e passou a mão sobre o peitoral dele, sussurrando em seu ouvido:

– Sei que é a mim que você quer, pude sentir essa noite o quanto me deseja. Esqueça Arlete, ainda há tempo!

– Não posso!

– Psiu... – disse a moça tirando novamente a roupa do rapaz. E entregou-se a ele com ardor, procurando não ouvir sua voz interior, que lhe aconselhava a deixar aquele homem seguir seu caminho, a não se sujeitar a uma relação regada somente aos instintos sexuais. – Preciso ir – comentou Marlene levantando-se e vestindo-se. Tenho um casamento daqui a pouco, só espero que o noivo pense em tudo o que vivemos nessa noite e desista de se casar, deixando a noiva na porta da igreja! – Mandou com a ponta dos dedos um beijo para o rapaz, que ficou abismado com as atitudes dela.

Quando chegou em casa, encontrou a mãe e a amiga ligando para todos os seus conhecidos. Diva, ao vê-la chegar como se nada tivesse acontecido, questionou:

– Onde anda com a cabeça, Marlene? Sair de casa na madrugada como se fosse uma adolescente tresloucada. Só espero que não tenha ido se humilhar para Rogério!

– Não se preocupe, sou maior de idade e pela primeira vez sei o que estou fazendo! – e fingindo não ouvir as reclamações da mãe trancou-se em seu quarto, onde dormiu o resto da tarde.

Diva tomava uma xícara de chá, pensativa: Marlene estava fora de si; temia pela saúde mental da filha, nunca imaginara que ela seria capaz de se entregar a um homem na véspera de seu casamento. Lembrou-se da noite em que Rogério chegara e terminara o relacionamento com a filha e do desespero que ela sentira, agarrando-o e implorando para ele não deixá-la. "Deus do céu, onde errei? Por que Marlene tem sua autoestima tão baixa a ponto de esquecer seus valores morais?".

– Sei que está chateada, mas tenha paciência – comentou Carla ao entrar na cozinha, chamando a atenção de Diva, que ao vê-la sentar-se à sua frente respondeu:

– Meu medo é que não passe, não reconheço mais Marlene, e a culpa é minha!

– Não se sinta culpada, você sempre fez o seu melhor, a culpa é do safado do Rogério, que não pensou em Marlene ao deitar-se com Arlete!

Diva sorveu um gole do líquido, que já estava frio, olhou para Carla, que se tornara uma filha do coração, sempre disposta a ajudá-la, não só na empresa, mas também com os problemas da filha, e mudando o rumo da conversa, pousou sua mão sobre a dela, dizendo:

– Você é muito especial, quero que saiba que a tenho em grande estima. Obrigada por tudo o que faz por mim e por Marlene!

– Imagine, eu é que sou grata por ter a oportunidade de conviver com vocês.

As duas se levantaram. Carla, antes de sair, deu-lhe um abraço apertado, deixando uma discreta lágrima correr pelo canto do rosto. Ocultando os sentimentos melancólicos que invadiram seu espírito, foi se arrumar para sua missão de acompanhar a amiga na cerimônia religiosa, enquanto Diva decidira que só passaria por alguns minutos na festa, cumprindo assim o papel social que achava necessário para a imagem de seus negócios.

PARTE II

O preço da ilusão

CAPÍTULO 10

Os verdadeiros valores da vida

Findava a tarde quando Arlete entrou na limusine, alugada por seu pai, para levá-los à igreja e, enquanto o automóvel desfilava pelas ruas da cidade, lembrou-se da conversa que tivera com Túlio, de tudo que fizera para ter Rogério de volta, sentindo seu coração apertar. Estava claro que seu noivo ainda gostava de Marlene e que só se casaria por acreditar que ela estava grávida. Sentiu-se incomodada. Túlio fora taxativo quando lhe disse que tudo tinha o seu preço e que poderia pagar caro por estar usando forças ocultas para forçar Rogério a se casar com ela. Procurando tirar aqueles pensamentos da cabeça, voltou sua atenção para a rua, onde as pessoas paravam para ver o imponente automóvel passar. Adalberto, seu pai, ao vê-la pensativa comentou:

– Ainda dá tempo de desistir desse casamento, se quiser vou até a igreja e dou uma desculpa aos convidados.

Arlete olhou nos olhos do pai, que desde que voltara ao Brasil deixara claro que era contra aquele casamento precipitado, mas ela não gostava de ser contrariada, estava decidida a ir até o fim com aquele casamento, acreditava que com o tempo Rogério esqueceria de vez Marlene e finalmente seriam felizes. Além do mais, nunca entregaria o noivo de mão beijada para sua rival.

– Amo Rogério, papai, e é com ele que desejo estar pelo resto de minha vida!

– Será, Arlete? Às vezes penso que está se casando só para satisfazer seu orgulho ferido! Eu e sua mãe erramos em sua criação, deixamos o dinheiro falar mais alto e, enquanto nos preocupávamos em viver na sociedade desfrutando uma vida abundante e o status proporcionado por nossa opulência, deixamos de lhe ensinar os verdadeiros valores da vida.

– Ai, papai, que discurso mais anos setenta, parece até o primo do Rogério falando! Eu amo meu futuro marido e serei feliz ao lado dele e irei repetir isso quantas vezes forem necessárias ao senhor!

– Às vezes desejamos tanto uma coisa, que acabamos acreditando em nossas ilusões.

– Não estou iludida, sei muito bem com quem estou me casando.

Adalberto balançou a cabeça negativamente. No fundo sentia que a filha sofreria com aquela união. Desde que conhecera um grupo de amigos que se reuniam uma vez por semana para aprender sobre espiritualidade, mudara sua visão da vida, descobrira que não fora um modelo de pai exemplar para a jovem e voltara ao Brasil ao lado da esposa para fazê-la compreender as verdadeiras leis espirituais. Mas chegara tarde para ensiná-la pelo amor e, como já conhecia tais leis, sabia que dali para a frente a vida se encarregaria de ensiná-la e fazê-la compreender o quanto errôneos são seus pensamentos, o que poderá acontecer de forma dolorosa, uma vez que a cada um é dado somente aquilo que lhe foi semeado.

– Então só me resta desejar-lhe que seja feliz. Mas quero que saiba que independentemente de onde eu e sua mãe estivermos, sempre que precisar poderá contar com nosso apoio.

Arlete respirou fundo, sentindo-se aliviada pelo pai desistir de persuadi-la. Olhou para o relógio no pulso do pai, passava do horário marcado e chegariam com um bom atraso à cerimônia, do jeito que ela planejara. Quando finalmente o carro estacionou diante do mosteiro, deparou-se com a figura de sua mãe, que mal esperou o motorista abrir o carro para a jovem descer e começou a censurá-la.

– Que indelicadeza, Arlete, mais de meia hora de atraso! Ande logo que já estou ficando com vergonha de nossos convidados!

– Ai, mamãe, não me amole, é normal a noiva chegar atrasada. Depois, hoje é o meu dia e estou fazendo tudo que sempre sonhei!

– Pois seus sonhos estão equivocados!

Arlete deu de ombros. Sâmara, ao ver a filha se posicionar diante do templo religioso, tratou de ajudá-la a arrumar a longa calda do vestido branco e a grinalda com mais de quatro metros de comprimento, que Arlete fizera questão de usar, mesmo sabendo que era contra os preceitos religiosos que indicavam tais apetrechos como sinal de pureza.

– Acho que podemos ir! – disse Adalberto ao dar o braço para a filha.

Arlete sentiu seu coração acelerar ao ver as portas do salão se abrirem para ela, e ao som da *Ave Maria* deu seus primeiros passos rumo ao altar, abrindo um discreto sorriso; viu Rogério ao longe, lindo, esperando ansioso por sua chegada; logo imagens do passado vieram à tona em sua mente; lembrou-se das brincadeiras de criança, quando ela, Rogério e Marlene se encontravam, das brigas que travava com a coleguinha em que fazia questão de envolver o menino, que mesmo a contragosto acabava optando por ficar a seu lado, deixando Marlene de escanteio, que era sempre amparada por Henrique; dos primeiros anos escolares, quando juntos cursaram o primeiro ano do primário na mesma sala, fazendo Marlene chorar por estar sozinha tendo seus amigos na classe ao lado, sentindo seu primeiro gosto de vitória sobre a amiguinha, pois fazia questão de andar ao lado do menino para provocá-la; e finalmente na adolescência, em seu baile de debutante, quando ganhou um beijo roubado do garoto e vira a rival sair chorosa por ter presenciado a cena. Os flashes que saíam das máquinas fotográficas a chamaram de volta à realidade. Ao olhar para o lado, viu Marlene com sua amiga, que tentavam em vão esconder a raiva que sentiam com sua entrada triunfal, e não deixou de sorrir para elas. Os poucos minutos do percurso que a separava de Rogério lhe pareceram uma eternidade; quando finalmente seu pai lhe entregou ao noivo, sentiu seu coração disparar. De frente para o padre começou a ouvir seu sermão, seguido das juras de fidelidade e amor, a promessa com a mão sobre a Bíblia de que viveriam juntos em todos os momentos de suas vidas até que a morte os separasse, e por fim as bênçãos do pároco aos noivos e a todos os presentes, deixando um clima harmonioso que acabou por se instalar nos corações da maioria dos convidados. Passava das nove da noite quando os noivos chegaram ao salão de festas. Olga, ao vê-los cercados pelos amigos que os cumprimentavam desejando-lhes felicidades eternas, esperou pacientemente até os verem livres e foi falar com eles:

– Vocês estão exagerando. Como se não bastasse o atraso na igreja, para chegar aqui também? Tivemos de nos desdobrar para dar satisfações à maioria dos convidados!

– Ficamos parados no trânsito, mamãe, o caminho que o motorista escolheu para nos trazer até aqui estava congestionado. Parece que um acidente em uma rua transversal provocou um enorme congestionamento.

Olga não respondeu, ouvira alguns convidados comentando que viram um acidente no trajeto, mas não deu importância. Logo o casal foi abordado novamente, fazendo ela se afastar. O salão estava lotado, todos os amigos de ambas as famílias compareceram à recepção, os garçons iam e vinham servindo bebidas e aperitivos, a orquestra tocava incessantemente. Arlete andava de um lado para o outro, sempre com um sorriso nos lábios, já ia aproximando-se do noivo para tirar fotos quando um súbito mal-estar lhe acometeu e teve uma sensação ruim, que se apossou de seu corpo e lhe fez tremer dos pés à cabeça. Recostou-se em uma cadeira. Rogério, ao vê-la pálida, aproximou-se a tempo de ampará-la em seus braços antes que ela desmaiasse, fazendo todos voltarem suas atenções para o casal, que deixou o salão principal indo a um cômodo conjugado reservado especialmente para o descanso dos noivos. Olga, ao ver o tumulto, acompanhou Sâmara até a sala. Ela, ao ver a filha abrindo os olhos lentamente, comentou:

– Você precisa se alimentar e trocar de roupa, esse vestido está muito pesado! Também fora escolher um modelo que, além de chamativo, a impede de se movimentar com leveza. Nunca vi coisa igual, nem o casamento da princesa de Gales foi tão cansativo.

Arlete sentia sua cabeça rodar, pensou em responder para a mãe, pedir que parasse de falar, mas não conseguiu, sentiu um frio estranho percorrer todo o seu corpo, pediu para o marido fechar a porta e, com ajuda de sua mãe e da sogra, tirou o vestido, colocando outro longo branco, porém mais leve. Rogério já estava abrindo a porta para deixá-la descansar um pouco, quando um amigo aproximou-se e o levou a um canto discreto dizendo em seguida:

— Sei que não é o momento, mas gostaria que soubesse dessa notícia por mim, já que estão todos comentando no salão.

Rogério olhou para o amigo, que parecia assustado. Conhecia Edson de longa data e sabia que ele não lhe incomodaria em sua festa de casamento sem um bom motivo.

— Diga logo, homem! O que aconteceu para deixá-lo neste estado?

— Estão todos comentando que Marlene e Carla sofreram um acidente, parece que uma das duas não resistiu e morreu no local e a outra está em estado grave.

Rogério sentiu um nó na garganta, logo a fisionomia de Marlene se despedindo dele naquela manhã, pedindo-lhe para não se casar com Arlete veio-lhe à mente. Olhou para a esposa e, procurando manter as aparências, agradeceu o amigo. Voltou para o reservado, onde após fechar a porta falou penalizado:

— Edson acaba de me informar sobre um acidente em que Marlene e sua amiga foram vítimas, não se sabe ainda, mas... – Rogério sentiu o ar lhe faltar, Marlene fazia parte ativa de sua vida e, se não fosse a gravidez de Arlete, estaria naquele momento casado com ela e Carla tornara-se uma amiga; mesmo trabalhando exclusivamente para Diva, sempre que podia conversava com Carla, quando se encontravam na sala do café ou quando fazia suas visitas à Marlene no apartamento; e com o coração apertado deixou algumas lágrimas correrem livremente por sua face, sem ver o sorriso de satisfação no rosto de sua esposa, que mesmo não se sentindo bem regozijava-se com a possível morte de sua rival.

Olga já ia questioná-lo quando ouviu uma leve batida na porta e a voz do marido pedindo para entrar; olhou para a nora, que fechou o semblante, e foi abrir a porta para Saulo, que passou por ela feito um rojão, dizendo esbaforido:

– Vocês não sabem...

– Já sabemos! Se a filha de sua sócia morreu que Deus lhe guarde, não podemos fazer nada! Eu vou voltar ao salão para contornar essa situação!

Sâmara olhou abismada para a senhora, nunca imaginara que Olga pudesse ser tão fria e egoísta a ponto de não se compadecer com a dor daquela família tão próxima a eles, mas limitou-se a balançar a cabeça negativamente. Foi Saulo quem lhe respondeu perplexo com suas palavras.

– De você eu não esperava outra coisa, eu só vim lhes avisar que estou indo ao hospital mais próximo atrás de informações. Henrique já foi para lá com alguns amigos.

Saulo deu meia-volta, deixando o local rapidamente. Olga voltou ao salão principal e encontrou todos os amigos comentando o ocorrido. Na pista de dança já não havia mais dançarinos, todos comentavam penalizados sobre o acidente, querendo mais notícias a respeito de Marlene. Laurinda, ao ver a amiga atarantada diante de tantas indagações, deixou seu namorado conversando com alguns amigos e foi falar com ela:

– Sei o que está pensando em fazer, mas nem tente, estão todos preocupados com o acidente de Marlene, alguns por gostarem daquelas duas, outros só para fazerem mexericos. De qualquer forma, o melhor que tem a fazer é mostrar-se consternada.

– Eu ainda não acredito que aquela sonsa tenha falecido, vai ver é algum golpe de Diva para estragar minha festa.

– Não é não, tem muita gente comentando, só não sabem dizer quem é quem, porque me parece que socorreram as duas, mas uma infelizmente já estava morta. Morreu na hora.

– Era só o que me faltava, um defunto assombrando o casamento de Rogério!

Laurinda segurou o riso ao ver alguns amigos se aproximarem

comentando lastimosos o ocorrido, fazendo as duas se mostrarem tristes com aquela situação. Olga, procurando deixar o astral mais leve, dizia a todos que poderia ser um engano, que o melhor que tinham a fazer era procurar esquecer o acidente e ao menos se alimentar, o que foi aceito pela maioria. Aos poucos os comentários foram cessando e a orquestra, que não parara de tocar, tornara a ser o atrativo para muitos dos que ali se encontravam e não tinham tanta afinidade com a família de Diva. Rogério, ao voltar à festa ao lado da esposa, procurou disfarçar sua tristeza, evitando parar para conversar com os convidados. Enquanto isso, Saulo entrou rapidamente no hospital e, ao ver o sobrinho ao lado de Diva, foi falar com eles:

— Eu tentei chegar assim que soube, mas tive de procurá-los em alguns hospitais antes de chegar neste.

Diva olhou para Saulo e voltou a chorar. Ele, procurando confortá-la, agachou-se à sua frente acolhendo-a em seus braços. Foi Henrique que mais sereno o elucidou:

— Estamos esperando o parecer médico sobre o estado de saúde de Marlene. Carla infelizmente não resistiu ao acidente, desencarnando no local.

Saulo olhou para o sobrinho. Desde que Carla começara a trabalhar na empresa mantinha um bom relacionamento com a jovem, gostava de seu trabalho e via nela uma possível substituta da sócia, uma vez que Marlene não levava jeito para os negócios e, com a voz embargada, olhou nos olhos de Diva, dizendo com pesar:

— Sinto muito, Carla deixará saudades em nossos corações, sei que sua família é do interior e precisamos cuidar do funeral. Se me permitir cuidarei de todos os pormenores!

— Não vou recusar a ajuda, eu estou sem chão! Acabo de perder uma filha do coração e a situação de Marlene... – Diva voltou a chorar compulsivamente, levando Saulo a abraçá-la com força.

Henrique, ao ver o tio consolando a amiga, deixou-os e foi para um vasto corredor, onde ao ver o médico o questionou:

— Então, doutor, alguma novidade?

— A jovem bateu a cabeça com força, formando um coágulo no cérebro. Neste momento está com o neurocirurgião e não podemos afirmar ainda o que lhe acontecerá nas próximas quarenta e oito horas.

Henrique agradeceu e, voltando para junto dos dois contou-lhes o que apurara. Saulo, procurando confortar a senhora, ajudou-a levantar-se dizendo:

— Marlene ficará bem, trate de se acalmar – e voltando-se para Henrique disse: – Fique com ela, vou procurar a administração do hospital e me inteirar de uma possível remoção para um hospital particular.

O rapaz consentiu com a cabeça. Diva não tinha mais ninguém com quem contar, e sentindo profundo amor em seu coração por aquela senhora, sentou-se ao seu lado e, colocando delicadamente suas mãos sobre a dela, disse:

— Vamos elevar nossos pensamentos a Deus pedindo para os médicos do astral ajudarem na cirurgia, agora só nos resta a fé que opera milagres! – Henrique fechou os olhos e fez sentida prece, pedindo aos bons espíritos para ampararem a alma de Carla e para os médicos que trabalhavam com Bezerra de Menezes auxiliarem os que na carne cuidavam de Marlene. Quando terminou, Diva sentiu uma ligeira paz que a fez permanecer naquele local durante toda a noite.

Na festa, o clima já havia melhorado, quando alguns amigos chegaram com notícias concretas sobre o acidente, informando o estado de saúde de Marlene e o desencarne de Carla, que embora conhecida por muitos não mantinha laços de amizade com aquelas pessoas. Rogério, ao ser informado do que acontecera, sentiu a morte da jovem e ficara preocupado com o estado de saúde de Marlene, tratando de cumprir todo o protocolo da cerimônia de forma rápida e sem muito entusiasmo. O que foi aceito com alívio pela esposa, que continuava sentindo-se mal, dando graças quando finalmente deixaram o salão e foram para casa, onde terminou a noite com calafrios.

Na segunda-feira, Laurinda estacionou seu carro na porta da casa de Túlio, não via a hora de lhe contar o que acontecera na festa de Olga, queria questioná-lo, saber se era possível o espírito de Carla ao desencarnar ir direto ao encontro de Arlete, pois associara a indisposição da moça com a morte da outra. Com seu jeito espalhafatoso passou pelo longo corredor até encontrar Camila sentada diante de uma pequena mesa com uma agenda à sua frente. A jovem ao vê-la levantou-se e, esboçando um sorriso franco para a senhora com quem simpatizara desde a primeira vez que a vira e a cumprimentando amavelmente, disse em seguida:

— Túlio está terminando uma consulta e logo a atenderá! Se quiser uma água ou um café é só pedir!

— Obrigada, queridinha, você é sempre muito gentil!

Camila limitou-se a abrir um sorriso; aquela senhora com seu jeito lhe causava admiração, de todas as clientes da alta sociedade que passavam por ela, quase todos os dias, Laurinda era a única agradável, não entendia como ela mantinha amizade com Olga que, prepotente e orgulhosa, media a todos por cima, deixando clara sua aparente superioridade. Já ia puxar conversa quando ouviu a voz do patrão que, ao se despedir da cliente, foi pessoalmente até Laurinda. Cumprimentou-a amavelmente e com um sorriso nos lábios deixando à mostra os dentes amarelados comentou:

— Desculpe o atraso, acabei excedendo o tempo da consulta, sabe como é! Tem gente que acha que sou Deus e que posso resolver tudo em um passe de mágica, até explicar que sou um mero instrumento dos espíritos vai tempo! — e com essas palavras Túlio a levou para a sua sala. O que ele não lhe explicara era o tipo de espírito a quem recorria para atender aos seus pedidos. Túlio nascera em uma família humilde naquele mesmo bairro; aos doze anos começou a sentir-se diferente, sua intuição estava aguçada e começara a sentir energias diferentes que o envolviam sem que ele pudesse controlar. O tempo foi passando e a sua mediunidade foi se desenvolvendo mesmo a contragosto. Ele morava com a tia, que sendo de uma religião protestante o levara a seu conselheiro espiritual, que lhe dissera que o rapaz estava possuído pelo demônio e, pousando sua mão sobre a cabeça do menino, começou a gritar exigindo a expulsão do demônio. Ao voltar para casa, acreditou que estava, segundo as palavras do religioso, liberto de tais assédios, o que não aconteceu, fazendo sua tia expulsá-lo de casa com medo de que a presença do diabo fizesse mal à sua família. Túlio, sem ter para onde ir, fora acolhido por um velho que morava em uma modesta casa em um bairro próximo. O senhor, que era temido por todos por acreditarem ser possuidor de poderes ocultos, iniciou o menino em sua seita, que misturava um pouco dos conhecimentos trazidos pelos africanos e magia negra; e assim se autointitulava Pai de Santo, para tristeza dos adeptos das religiões afro-brasileiras, que não compactuavam com aquela forma primitiva e inconsequente de se comunicar com o mundo dos espíritos.

– Não me esconda nada! – comentou Laurinda ao sentar-se diante do médium, que se limitou a pegar um maço de cartas e embaralhá-las. A senhora, que já conhecia aqueles procedimentos, esperou que ele lhe pedisse para cortar o monte e colocar as cartas em cima da mesa, olhando com atenção para as figuras. E, ao terminar de baixá-las, examinou-as demoradamente. – Estou vendo uma tempestade que lhe trará muitos dissabores. A vida cobrará de você tudo o que deve! Túlio fez uma ligeira pausa, olhou fixamente nos olhos da senhora e disse: – Se eu fosse você me afastaria do mal, pois pagará muito caro!

Laurinda o olhou demoradamente, não estava entendendo aonde ele queria chegar com aquela conversa, precisava saber de Olga, de suas suspeitas com relação à Arlete e principalmente de seu relacionamento com Sandro, que a cada dia se tornava mais sério.

– Seja mais claro, por favor! Você sabe que estou namorando Sandro, um rapaz humilde que, ao contrário dos outros namoradinhos, não quer saber de meu dinheiro. Não sei se estou iludida e gostaria de saber se seus sentimentos por mim são verdadeiros.

Túlio esboçou um leve sorriso, pensou em lhe responder, quando ouviu os gritos de sua assistente e levantou-se para ver do que se tratava. Foi surpreendido pela figura de um homem que se postou à sua frente segurando uma arma de fogo e, apontando em sua direção, deu vários tiros à queima-roupa, fazendo Laurinda se agachar e ir se esconder atrás de uma pilastra, ficando com as mãos nos ouvidos até parar de ouvir o barulho ensurdecedor. Sem ter tempo de ver o rosto do assassino, que saiu rapidamente do local e não se incomodou com sua presença, ao ver Camila entrar na sala desesperada foi ao seu encontro, olhou para Túlio, que dera seu último suspiro na carne olhando para as duas e, num lampejo de coragem, pegou a jovem pelos braços, levando-a consigo e dizendo, enquanto corria:

– Vamos embora daqui. A polícia logo chegará e tudo o que não queremos é nos tornar alvo desses bandidos.

Laurinda passou rapidamente pelo longo corredor. Ao chegar na rua suspirou aliviada, seu carro estava intacto. Entrou no automóvel e mal esperou a moça fechar a porta do passageiro e colocar o cinto de segurança, deixando o local cantando pneus, pegando às pressas o caminho de volta ao centro da cidade, pois tudo o que queria era se ver livre da polícia. Havia ficado bem claro que quem assassinara o vidente não estava interessado em dar cabo da vida dela e da jovem, mas conhecia o mundo do crime e a lei que infelizmente operava naquelas comunidades onde os X9, como eram conhecidos os informantes da polícia, acabavam morrendo. E ao se ver em uma rua tranquila, longe do bairro onde Túlio morava, parou o carro, seu corpo tremia e, procurando se acalmar, respirou fundo. Voltando-se em seguida para a moça, questionou:

– Acho que me deve uma explicação, estou muito apavorada para seguir em frente, então antes que eu mesma vá à polícia me diga tudo o que sabe!

Camila enxugou as lágrimas que lavavam sua face e, procurando controlar o choro, falou sobre sua vida, de como conhecera Túlio e de seu vício pela jogatina, onde gastava todo o dinheiro que recebia com os trabalhos espirituais, finalizando com a ameaça de morte que ele recebera dias atrás de um agiota a quem devia uma grande soma em dinheiro e não conseguira pagar.

– Essa gente não brinca em serviço, aquele homem entrou lá com um propósito e nós não fazíamos parte de seus planos.

Laurinda ficou pensativa, a jovem lhe contara que Túlio praticamente a adotara e que não tinha ninguém neste mundo.

– Você ficará em minha casa até que arrume um lugar seguro

para morar. Túlio sempre foi muito simpático comigo, eu tinha verdadeiro carinho por ele, passei tanto tempo me consultando que acabei me tornando parte da vida de vocês, portanto não a deixarei entregue à própria sorte.

E com essas palavras voltou a dirigir, precisava contar a Olga o que acontecera e, antes de ir para casa, resolveu falar com a amiga, que, ao vê-la parar o carro diante da entrada principal de sua casa e descer ao lado da jovem, não acreditou no que seus olhos lhe mostravam e rapidamente foi falar com elas:

— Você parece que veio de uma guerra, está toda suja e descabelada. E o que a secretária do catimbozeiro está fazendo ao seu lado?

— Túlio morreu em nossa frente, foi horrível! Eu só passei para desabafar com você, pois do contrário terei uma síncope!

Olga chamou sua empregada e deu-lhe ordens para levar a moça até a ala dos empregados e lhe ajudar a se recompor; em seguida, voltou-se para a amiga dizendo:

— Vamos entrar, quero saber direitinho como tudo aconteceu!

As duas foram para a sala, onde Olga serviu uma bebida forte à amiga, que a tomou de um gole dizendo em seguida:

— Não acha melhor irmos para o seu quarto? Alguém pode nos ouvir!

— Não será necessário, Saulo e Rogério foram acompanhar o enterro de Carla no interior com Diva. A família da jovem fez questão que ela fosse enterrada em sua cidade natal. Marlene, se tudo transcorrer bem, sairá à noite da UTI. Arlete é que continua estranha, não quer sair de jeito nenhum do quarto que eu arrumei provisoriamente para o casal.

— Estou com medo, Olga. Túlio me aconselhou a fugir do mal, eu não entendi direito, cheguei a questioná-lo, mas não deu tempo de ouvir sua resposta, o homem entrou atirando e eu... — Laurinda começou a chorar, nunca vira ninguém falecer em sua frente, ainda mais sob a mira de uma arma de fogo, e agora que estava em lugar seguro deixou seus sentimentos aflorarem.

— Acalme-se e me diga o que vocês conversaram e o que aconteceu para aquele traste humano ser morto de forma tão brutal!

Laurinda respirou fundo, em seguida pegou o copo de bebida

que Olga já havia enchido novamente e, após tomar o líquido, contou com detalhes o que acontecera e o que soube por meio de Camila. Finalizando com sua decisão de levar a jovem para sua casa.

– Eu sempre questionei por que um homem que ganhava rios de dinheiro vivia na mais perfeita miséria, agora está explicado e ele terá a eternidade para jogar com o diabo!

– Não fale assim. Túlio nos ajudou e muito, e depois você deveria ser a primeira a se preocupar, parece que estamos sendo castigadas! Arlete se casou com Rogério e desde então as desgraças estão começando a cair sobre nossas cabeças, sem falar que estou desconfiada de que o espírito de Carla está ao lado dela para vingar a amiga! – disse Laurinda sentindo um forte calafrio percorrer-lhe a espinha.

A amiga riu prazerosamente achando que ela estava variando das ideias e comentou:

– Não levarei a sério suas sandices. Vá ao quarto de hóspedes que levarei peças de roupa limpas para você, tome um bom banho e depois mais serena poderá voltar para casa com sua nova tutelada.

– Não precisa! Moro aqui perto e já estou de saída, vou tomar um bom banho sim, mas é na minha banheira. Só meus sais importados para me fazer relaxar!

Olga chamou a empregada pedindo para levar a moça até a entrada de sua casa pela área de serviço, pois não queria uma qualquer circulando pela intimidade de seu lar. Em seguida, despediu-se de Laurinda, que entrou em seu carro ao lado da jovem, deixando assim Olga em paz.

Na casa em que Túlio usava para atender as suas consulentes, a polícia havia acabado de chegar, abrindo espaço entre os vizinhos que entravam e saíam do lugar, todos querendo ver o que acontecera com aquele homem temido por muitos do bairro por acreditarem em seu poder no mal. O que ninguém podia ver era a presença de sombras escuras que aguardavam os membros da organização tirarem seu corpo perispiritual do local para sugarem seus fluídos vitais feito vampiros. Lauro, ao ver tais entidades das trevas caírem feito feras nas sobras de energia que haviam deixado no corpo carnal do médium, riu em zombaria e fora para casa de Olga, indo direto ao quarto de Rogério, onde ao ver Arlete deitada na cama e um corpo feminino todo ensanguentado ao seu lado voltou-se para Anselmo, que tratou logo de elucidá-lo.

– Eu não tive culpa nem como contê-la! Estava ao lado de Arlete no salão de festas quando do nada ela apareceu e, com fúria, voou em cima de Arlete, que ao registrar tal presença passou mal e está neste estado até agora!

Lauro riu prazerosamente, nos últimos dias deixara seu assistente na casa de Olga para se certificar de que o casamento se realizaria sem mais problemas, enquanto esperava o desencarne de Túlio.

– Quem poderia imaginar que Carla fosse desencarnar e conseguir vir direto ao encontro de Arlete!

– Mas veio. E agora, o que faremos? Ela não consegue nos ver, está com tanto ódio de sua inimiga que ainda nem percebeu que passou para o outro lado! – O espírito aproximou-se da jovem, Carla estava com um corte profundo na cabeça de onde escorria sangue. Uma vez que seu corpo perispiritual era uma cópia perfeita do carnal e ainda sentia o impacto do acidente, procurando chamar sua atenção, pegou em seu ombro dizendo: – Você está fazendo tudo errado, se quer mesmo que ela sofra terá de aprender a viver em nosso mundo!

Carla olhou admirada para o senhor, sua cabeça doía, sentia o gosto do sangue que escorria por sua face chegando aos lábios e, procurando saber de quem se tratava, disse:

– Não sei como vim parar aqui, esta bruxa fez alguma coisa, só lembro de ter ido ao seu casamento e mais nada!

– Você e sua amiga sofreram um acidente, seu corpo material deixou de existir, portanto está viva em espírito!

A moça sentiu sua cabeça rodar ao ouvir aquelas palavras, lembrou-se do acidente e de ter sido arremessada para fora do carro, ficando atordoada. Em sua mente acusava Arlete do que estava lhe acontecendo. Sentindo o ódio crescer ainda mais em seu peito, desejou de todo o coração vingar-se daquela mulher e, sem saber que no plano astral sua mente a conduziria exatamente para onde seu coração a direcionasse, viu-se na festa onde agarrou Arlete, ficando ao seu lado desde então. A essas lembranças desmaiou, e o espírito, ao vê-la desfalecer, riu prazerosamente e voltou-se para o comparsa dizendo:

– Novatos... São todos iguais!

– O que faremos com ela? Temos ordens de deixar esta casa imediatamente. Agora que Arlete se casou e Túlio veio para o nosso lado, não há mais nada que nos prenda aqui! – Lauro olhou para a jovem, pensou em levá-la consigo, mas conhecia seus superiores. Carla teria de fazer parte daquela organização para receber a proteção de seu chefe, o que ele não desejava para a moça, que lhe parecia ser do bem, só um tanto quanto equivocada, ao contrário dos que se aliavam à organização, que sabiam exatamente o que queriam fora da matéria.

– O melhor a fazer é deixarmos ela com Arlete. Nossa parte foi feita, os dois se casaram e não devemos mais nada nem a ela nem a Olga. Portanto, não somos responsáveis pelo que acontecer com elas daqui para a frente.

– Você tem razão! Melhor deixarmos ela aqui, logo ela se arrependerá de estar ao lado da moça e pedirá a ajuda dos cordeiros, que virão buscá-la! – Lauro ficou pensativo, aquela jovem poderia ser sua filha e achava justo ela querer vingar-se de Arlete, por quem não nutria nenhuma simpatia, e a essa constatação, comentou: – Túlio já foi levado para nossa fortaleza, onde em breve será julgado por nossos superiores. Vá até a organização, procure o chefe e diga-lhe que ficarei aqui por mais alguns dias.

– Ah... E você acha que ele não vai questionar sua decisão em ajudar essa daí?

– Claro que eles sabem das minhas intenções, confiando nisto sei que nosso chefe me compreenderá, não se preocupe, só faça o que mandei, vou fazê-la acordar e lhe ensinarei algumas técnicas de sobrevivência neste plano, pois ela precisará! Sabemos que o mundo astral é muito perigoso para quem não o conhece e fica a vagar!

– Você está estranho, nunca o vi ajudar ninguém de graça, acho que logo passará para o lado dos cordeiros!

– E você está perdendo a noção do perigo para questionar as ordens de seu superior, portanto se manda e trata de cumprir minhas ordens antes que eu mude de ideia e o faça ficar ao meu lado!

O rapaz não pensou duas vezes e sumiu das vistas do parceiro, que, ao ficar sozinho com a moça, tratou de manipular algumas energias para estancar-lhe o sangramento.

CAPÍTULO 11

As lembranças

Diva pediu para o motorista parar o carro diante de uma floricultura, onde comprou um lindo vaso de orquídeas. Voltando ao carro, ficou a pensar em tudo o que acontecera em sua vida, desde sua juventude até aquele momento. Já fazia mais de vinte dias que os restos mortais de Carla foram sepultados no interior e ela não conseguia esquecer o acidente fatal que a vitimara nem o sofrimento de seus familiares. E com essas lembranças chegou à casa de Eulália, onde o porteiro, ao reconhecer seu carro, abriu o imenso portão. Foi recebida pela amiga na porta principal e conduzida para dentro da mansão. Henrique estava à sua espera na sala de visitas. Diva então entregou o vaso de orquídea para Eulália dizendo:

– Ao passar diante de uma floricultura, avistei este lindo vaso e não resisti. É uma pequena demonstração da gratidão que tenho por vocês, que com carinho estão me ajudando a superar estes momentos difíceis.

– Não precisava se incomodar, somos amigos e amigos se ajudam mutuamente, sei que faria o mesmo por nós! – disse Henrique que, enquanto via a mãe pegar o vaso da mão da senhora e colocá-

-lo em cima de uma mesinha de canto, cumprimentou Diva com um abraço e lhe apontou uma confortável poltrona.

Após a dona da casa sentar à sua frente, Diva comentou:

– Eu tentei trazer Marlene, mas ela continua monossilábica. Hoje me disse que quer ficar sozinha e que vai passar um tempo em nossa casa em Campos do Jordão.

– Marlene passou por fortes emoções, nos últimos meses ela foi da felicidade exasperada com o relacionamento de Rogério ao ápice da decepção com sua traição, perdeu a amiga que tanto amava e ainda sofreu um acidente que quase a vitimou fatalmente. Talvez seja uma boa saída esse tempo sozinha para refletir sobre sua vida! – opinou Henrique, ao que a senhora balançou a cabeça negativamente antes de lhe dizer:

– Eu não posso concordar com essa sandice, Marlene sozinha no mundo, ela é frágil e como mesmo disse passou por todas essas emoções.

– Desculpe Diva, mas sua filha não é frágil! Você a vê dessa forma, acredito que a vida está querendo que ela se conheça, que saia debaixo de suas asas para aprender a voar sozinha – interpelou Eulália, que ao ver sua amiga pensativa disse: – Não é só sua filha que precisa de um tempo, mas você também! Para sermos felizes, precisamos conhecer a nós mesmos. Foi você que com o nascimento de sua filha a viu como indefesa e tratou de criá-la como se ela estivesse em uma redoma de vidro, fazendo-a acreditar que não era autossuficiente, e agora a vida está se encarregando de lhe mostrar que agiu de forma equivocada. Portanto, deixe-a sair da cidade. Campos não é tão longe, acredito que deva ter empregados na casa que poderão, caso necessário, entrar em contato com você – Eulália falava calmamente, seu tom de voz penetrou na alma da amiga que, refletindo melhor, ponderou:

– Você está certa, fiz tudo errado com Marlene desde seu nascimento, agora talvez seja o momento de deixá-la andar com as próprias pernas!

– Não deve se punir. Você fez o seu melhor, ninguém age de forma equivocada por querer e sim por inexperiência, por ainda não compreender certos valores espirituais – interpelou Henrique com um sorriso nos lábios.

Diva olhou nos olhos do rapaz e sentiu um imenso bem-estar. Naquele momento pareceu que a vida estava lhe dando uma nova oportunidade de ser feliz.

– Vocês não sabem o bem que estão me fazendo. A vida é mesmo engraçada, nunca imaginei que um dia nos reaproximaríamos de novo, Eulália, e que vocês fossem tão especiais.

– Não somos especiais, somos estudiosos da vida. Eu já sofri muito e aprendi com o sofrimento – Eulália fez uma pausa. Diva não sabia como fora sua vida após sua briga com Olga e decidida a abrir seu coração falou: – Creio que deva se lembrar da adolescente romântica que suspirava pelos galãs de cinema e sonhava em encontrar seu príncipe encantado. E eu encontrei, logo após o casamento de Olga conheci um rapaz muito bonito, de bom coração, que sonhava com um futuro melhor para a humanidade. Mas para meu pai ele possuía um defeito, era pobre, estava para ingressar na faculdade e não poderia me dar a vida que eu estava acostumada a levar. Ah, se papai pudesse ter compreendido que para mim o amor daquele homem estava acima de qualquer coisa. Mas não! Estávamos passando por dificuldades financeiras, Olga já havia se casado com Saulo e nos ajudava com algumas despesas, e eu precisava seguir seu exemplo, encontrar um marido rico enquanto a bancarrota não batesse à nossa porta de vez, e foi assim que fui praticamente obrigada a me casar com Sílvio, que ao me ver em uma festa na casa de minha irmã se apaixonou. Olga, claro, viu nele o partido ideal para mim e junto com meu pai praticamente me forçou a entrar na igreja – Eulália suspirou fundo, há muito tinha superado aquela dor. E vendo Diva olhá-la com compaixão, abriu um largo sorriso voltando com sua narrativa em um tom de voz menos sofrido. – Bem... Sílvio você conheceu, um homem polido que participava ativamente da vida social e fazia questão de estar sempre com um sorriso nos lábios e demonstrar a todos que possuía uma família perfeita. Mas isso só em público, pois na verdade não gostava de receber visitas e detestava conviver com os outros. Eu era tratada como um bibelô que ele mesmo dizia que havia adquirido por um preço muito alto, pois após nosso casamento passou a sustentar meu pai, dando-lhe mensalmente uma pequena fortuna, com que honrava seus compromissos domésticos.

— Se eu não ouvisse isso de sua boca nunca acreditaria. Sílvio era um cavalheiro! João o tinha em alta estima.

— João e toda a sociedade paulistana, pois ninguém conhecia seu lado obscuro, ninguém nunca me viu com os hematomas na face após as surras que levava dele por qualquer motivo – comentou Eulália, o que levou a amiga a olhá-la com compaixão. Ela e João sempre se deram bem, as poucas discussões que tiveram ao longo do relacionamento eram sanadas rapidamente, acreditava que para um casamento dar certo precisava existir o respeito de ambas as partes.

— Não sei como ficou casada por tanto tempo. Eu teria me separado de um homem assim!

— Eu tentei. Várias vezes pensei em deixá-lo, mas Sílvio era um homem vingativo e nunca me deixaria em paz! E assim fui levando minha vida, sempre amedrontada e infeliz. Quando Henrique, em sua adolescência, começou a desenvolver seus dons mediúnicos, conheci a Doutrina Espírita e precisávamos frequentar as reuniões escondidos de Sílvio. E foi lá no centro que descobri que está tudo certo em nossas vidas, que cada um dá somente o que possui em seu coração e passei a vê-lo com os olhos da alma, descobri que meu casamento com ele não fora um erro, e sim uma oportunidade salutar de reparar erros do passado, e tirei toda a mágoa do meu coração, perdoando-o. Hoje tenho certeza de que cumpri minha missão ao seu lado, mesmo não sabendo por que precisei passar por tais experiências. O que sei é que cresci internamente com meus infortúnios – Eulália calou-se.

Diva já ia dar sua opinião quando a empregada os interrompeu dizendo que o lanche estava sendo servido na copa. Henrique foi o primeiro a se levantar e, dando um beijo na face da moça, comentou:

— Joana parece que lê pensamentos, eu estava mesmo morrendo de fome!

A empregada ficou vermelha, estava acostumada com o carinho do rapaz, mas não diante de estranhos, fazendo as duas senhoras rirem ao se encaminharem para a copa, onde uma bela mesa estava posta com lanches e bolos. Diva, após servir-se de uma xícara de chá, comentou:

– Estou começando a me interessar por essa doutrina que vocês seguem.

– Se quiser poderá frequentar nossas reuniões. Após o desencarne de Sílvio, nós construímos um centro onde antes era uma estufa abandonada e algumas vezes por semana abrimos nossas portas para todos os que desejam receber auxílio espiritual e estudar as verdades da vida.

Diva lembrou-se de ter visto o humilde salão que ficava bem próximo à entrada da residência e, após mexer-se na cadeira, comentou:

– Desculpe a sinceridade, mas vejo templos lindíssimos de várias religiões e nunca imaginei que alguém pudesse conectar-se com Deus em um salão simples, sem pompas e luxos!

– Deus está em toda parte, não é necessário construirmos catedrais magníficas para sentir sua presença e receber seu auxílio. Claro que a vida é prosperidade e está sempre nos conduzindo para a frente, para o bem maior, mas não precisamos ostentar riqueza em templos. Deus escuta todo desejo justo do coração, e os espíritos benfeitores estão em toda parte!

Diva não lhe respondeu, não era mulher de se deixar levar por impressões ou pelos pensamentos dos outros, aquela filosofia lhe parecia maravilhosa e estava disposta a conhecê-la profundamente. Henrique, ao vê-la pensativa, foi até sua biblioteca, onde pegou um exemplar do *Livro dos Espíritos* e, voltando para a copa entregou-lhe a obra dizendo:

– Este é *O Livro dos Espíritos*, de Allan Kardec, cientista que codificou a Doutrina Espírita. Leia-o com atenção, nele encontrará respostas para todas as suas dúvidas quanto à existência da vida após a morte.

Diva pegou o exemplar e, segurando-o com carinho, falou:

– Vou lê-lo com certeza, agora que ficarei sozinha aproveitarei meu tempo livre para aprender um pouco mais sobre essa filosofia de vida de vocês, que sinto ser verdadeira. Agora tenho que ir, meu coração está mais tranquilo e preciso conversar com Marlene.

Diva levantou-se, abraçou seus amigos e deixou o local prometendo voltar para obter mais esclarecimentos sobre a doutrina que tanto a estava envolvendo. Quando chegou em casa, foi direto ao quarto da filha, que arrumava as malas.

– Sei que vai me recriminar e tentar me impedir de deixar este apartamento, mas não adianta, estou decidida! – comentou a jovem ao ver a mãe à sua frente.

– Não vou impedi-la. Se quer ficar sozinha não me oporei!

Marlene olhou abismada para a mãe, que percebendo o que se passava pela mente da filha sentou-se ao seu lado na cama e fez-lhe um leve carinho no rosto.

– Sei que fui uma péssima mãe, e se está passando por tudo isso, neste momento, parte da culpa é minha – Diva fez uma pequena pausa. Marlene era o seu tesouro. E, decidida a abrir seu coração, prosseguiu: – Eu cometi o erro mais comum entre os pais, não queria que sofresse o que eu sofri...

– E o que a senhora sofreu? Que eu saiba seu casamento foi feliz! – interpelou a moça fechando o semblante, achando que a mãe falaria mal do esposo.

– Estou falando de mim, de minhas atitudes do passado. Eu nunca quis que soubesse, mas chegou o momento de conhecer toda a verdade.

Marlene a fitou demoradamente. Diva estava com o semblante sofrido. A moça pensou em lhe dizer que não queria saber de nada, que só queria ficar longe dela e daquela cidade que ficara pequena demais para ela, Rogério e Arlete. Diva, vendo o rancor nos olhos da filha, não a deixou articular as palavras.

– Quando eu tinha dezoito anos de idade, apaixonei-me perdidamente por um jovem que retornara ao país após longos anos de estudos na Suíça. Seus pais fizeram uma festa para apresentá-lo à sociedade. Saulo era um homem bonito...

– A senhora está falando de quem? Saulo o... – interpelou Marlene tentando compreender melhor o que ouvira.

Diva, não lhe dando tempo para mais indagações, tratou de interrompê-la dizendo firmemente:

– Deixe-me falar. Depois poderá tirar suas próprias conclusões... Pois bem, naquela noite eu, Olga e Eulália fomos a tal festa juntas. Eu sabia que minhas amigas passavam por sérias dificuldades financeiras e algumas famílias mais tradicionais da sociedade já lhes davam as costas. Naquele tempo a alta sociedade era muito mais rígida e preconceituosa, ninguém queria receber em suas casas ricos falidos. Eu nunca me importei com isso, elas eram minhas amigas e, portanto, entrariam ao meu lado onde eu fosse convidada. Quando meus olhos cruzaram com os de Saulo, senti que fora paixão à primeira vista. Ele também se interessara por mim. E como naquela época um rapaz nunca ficava sozinho com uma moça em um primeiro encontro, nós passamos a noite com Olga e Eulália conversando animadamente. No dia seguinte, ele fora a minha casa e pediu minha mão em namoro para meu pai, que vira nele um partido à altura de seu sobrenome. O que eu não imaginava fora que Olga também havia se apaixonado por ele que, indeciso, levava as duas em banho-maria. Você não pode imaginar a dor que os dois causaram em meu coração com aquela traição, fiquei furiosa, queria matá-los com minhas próprias mãos, mas me controlei, não era uma assassina e guardei minha vingança contra aquela que eu acreditava ser minha melhor amiga para o dia de seu casamento.

Marlene arregalou os olhos, sua mãe era uma mulher corajosa e estava louca para saber o desfecho daquela história; procurando se concentrar em suas palavras, deixou que ela continuasse sua narração sem interrompê-la.

– Eu era conhecida por todos na casa de Olga, claro que os poucos empregados que ainda trabalhavam lá não sabiam de nossos desentendimentos. Sendo assim, entrei na mansão sem nenhum problema. A casa estava movimentada, todos estavam às voltas com os últimos preparativos para a cerimônia e sorrateiramente entrei em seu quarto com uma tesoura escondida na cintura – Diva deixou seu pensamento vagar e, enquanto descrevia as cenas para a filha, as via mentalmente.

– O que está fazendo aqui? Veio desejar-me felicidades ao lado do homem que me ama?

– Como você é baixa, Olga, nunca imaginei que pudesse ter amizade com uma víbora que me daria o bote pelas costas!

– Não seja rancorosa. Sabe qual é seu problema? Você não aceita que outra pessoa possa ser melhor que você. E eu, meu amor, sou imensamente melhor que você em tudo – Olga colocou a mão na cintura dando uma voltinha para lhe mostrar o lindo vestido branco com seu véu e grinalda e disse: – Olhe! Veja como estou linda e pronta para me casar com Saulo, que me ama imensamente, enquanto você terá de se contentar com o primeiro bobão rico que aparecer em sua vida!

Diva não se conteve e partiu para cima da moça, tirando rapidamente a tesoura da cintura, conseguiu dominá-la e rasgar-lhe o vestido, só a soltando quando o pai de Olga, atraído pelos gritos da filha, fora para seus aposentos e tirou a jovem de cima dela, que deixou o local de alma lavada.

– Você não pode imaginar o escândalo que Olga proporcionou ao entrar na igreja com um vestido branco simples, improvisado às pressas para que ela pudesse se casar!

– Então é por isso que você e Olga não se dão bem?

– Sim e é por este mesmo motivo que ela fez questão de reaproximar Arlete de Rogério, ela nunca aceitaria você em sua família, assim como nunca aceitou meu casamento com seu pai que, juro, foi por amor. Quando conheci João não imaginava que ele e Saulo fossem amigos e que planejavam montar uma construtora juntos, tudo aconteceu sutilmente e, quando vi, o destino estava nos unindo novamente.

– Nossa, como é a vida! Eu nunca soube disso, creio que nem Rogério.

– Acredito que não! Deixamos essas sujeiras embaixo do tapete para não comprometer os negócios dos dois, eu raramente via Saulo e sua família, só quando seu pai faleceu é que fui obrigada a tomar conta dos negócios, pois não deixaria nas mãos dele um patrimônio nosso, conquistado a duras penas. Agora vou deixá-la arrumando suas malas, estou decidida a mudar minha vida e não queria guardar mais este segredo de você, que foi a principal prejudicada por nossas desavenças! – Diva deixou a filha que, pensativa, terminou de arrumar as malas, prometendo a si mesma deixar a cidade em dois dias.

Carla acordou assustada, olhou à sua volta. Lauro havia plasmado uma pequena cama no quarto onde ela estava dormindo já há alguns dias.

– Não sei onde estou, meu Deus parece que estou vivendo um pesadelo!

– Sinto lhe informar, mas não está vivendo um pesadelo, seu corpo físico não resistiu ao acidente e está viva em espírito.

Carla deu um riso nervoso dizendo quase automaticamente:

– E você é um anjo prometido para me receber na porta do céu!

– Não! Tudo indica que os anjos se esqueceram de você, eu sou alguém que resolveu ajudá-la, só isso.

Carla fechou os olhos por alguns segundos, lembrou-se do acidente e de ter se aproximado de Arlete de forma inesperada, mas não estava morta, disso tinha certeza:

– "Isso deve ser um pesadelo, qualquer hora irei acordar e tudo passará" – disse a si mesma. Mas Lauro leu seus pensamentos e informou:

– Tire as conclusões que quiser, mas já que está vivendo um sonho, acho que não precisará de minha ajuda, só vou lhe dar um conselho: não fique tão grudada em Arlete.

Lauro mal terminara de falar e Arlete entrou no local, sendo seguida por Olga. Com os dias em que Carla passara dormindo, Arlete melhorara e sua sogra a seguira para conversarem em particular, e ao ver a nora fechando a porta, cuidadosamente comentou:

– Agora que está melhor, é hora de darmos sequência ao nosso plano, estou pensando em aproveitar o clima quente para levá-la ao Guarujá. Lá inventaremos um aborto espontâneo, seu estado de saúde delicado fora providencial, Rogério nunca desconfiará de sua falsa gravidez para levá-lo ao altar!

Arlete concordou de imediato e, enquanto conversavam, Carla escutava atentamente; ao descobrir o golpe que as duas deram, sentiu seu ódio aumentar.

– Desgraçadas, elas enganaram Rogério! Ah, mas isso não ficará assim, se estou morta e posso vê-las é sinal de que posso fazer algo para atrapalhá-las, ou não? – perguntou a jovem lançando um olhar interrogativo para Lauro, que riu prazerosamente antes de lhe responder:

– Claro, vou ensiná-la o básico para que possa obsediá-las com sucesso. Estamos deixando esta casa, mas achamos que Olga merece começar a pagar pelo que fez, assim você se vinga de Arlete e consequentemente nos ajuda um pouco. Só tome cuidado com os cordeiros, eles sempre aparecem com cara de bons moços com seus sorrisos bondosos e nos levam para bem longe, nos aprisionando no que eles chamam de colônias espirituais – mentiu Lauro só para deixar a jovem longe dos espíritos esclarecidos.

Carla, procurando prestar atenção no que ele falava, começou a aprender algumas técnicas de magnetização que lhe seriam proveitosas para seus intuitos de vingança.

CAPÍTULO 12

O encontro

Marlene sentou-se no jardim da bela casa em estilo colonial que seu pai lhe deixara de herança na cidade de Campos do Jordão, uma linda cidade na serra da Mantiqueira conhecida como a Suíça Brasileira por seu clima frio e suas casas em estilo europeu, muito procurada pelos turistas no inverno. Olhou à sua volta, a mansão ficava em meio à vegetação campestre e cercada por pinheiros. Alice, esposa do caseiro, que fazia o serviço de limpeza e conservação do local e a conhecia desde que ali fora morar e trabalhar anos atrás, vendo-a sentada em um banco de madeira olhando para o infinito, foi ao seu encontro dizendo com singular ternura.

– O dia está lindo, estamos no auge da primavera, quando as flores deixam a cidade ainda mais encantadora. Então, por que não aproveita para passear um pouco?

Marlene olhou para a senhora, que desde sua chegada se desdobrava em mimos no intuito de melhorar seu astral.

– Eu estava justamente pensando em dar uma volta, sempre gostei de andar pela cidade.

– Ótimo! Tenho certeza de que voltará mais animada, o clima

daqui é milagroso, não tem quem não perceba a presença de Deus e sua magnitude ao respirar o nosso ar e ver toda a beleza criada pela natureza e pelos homens com sua arquitetura.

Marlene terminou de sorver o último gole do leite quente e levantou-se, deixando a xícara com Alice, que a viu sair vagarosamente. Na pequena rua de paralelepípedos, pôs-se a pensar em sua vida, a saudade que sentia de Carla, a tristeza que lhe doía no coração pela perda da amiga que tinha um futuro brilhante à sua espera e agora seu corpo apodrecia dentro de uma caixa fúnebre, sete palmos abaixo da terra, enquanto Arlete estava casada e feliz ao lado de Rogério. E sem ter ânimo para continuar a caminhar, deu meia-volta e deparou-se com um elegante senhor que usava por cima da roupa social um avental branco aberto com o símbolo de uma clínica médica que tratava de pacientes com doenças respiratórias, estabelecimentos muito comuns naquela cidade, sendo esta praticamente vizinha à sua casa. O homem, ao ver seus olhos marejados de água, fez ligeiro aceno de cabeça e, fitando em seus olhos, comentou:

– Seu choro e sua tristeza não mudarão os fatos passados, melhor seguir em frente!

– O que disse? – perguntou Marlene, irritada com o que para ela fora uma insolência do desconhecido.

– Disse que não poderá mudar o que está feito, mas que poderá fazer o seu futuro melhor, basta mudar suas atitudes hoje!

– Quem pensa que é para falar assim comigo?

– Jorge Sampaio Neto, prazer! – respondeu ignorando o tom da jovem e estendendo-lhe a mão, que ela não pegou. – Olhe, sei que pareço inoportuno, mas tenho um recado para você. Por que não me acompanha até a praça próxima ao teleférico, lá é movimentado e poderá gritar caso eu seja um sujeito mal intencionado.

Marlene respirou fundo, não tinha dúvidas de que ele havia saído da clínica, na certa era algum conhecido de sua mãe que ela procurara para ajudá-la a convencê-la a voltar para casa. E, disposta a saber dos planos de Diva, respondeu:

– Sei muito bem quem o contratou, portanto o senhor terá um minuto de minha atenção.

Jorge sorriu e passou a acompanhá-la até pararem na praça toda arborizada, que dava vista ao teleférico da cidade. No local, alguns turistas conversavam e tiravam fotos animadamente. Marlene olhou à sua volta, não devia estar dando atenção a um estranho, mesmo acreditando que o mesmo fora enviado por sua mãe, já estava se arrependendo de tê-lo acompanhado quando o senhor, procurando quebrar o clima tenso que se instalara no local, abriu um lindo sorriso, dizendo:

– Não precisa temer, só quero lhe dar um recado, depois a deixarei em paz!

– E de onde conhece minha mãe?

– Não conheço sua mãe, ou melhor, acredito que não a conheça. Você aparenta ser da alta sociedade e eu há anos deixei de frequentar tais rodas.

Marlene sentiu um calafrio percorrer-lhe a espinha, nunca fora abordada daquela maneira e, embora estivessem em um lugar público, ficou temerosa, o que fez o senhor, ao perceber seus receios, ir direto ao ponto:

– Sei que a princípio poderá parecer loucura, mas sou médium e neste momento estou vendo um homem alto, branco, olhos castanhos claros, cabelos da mesma cor, levemente ondulados, aparentando pouco mais de trinta anos. Está vestindo um conjunto social azul claro e diz ser seu pai, seu nome é João!

Marlene sentiu suas vísceras estremecerem, aquele desconhecido descrevera seu pai que há anos deixara a vida, chegando a acreditar em suas palavras por alguns segundos, até que a razão lhe chamou a consciência e, levantando-se abruptamente, respondeu:

– Não sei o que pretende, meu senhor, meu pai era homem da sociedade, no mínimo me viu chegar à cidade dias atrás e está querendo me aplicar algum golpe, mas se deu mal, não sou mais aquela moça ingênua que acreditava na palavra dos outros. Passar bem!

E com essas palavras deu-lhe as costas. Jorge, ao vê-la se afastar, continuou:

– Ele me disse que você trouxe seu ursinho que ele lhe dera pouco antes de desencarnar e que você não o deixa por nada e sente nesse objeto sua presença.

Marlene parou estática, ninguém sabia de seus sentimentos em relação ao ursinho, nem sua mãe. Jorge, ao vê-la parar, levantou-se calmamente e, tirando um cartão do bolso, aproximou-se e o entregou dizendo:

– Tenho que voltar aos meus afazeres. Saiba que a vida acredita que está madura para conhecer as verdades espirituais, quando quiser conversar pode me procurar neste endereço. Até logo!

Marlene não respondeu, limitando-se a esticar a mão e pegar o cartão que o senhor lhe entregara. Ao vê-lo se afastar, voltou a se sentar, pensou em sua mãe, Diva nunca usaria o nome de seu pai para fazê-la mudar de ideia, olhou para o cartão. Jorge era médico, o que a deixou ainda mais curiosa, conhecia a clínica em que ele dizia trabalhar, pois eram seus vizinhos de longa data, e nunca ouvira nada que pudesse depor contra eles, e com esse pensamento sentiu um leve perfume que invadiu suas narinas, lembrando a colônia que seu pai usava enquanto estava vivo. Era João que se aproximara da filha lhe intuindo bons pensamentos. Ao chegar em casa, pensou em ligar para a empresa e falar com sua mãe, contar-lhe o estranho encontro que tivera e pedir sua opinião, mas desistiu, estava disposta a aprender a ser independente, tomar as rédeas de sua vida, provar à sua mãe e ao mundo que era capaz de sobreviver sem a ajuda de ninguém. No dia seguinte, acordou disposta a ouvir o que aquele desconhecido teria para lhe dizer, tomou seu café da manhã e saiu, indo direto ao endereço que o homem lhe dera. Ao chegar diante da casa, pôde ver através do portão o imenso jardim que a circundava, criou coragem e se aproximou da pequena guarita na entrada principal, onde após se identificar com o porteiro esperou o senhor entrar em contato com a recepcionista, que lhe autorizou a entrada. Passando pelo vasto jardim ficou maravilhada com as flores de várias espécies que exalavam um perfume inigualável e a fez se sentir bem. Quando finalmente chegou à porta do local, fora recebida por uma bela jovem, que com um largo sorriso a cumprimentou dizendo:

– Doutor Jorge a receberá em poucos minutos. Siga-me, por favor!

Marlene retribuiu o sorriso, as duas caminharam por um longo corredor até pararem em uma singela sala onde a moça, após fazê-la entrar, perguntou se precisava de algo e, com sua negativa, a deixou à espera do médico, que não demorou a aparecer. Com as mãos estendidas para cumprimentá-la, abriu um sorriso dizendo:

– Que bom que veio, sei que está tentando se encontrar e o universo sempre nos auxilia quando estamos maduros para os aprendizados do espírito.

– O senhor disse que viu o espírito de meu pai e fiquei curiosa, gostaria que me dissesse como isso é possível.

– Algumas pessoas têm o dom da vidência, conseguem enxergar por trás do véu de Ísis, e outras podem ouvir, sentir, falar com os espíritos do mesmo jeito que estamos conversando, trata-se da mediunidade, que é um dom que todos temos em graus diferentes.

– Então você tem esse dom e meu pai o procurou, correto?

– Eu sou um instrumento à disposição de Deus, para que o melhor se realize em minha vida, tendo como missão ajudar a quem necessita com os dons que possuo. Ontem senti uma força me impulsionando para deixar a clínica e, como já aprendi a ouvir a voz de minha intuição, foi o que fiz.

Marlene mordeu os lábios em sinal de nervosismo, não estava acreditando em uma palavra e, querendo sair logo daquela sala, olhou fixamente nos olhos do senhor antes de lhe responder:

– Se meu pai o fez deixar seu trabalho para que pudesse me conhecer e me dar um recado é sinal de que ele está a par de tudo o que me aconteceu?

– Provavelmente sim, seu pai é um espírito muito lúcido, do contrário não teria autorização para estar ao seu lado lhe ajudando – Jorge fez uma pequena pausa, sabia aonde a moça queria chegar e decidiu ir direto ao ponto: – Seu pai quer que perdoe as pessoas que lhe fizeram mal para que possa seguir em frente em seu caminho rumo à evolução espiritual.

– Desculpe, mas não consigo acreditar que papai pode transitar entre os vivos e ainda mandar recados por meio de um estranho pedindo para que eu perdoe. Ele deveria ser o primeiro a querer que Rogério pague o mal que me fez!

– Você se acha vítima desse rapaz?

– Eu não acho, sou vítima! Você não sabe nada sobre minha vida, não sabe o que é crescer à sombra de uma mulher que você considera uma heroína e que não lhe deixa dar um passo sem que ela aprove antes. Sabe o que é se entregar ao homem que acredita ser seu por toda a vida e vê-lo se casar com outra? E ainda sofrer um acidente onde sua melhor amiga morre em sua frente? Não, meu senhor, não sabe o que é isso. Portanto, eu sou vítima sim!

Marlene não conseguiu controlar o choro, sentia-se culpada com o que acontecera à amiga. Jorge, esperando a moça se acalmar, deu-lhe um copo com água que ela tomou lentamente dizendo em seguida:

– Não somos vítimas da maldade alheia, e sim de nossos próprios atos!

– Atos? Agora a culpa é minha? Fui traída e está me dizendo que Rogério não é o culpado, ele e aquela maldita da Arlete?

– Quem deixou a paixão cega impedi-la de ver os defeitos do seu namorado? Você se apaixonou perdidamente e não percebeu que a paixão desenfreada é prejudicial, nos impede de ver o ser amado como ele realmente é!

Marlene respirou fundo, decidindo contar com detalhes tudo o que lhe acontecera e não escondendo nenhum detalhe finalizou:

– Agora que sabe toda a verdade, vai me dar razão.

– Desculpe-me, mas não posso lhe dar razão, você se sente lesada, acredita que fora vítima da vida e a vida nunca pune quem está seguindo seu caminho da forma correta.

– Ah, tá... Então o erro é meu? – respondeu a jovem fazendo um muxoxo.

– Estamos falando de relacionamento amoroso, de um triângulo entre você, Rogério e Arlete e, segundo me relatou, essa disputa entre vocês duas começou ainda na infância, quando nas inocentes brincadeiras já havia uma certa queda de braços pela atenção do amiguinho, mas o que fica bem claro é que ele sempre preferiu a outra. Então foi você quem se iludiu acreditando no amor desse rapaz. Saiba que, infelizmente, muitas pessoas acabam se envolvendo em situações parecidas e consequentemente atraem muitos dissabores para suas vidas.

– Você tem razão, mas é tão difícil! Como não amar aquele homem se ainda sinto o cheiro de sua pele sobre a minha? Se eu fechar os olhos consigo sentir até seu hálito fresco e quente em meu pescoço.

– Isso significa que ainda está apaixonada por ele!

– Eu o odeio!

– O amor e o ódio são dois lados de uma mesma moeda e é comum confundirmos os sentimentos – Jorge olhou para o relógio, estava na hora do almoço e, querendo fazer sua nova amiga distrair seus pensamentos, comentou:

– Você precisa de tempo para reavaliar seus sentimentos. Que tal almoçarmos juntos, assim nos conhecemos um pouco mais?

Marlene aceitou o convite. O senhor era muito simpático e não conseguira dizer-lhe não. Os dois deixaram a sala, Jorge fizera questão de lhe mostrar todas as dependências liberadas para visitação, quando chegaram ao imenso refeitório se serviram e foram sentar junto a um grupo de pacientes que já estavam em condições de circular pela área comum da clínica. Jorge apresentou a moça como sua amiga, fazendo um rapaz que almoçava em palestra animada comentar:

– Puxa vida, doutor. O senhor precisa trazer suas amigas mais vezes para almoçar conosco, pois fazer a refeição ao lado de uma moça tão bonita faz bem à saúde!

Jorge riu prazerosamente ao ver a moça encabulada, em poucos minutos a jovem estava enturmada com o grupo, que falava sobre assuntos diversos, quando Selma, uma senhora que parecia um tanto distante, chamou a atenção do médico; o grupo parou para ouvi-la.

– Estou tão feliz aqui que receio voltar para casa, sei por que atraí esta doença e temo ter que lidar com meus problemas familiares!

– O medo nada mais é que a falta de fé em Deus e em si mesmo. Já conversamos sobre isso, é só manter a fé ativa e verá que o leão que imagina existir dentro de sua família não passa de um gatinho necessitado de carinho. Lembre-se de que o primeiro passo foi dado, hoje já consegue filtrar o que entra em sua mente.

A senhora baixou a cabeça ficando a meditar nas palavras do amigo e deixando o grupo terminar a refeição sem mais conversas.

– Que tipo de trabalho vocês fazem nesta clínica? Nunca vi nada igual, seus pacientes são bem-humorados e falam de fé o tempo inteiro. Comentou Marlene quando já estavam passeando pelo jardim a sós.

– Essa clínica foi construída para abrigar tuberculosos de todas as classes sociais. Aqui não fazemos distinções, todos são tratados como seres humanos em condições de aprendizado e necessitados de auxílios espirituais.

– Então você acredita que a fé pode curar uma pessoa?

– Eu acredito que podemos mudar toda nossa vida se aprendermos a lidar com as leis universais. Infelizmente a maioria das pessoas ainda não aprendeu a agir no bem, a deixar somente o bem agir em sua vida, consequentemente atraem doenças e moléstias que muitas vezes as levam ao desencarne precoce, causando danos ao seu corpo perispiritual, que somente uma nova encarnação poderá curar. Marlene o olhou incrédula, não era religiosa, mas chegara a ler sobre milagres e, querendo se aprofundar na questão, comentou:

– O Cristianismo prega a fé que pode mover montanhas. Logo, se você tem fé, pode se curar, estou errada?

– As pessoas têm uma visão errônea do poder da fé, acreditam que para conseguir algo que está além de suas possibilidades basta ficar de joelhos, implorando ao Criador que atenda aos seus pedidos, mas não é assim que acontece. Para conseguir uma cura ou realização de algum projeto, é necessário um trabalho interior em que o indivíduo precisará rever todos os seus conceitos para mudar suas atitudes, o que mudará o mundo à sua volta.

– Sua visão é muito diferente do que pregam os religiosos que conheço.

Jorge pediu para ela acompanhá-lo, passaram por um longo corredor até pararem diante uma grande biblioteca, onde, após entrarem, o médico foi até uma prateleira em que havia vários exemplares do *O Livro dos Espíritos*. E, após pegar um entregou-o a ela dizendo:

– Leia-o sem pressa e tendo qualquer dúvida me procure!

Marlene pegou o exemplar, ela fora tratada com tanto carinho por aquele estranho e por todos daquela clínica que sentiu uma paz invadir seu coração e, com o semblante leve, respondeu:

– Vou ler sim, quero conhecer um pouco mais sobre essa sua filosofia de vida. Agora tenho que ir!

– Venha tomar um chá no final da tarde da próxima sexta-feira, pois estarei de folga e poderemos conversar mais à vontade.

– Estarei aqui! – respondeu a moça com um sorriso nos lábios, e, estendendo a mão, cumprimentou o médico deixando o local sentindo-se leve, prometendo a si mesma que conheceria mais profundamente a filosofia daquelas pessoas.

Nos dias que se seguiram Marlene não saíra de casa, usara todo o seu tempo para estudar aquele livro que lhe abria uma nova visão de vida, estava entusiasmada com a possibilidade de vida após a morte, pois se o que estava lendo fosse verdade, Carla estaria vivendo em outra dimensão; a esta constatação suspirou profundamente. "Ah se isso for possível, parte de minhas angústias estarão sanadas, pois Carla pode estar vivendo em outro lugar como espírito e ao lado do homem que tanto amava, uma vez que ambos estivessem na mesma vibração." Pensou, ao lembrar da história da amiga que perdera o noivo que tanto amava em um acidente, logo seus pensamentos voltaram-se para Rogério na fascinação que sentia por ele desde tenra idade, talvez aquele fosse um assunto mal resolvido de outras vidas. "Por que sempre odiara Arlete? Lembrou-se de que disputava tudo com ela, os três estudaram juntos e estavam sempre brigando, o que só a lei da reencarnação poderia explicar, uma vez que suas famílias, embora tivessem problemas desconhecidos por eles, aparentavam ser amigas. E com essas indagações a semana passou. Na sexta-feira, arrumou-se de forma simples e foi até a clínica. Já passava das cinco horas da tarde e Jorge a esperava na entrada; ao vê-la, cumprimentou-a cordialmente dizendo:

– Quero aproveitar minha folga em tão bela companhia para dar uma volta na cidade. O que acha de tomarmos nosso chá em uma cafeteria?

– Por mim tudo bem! Assim aproveito para passear um pouco! – Marlene abriu um sorriso encantador. Jorge com um sinal de mão apontou para o seu automóvel, que já estava posicionado na parte de fora da clínica. Após abrir a porta para a jovem, deu a volta e entrou no carro dando partida. Em poucos minutos chegaram ao charmoso centro, onde ele estacionou o carro em uma rua tranquila, contando à amiga como fora parar naquela cidade após anos fora do país em missão na África. Ao chegarem à badalada cafeteria, sentaram-se em uma discreta mesa e, após fazerem seus pedidos para a garçonete, Marlene comentou:

– Você escolheu esse lugar porque gosta ou foi meu pai que lhe indicou? Sempre que estávamos na cidade vínhamos aqui para tomarmos chocolate quente nos dias frios de inverno.

– Não foi seu pai quem me indicou, a única vez que o vi foi quando nos encontramos na rua, e depois ele não se envolveria com certas futilidades, percebi que a preocupação dele é com seu bem-estar – respondeu Jorge esboçando um sorriso encantador.

Marlene ao ver a garçonete se aproximar e, esperando ser servida, comentou:

– Li o livro que me emprestou, trata-se de uma obra interessante que despertou em mim o desejo de conhecer melhor a Doutrina Espírita e me fez pensar que talvez eu tenha algum resgate com Rogério e Arlete.

– É provável, uma vez que tivemos muitas encarnações ao longo dos séculos, mas não deve se apegar nisto e sim se preocupar em mudar suas atitudes e se reformar intimamente.

– Quando escuto você falar tudo me parece fácil demais, mas no dia a dia não é tão simples assim, tenho medo, receios, anseios, ódios, meus sentimentos estão contraditórios, tem horas que penso em voltar para São Paulo e disputar o amor de Rogério com Arlete, outras não quero vê-lo nem pintado de ouro. Você me entende?

– Entendo perfeitamente. Você está perdida porque está insegura, não sabe em que se apoiar, foi acostumada a pensar através da opinião de sua mãe e dos que lhe cercam. Agora que não tem ninguém para fazer este trabalho para você, falta–lhe algo e consequentemente fica confusa, o que é normal. Mas quero que saiba que estou aqui para ajudá-la, mas não dizendo o que deve ou não fazer de sua vida. Toda pessoa insegura vive pedindo opinião aos outros, está sempre procurando um amigo, um familiar ou até mesmo pessoas que se autointitulam sensitivas, capazes de resolver os problemas alheios. Fazem isso por insegurança em si mesmas e na vida e, quando erram, jogam a culpa nos outros, não assumindo suas próprias fraquezas. Eu quero que aprenda a agir e pensar por si só, pois não serei mais uma muleta em sua vida!

– Eu não quero fazer ninguém de muleta, está enganado! – respondeu Marlene com um tom de voz ofendido.

Jorge, sem se preocupar com a mágoa da moça, respondeu de pronto:

– Não quer, mas usa e sempre usou! Sua mãe sem querer serviu de muleta para você por acreditar que suas experiências lhe impediriam de passar pelos dissabores da vida. Puro engano. Depois você se apegou à sua amiga e já estava começando a fazer isso com seu noivo, que mais inseguro que você não conseguiu se controlar, entregando-se à outra por quem ele achava ser mais forte que os dois juntos. Ele é outro que um dia terá de rever suas atitudes, mas tudo ao seu tempo.

Marlene o olhou nos olhos, o senhor falava com segurança e convicção, fazendo-a refletir em como mudar sua vida. Como deixar de ser aquela pessoa cordata, incapaz de expressar seus sentimentos. Lembrou-se da noite anterior ao casamento de Rogério, quando o abordara de forma vulgar e o levara para aquele hotel, da fúria que brotara em seu peito e do impulso que a fizera decidida por uma noite e vencendo seu pudor relatou o que fizera ao rapaz, contando detalhadamente. Jorge, após ouvi-la, sem esboçar nenhuma reação, comentou:

– Muitas pessoas agem impulsionadas pelo ódio e pelo sentimento de vingança, cometendo atrocidades em nome da lei de olho por olho, o que é um erro! A força interior tem que vir de forma pura, do amor por si mesmo e pela humanidade, e não impulsionada por sentimentos menores e equivocados, que um dia terão de ser transformados. Tenho certeza de que está arrependida do que fez, pois forçou sua essência, agiu no mal e para o mal.

– Sim... hoje não repetiria aquele ato insano, me sinto suja só de lembrar como pude me rebaixar a tanto!

– Se se sente assim é porque percebeu que agiu de forma errada. Mas não se culpe, você fez seu melhor naquele momento de sua vida.

– Pode ser, mas o problema é que nunca sei o que é certo para mim.

– Certo é fazer o que lhe dá prazer, o que vem de dentro da alma, é agir com a consciência tranquila, de acordo com seus princípios, é não se ferir só para agradar os outros.

Marlene serviu-se de um gole de chá, a tarde estava indo embora proporcionando um crepúsculo de rara beleza no céu daquela linda cidade e, sem nada a dizer, agradeceu a Deus por ter colocado em sua vida um amigo feito Jorge, que percebendo o que se passava no íntimo da moça ficou ao seu lado, observando as primeiras estrelas que apareciam no céu.

CAPÍTULO 13

Momentos ardentes

Arlete terminou de passar o batom diante do espelho e, dando uma última olhada no visual, sentiu-se radiante. Naquela tarde o marido chegara em casa com um buquê de rosas vermelhas e convidou-a para jantar em um badalado restaurante que acabara de inaugurar. Carla, ao vê-la sorrindo diante do espelho, balançou a cabeça negativamente dizendo:
– Ah, Arlete, se soubesse como é patética não se sentiria tão feliz! – Carla deu uma risada estrondosa ao vê-la deixar o quarto sem registrar sua presença. No último mês não deixara a inimiga nem um instante, indo com ela e Olga para o litoral paulista, onde as duas procuraram uma clínica particular em Santos e subornaram o dono do local para que ele atestasse o aborto espontâneo; vira a tristeza nos olhos de Rogério, que sofrera com a notícia da perda prematura de seu filho e da alegria delas ao concluírem que pai e filho acreditaram em suas mentiras. Naquele dia resolvera deixar Arlete sossegada, sabia do plano de Olga para aproximar o casal que desde o casamento não estavam se entendendo intimamente. E sem acompanhá-los, ficou no quarto, estava chateada, não tinha ninguém para confessar

suas aflições, pensou em procurar Marlene, dizer-lhe que estava viva em espírito, mas Lauro a impedira, explicando-lhe que além da amiga não a ouvir ainda correria o risco de ser presa, pois ela estava em companhia de um senhor ligado à bruxaria que poderia perceber sua presença, pedindo aos espíritos com quem trabalhava para levá-la embora, o que ela nunca deixaria. Marlene era uma mulher frágil e vulnerável que não tinha coragem de fazer mal a uma mosca, mas ela não! Com ela era diferente e aquela família pagaria caro tudo o que fizera à sua amiga e a ela, que se estava naquela situação fora por culpa deles. E com esses pensamentos esperou o casal voltar. Ao ver Arlete ligar o aparelho de som colocando uma música romântica para tocar, ficou a observá-los, vendo Rogério dar um beijo nos lábios da esposa e, pegando em sua cintura, começou a acariciá-la, sentindo seu corpo tremer ao contato do corpo da mulher e com ardor a conduziu até a cama. Carla, ao ver o casal entre carícias ardentes, aproximou-se e começou a sussurrar no ouvido de Rogério:

– Você não ama esta mulher, portanto não deve usá-la. Arlete não merece seu carinho, ela é uma traidora e é com Marlene que deve ficar, só Marlene o fará feliz – Carla colocava toda a sua emoção enquanto falava, ela não queria que ele voltasse com Marlene, mas ao ler seus pensamentos descobrira que ele não esquecera os momentos ardentes que vivera com a moça e se aproveitara disso para fazê-lo esfriar com a esposa.

Rogério, que embora não ouvira as palavras daquele espírito, lembrou-se de Marlene enquanto Arlete o beijava desejando seu corpo viril e, não conseguindo manter a chama da paixão acesa, afastou a esposa dizendo:

– Vamos deixar para fazer amor outro dia. Eu não estou me sentindo bem. Acho que exagerei no vinho! – Rogério deixou o quarto confuso sem entender por que toda vez que tentava se envolver sexualmente com a esposa via a ex-noiva na sua frente.

Arlete olhou para o marido sem nada a dizer. Quando ele finalmente voltou ao quarto a encontrou dormindo, sem perceber que o espírito de Carla regozijava por ter interferido na relação íntima do casal. No dia seguinte, Arlete acordou mal-humorada, olhou para o lado em que o marido dormia e não o vendo levantou rapidamente, indo ao toalete onde fez sua higiene pessoal. Quando finalmente entrou na copa para tomar seu café da manhã, encontrou a sogra conversando com Laurinda:

– Sabe que não acredito no amor de Sandro por você? Para mim ele é mais um aproveitador barato!

– Desta vez está enganada, querida! Saiba que ele me pediu em casamento com separação total de bens e um contrato pré-nupcial com todas as cláusulas referentes às finanças muito bem esclarecidas.

– Pelo jeito vamos ter outro casamento! – comentou Arlete ao sentar-se à mesa.

As duas, ao vê-la com o semblante triste, trocaram olhares e fora Laurinda quem comentou:

– Olga me disse há pouco que você e Rogério saíram para jantar ontem à noite, eu pensei que ao acordar estaria com um largo sorriso!

– Pois pensou errado! – respondeu Arlete se servindo de um copo de suco de laranja.

As duas, ao perceberem que a jovem não estava para conversa, decidiram voltar ao assunto de minutos antes, o que foi bem recebido pela moça, que aliviada ficara a escutar a conversa, voltando para o seu quarto ao terminar a pequena refeição. Viu a pasta de trabalho do marido em cima de uma mobília e lembrou-se da noite anterior, quando ele lhe falara da importância daqueles documentos. Sem pensar duas vezes arrumou-se elegantemente e deixou o local indo direto ao escritório do marido, onde ao entrar não viu a secretária e, sem pedir licença, adentrou a sala do sogro, encontrando-a em conversa animada com Rogério, que ao vê-la com o semblante fechado fora ao seu encontro dando um leve beijo em seus lábios.

– Não sabia que ficava de trelelê com seus subalternos meu amor! – comentou Arlete lançando um olhar furioso para a jovem, que rapidamente os deixou a sós.

– Eu sempre brinco com Ana, ela trabalha para nós há anos e é de extrema confiança – comentou o rapaz e, ao ver a pasta na mão da esposa abriu um sorriso e disse: – Papai foi visitar uma de nossas construções no Morumbi e eu pedi para ele passar em casa e me trazer justamente esta pasta – Rogério deu um beijo nos lábios da esposa em sinal de agradecimento.

Arlete, procurando não demonstrar sua ira, despediu-se deixando o local sem olhar para a secretária. Voltando para casa, trancou-se em seu quarto e logo as lembranças de seu marido todo sorridente ao lado da moça lhe vieram à mente. Carla, ao ler seus pensamentos, ficou pensativa, ela não se dava bem com Ana, desde que entrara para trabalhar naquele escritório percebera que a colega gostava de saber sobre a vida de seus patrões, várias vezes a pegara escutando as conversas de Saulo e Rogério atrás da porta. Logo uma ideia lhe veio à mente e, aproximando-se de Arlete, comentou:

– Rogério e Ana estão tendo um caso. Você viu como os dois se davam bem? Ela é uma moça bonita, inteligente, e ele não precisa assumir nenhuma responsabilidade com ela, só a sexual!

Arlete registrou as palavras de Carla em sua mente e começou a ver Rogério abraçado com a amante, os dois felizes rindo após um dia inteiro de amor. Lembrou-se da noite anterior, quando ele chegara amoroso querendo levá-la a um restaurante, estava certa de que aquela atitude fora para pagar sua consciência, pois lera em uma revista que quando um homem sente-se culpado passa a trazer presentes e fazer mimos para a esposa inesperadamente, para pagar pelos seus erros amorosos. A essa constatação passou o resto do dia planejando pegar o marido nos braços da amante, para alegria de Carla, que dava risada enquanto ouvia os pensamentos de sua inimiga.

No começo da noite, Lauro aparecera e Carla ao vê-lo foi logo se justificando:

– Sei que não quer ser incomodado, mas preciso muito de sua ajuda!

Lauro a fitou demoradamente, deixara claro para a moça que não poderia perder tempo com problemas alheios; seu chefe, embora tenha compreendido seus motivos para ajudá-la, não queria se envolver com aquela história.

– Diga logo o quer de tão importante, antes que eu me arrependa de ter ouvido seus apelos!

Carla contou-lhe rapidamente o que estava acontecendo, fazendo o espírito ouvi-la atentamente e dizendo ao término de sua narrativa:
– Vai ser fácil! Rogério está carente e Ana é uma mulher interessante, basta plantar em seus pensamentos a possibilidade de um caso extraconjugal com a jovem que não resistirá ao seu charme. Só será preciso tomar cuidado com Diva, ela está cada dia mais envolvida com Eulália e seu filho.
– Diva é uma mulher perspicaz, é só não chegarmos perto dela!
– Isso com toda certeza, do contrário ela e os cordeiros acabarão com seus planos. Agora me escute. Lauro comentou o que tinha em mente fazendo a moça regozijar-se. Quando foi embora, Carla voltou-se aos seus pensamentos e, ao ouvir uma gritaria vindo do andar inferior, foi rapidamente ao local encontrando Olga colérica com o marido que acabava de chegar da rua:
– Você está passando dos limites, Saulo, pensa que não sei? Estou virando motivo de chacota da sociedade!
– O que sei é que deveria procurar um psiquiatra, está procurando pelo em ovo, eu não estou fazendo nada demais e depois há anos que não vivemos maritalmente, será que fica difícil entender o que eu faço pelas ruas?
– Cretino! – berrou Olga voando para cima dele, que segurou suas mãos com força tentando de todas as maneiras impedi-la de atingi-lo e, com fúria, jogou-lhe longe, fazendo-a cair, por sorte, em cima do sofá!
– Deixe de ser ridícula, mulher! Eu lhe dei meu nome, minha posição, se não fosse por mim estaria morando em uma casa de pau a pique na periferia da cidade. Agora me deixa em paz, a partir de hoje passarei a dormir no quarto de hóspedes!
Olga sentiu seu sangue ferver e mordeu os lábios com força fazendo-o sangrar. Por segundos pensou em matar aquele homem, ainda mais depois que Laurinda lhe contara que ele fora visto com uma bela mulher jantando em um elegante restaurante sem se preocupar com os olhares maldosos dos que frequentavam o local.
– Você não perde por esperar – disse em voz alta ao se levantar e indo para os seus aposentos pôs-se a pensar em sua vida. Lembrou-se de sua juventude, da paixão que brotara em seu coração quando viu

Saulo pela primeira vez, do começo do romance, quando se sujeitara a viver uma relação dúbia mesmo sabendo que ele e sua melhor amiga estavam de compromisso, quando casou acreditou que seria feliz para sempre, Saulo a tratava com carinho e assim passaram os primeiros anos de união e o nascimento do filho. O tempo foi passando e a atenção do marido se voltou para o trabalho, a construtora crescia a passos largos e sua desculpa sempre era a necessidade de prosperar, até ver sua relação com ele se transformar em um simples cumprimento marital e as desconfianças de seus relacionamentos extraconjugais aumentavam a cada dia, chegara a pagar um detetive particular que o flagrou com várias mulheres, o que significava que não havia apego sentimental. Mas quando Laurinda lhe falara de um comentário feito por uma socialite que afirmou que o vira em um restaurante acariciando uma jovem bem mais nova que ele, sentiu a dor brotar em seu peito. A essas lembranças Olga esfregou as mãos com força, não toleraria aquela situação vexaminosa diante da sociedade que tanto valorizava e que provavelmente todas as suas amigas deveriam estar rindo às suas custas, tornando-se a chacota das socialites. Lembrou-se de um antigo namorado de Laurinda um cafajeste que para deixá-la em paz embolsara uma pequena fortuna e mesmo assim a amiga continuara tendo contato com ele por temê-lo, uma vez que descobrira que o jovem era envolvido com uma quadrilha perigosa que assaltava bancos. E maquinando um plano para assassinar seu marido, passou a noite, sem saber que o espírito de Carla ouvia os seus pensamentos e estava indignada com sua maldade. No dia seguinte esperou o marido sair e deixou a mansão, indo direto para a casa da amiga, que a recebera em sua sala e, vendo seu jeito aflitivo, comentou:

– Eu lhe conheço muito bem. Para vir em casa dessa forma só deve estar querendo ajuda!

– Adivinhou! Você ainda tem contado com aquele seu ex-namorado marginal?

– Quem, o Robson? – Laurinda bateu na madeira, pois só de ouvir o nome daquele homem sentia calafrios.

Olga, vendo a aflição estampada na face da amiga, respondeu:

– Este mesmo! Sei que ele ainda lhe procura quando está metido em alguma enrascada.

– Faz tempo que não vejo aquele traste. Nem quero. Se arrependimento matasse estaria mortinha da Silva por um dia ter me envolvido com ele!

– Não faça drama e me responda se tem ou não seu número de telefone!

Laurinda olhou nos olhos da amiga, que faiscavam.

– Não, nunca mais tive notícias de seu paradeiro, não sei nem se está vivo!

– Mentira! Eu lhe conheço, não consegue mentir para mim! – disse a senhora ao ver a amiga baixar a cabeça para lhe responder.

Laurinda, percebendo que não conseguiria enganá-la, comentou:

– Eu tenho o número de telefone de uma vizinha dele, mas não sei mesmo se ele ainda está vivo e em liberdade!

– Ligue para ele agora e peça que venha até sua casa imediatamente!

Laurinda sentou-se, não estava acreditando no que sua amiga lhe pedia.

– O que deseja com ele?

Olga abriu um sorriso nervoso e, sem delongas, respondeu à queima roupa:

– Vou mandar matar Saulo!

Laurinda deu um grito de espanto. Olga, sem dar tempo para a amiga se recompor, tratou de esclarecer:

– Eu já tenho tudo armado em minha mente, só preciso da ajuda de um marginal para fazer o serviço sujo e você vai me ajudar!

– Eu? Você está louca? Nunca sujei minhas mãos com sangue!

– Não venha bancar a santinha, esqueceu que sei exatamente o que pediu a Túlio?

– Não compare uma coisa com outra. O meu caso foi bem diferente e depois não precisei usar de violência. Hoje chego a me arrepender do que fiz a eles.

– Agora que desfruta a fortuna deixada por ele é fácil se arrepender. Olha, Laurinda, não me venha com conversa fiada. Pegue seu telefone e entre em contato com seu ex-amante marginalzinho!

Laurinda pegou o aparelho telefônico com as mãos trêmulas. Olga não desistiria de seus intuitos e de uma forma ou de outra a obrigaria a colaborar, o melhor a fazer seria ajudá-la e tentar livrar sua pele se algo desse errado. E foi com simpatia que falou com uma jovem ao telefone, identificou-se, deixando o recado para o rapaz aparecer em sua casa. A moça ficara de avisá-lo em caráter de urgência. Quando colocou o aparelho no gancho, voltou-se para a amiga dizendo:

– Pronto! Assim que ele aparecer aqui lhe aviso, mas quero deixar claro que não lhe ajudarei em mais nada, gosto de Saulo e não quero vê-lo morto!

Olga levantou-se da poltrona e, ignorando o comentário da amiga, deu um beijo em seu rosto deixando-a sozinha, voltando na tarde do dia seguinte quando Róbson finalmente atendera ao pedido de Laurinda, que rapidamente lhe avisou de sua presença. Róbson era um mulato bonito, alto, lábios carnudos, olhos grandes e negros que penetravam fundo quando ele decidia olhar para alguém. Laurinda, ao ver a amiga entrar em seu escritório, voltou-se para ele dizendo:

– Olga tem uma proposta para lhe fazer. Eu vou preparar um lanche, se precisarem de algo é só chamar! – Laurinda foi para a cozinha, onde Camila preparava alguns quitutes, alheia ao que se passava naquela casa. Ficou a observá-la até que sua amiga entrou na cozinha e fez-lhe um gesto com a cabeça para que ela lhe acompanhasse; juntas foram para o jardim da frente, onde o carro de Olga estava estacionado.

– Está tudo acertado e você nem precisou participar de nossa conversa, daqui para a frente sigo sozinha. Obrigada!

Laurinda não respondeu. Desde o dia anterior que não conseguia dormir direito, temia que algo de ruim acontecesse a Saulo e conhecia Róbson o suficiente para saber que ele e seus amigos não brincavam em serviço. Olga, ao vê-la pensativa, fechou a porta do carro e, dando partida, deixou o local. Sandro, que adentrava os portões da mansão, ao vê-la sair rapidamente comentou ao se aproximar da noiva.

– Essa sua amiga está sempre apressada e irritada, não sei como consegue manter essa amizade!

– Nem eu, querido... Nem eu... – balbuciou ao dar um leve beijo nos lábios do rapaz e voltar para dentro de casa procurando em vão esquecer os intuitos de sua amiga, tendo certeza de que ela não a deixaria fora de seus planos macabros.

CAPÍTULO 14

Recomeçar...

Diva terminava de assinar alguns papéis quando ouviu um leve toque na porta, olhou instintivamente para o lado, pois havia se habituado a esperar que Carla autorizasse a entrada em sua sala e, balançando a cabeça no intuito de afastar aquelas lembranças, ordenou que entrassem. Era Saulo, que ao vê-la fitando-o com curiosidade se aproximou e sentou-se à sua frente.

– Desculpe atrapalhá-la. Eu só gostaria de saber como tem passado, pois quase não nos falamos ultimamente e...

– Eu estou bem, obrigada! Se for falar do cancelamento da Brits Empreendimentos em nosso novo projeto, eu já resolvi a questão e explanarei sobre o assunto em nossa reunião de amanhã!

– Vim saber sobre você, pode não parecer, mas me preocupo com sua vida e a de Marlene, sinto-me culpado pelo que aconteceu e gostaria de fazer algo por vocês!

– Você já fez muito, Saulo, deixou o casamento de seu filho para me ajudar naquele momento de desespero, mostrou ser meu amigo e lhe serei eternamente grata. Quanto ao passado, este não volta e a vida está se encarregando de colocar tudo em seu devido lugar.

Diva falava com calma. Saulo, espantando-se com o jeito daquela que conhecia de outros tempos, comentou:

– Você está diferente, seu tom de voz está mais suave, nem parece aquela Diva que eu sempre conheci!

– E não sou! – respondeu de pronto, e após fazer um minuto de reflexão falou: – Ah, Saulo, se soubesse o que descobri nos últimos meses. A vida tirou Carla de nós, fez Marlene se ausentar para se redescobrir sem minha presença e me deu uma nova chance para que eu pudesse recomeçar e ser feliz. Hoje posso seguir meu caminho sob a luz da espiritualidade e, vivenciando as leis soberanas que regem o universo, onde tudo está certo, cada segundo de nossa vida está planejado por nós de acordo com as atitudes que tomamos no passado.

– E me diz isso baseada em quê? Que eu saiba nunca fora religiosa; pelo contrário, sempre deixou a razão mandar em sua vida!

– Digo isso me baseando na verdade da vida. Engana-se quem pensa que as leis espirituais não são sólidas; pelo contrário, se pararmos para observar a vida nós descobriremos que há uma razão para tudo, que o universo é próspero em todos os sentidos e se estamos sofrendo na mais completa miséria da alma é porque assim escolhemos!

Saulo deu um leve sorriso. Lembrou-se de ter ouvido alguém comentar que ela se aproximara de sua cunhada e de seu sobrinho, passando a serem vistos juntos e sempre em causas beneficentes da cidade, e com essa lembrança comentou:

– Acho que a excêntrica da minha cunhada conseguiu influenciá-la!

– Eulália não é excêntrica, muito menos Henrique! Ao contrário, são pessoas maravilhosas que estudam as leis que regem o universo, acreditam na vida após a morte e falam com firmeza e segurança porque aprenderam por meio de experiências adquiridas ao longo de anos de estudos. Embora não saiba, vários cientistas renomados e respeitados pelo mundo afora atestam a existência de vida além da morte física. Caso queira, hoje terá sessão na casa deles, sei que ambos ficarão felizes em vê-lo, se quiser me acompanhar...

Saulo ficou pensativo, há muito queria conhecer a filosofia de vida de sua cunhada só para desqualificá-la e ter argumento quando alguém se referisse àquele tema, coisa comum em sua roda social, uma vez que Eulália fazia parte daquele contexto e, com um olhar malicioso que não passou despercebido pela senhora respondeu:

– Vou aceitar seu convite, estava mesmo querendo conhecer essa Doutrina dos espíritos!

– Ótimo! Só preciso tomar um banho e se quiser poderemos passar em algum restaurante antes para comer algo, o que acha?

– Combinado! Também aproveitarei para mudar de roupa. Nos encontramos em duas horas!

– Estarei esperando!

Saulo deixou o local. Nas salas da chefia havia banheiros privativos onde eles costumavam deixar algumas peças de roupa para trocar quando saíam para algum lugar no intuito de esticar a noite ou de participar de alguma reunião importante em restaurantes da cidade. Na hora marcada, Diva deixou sua sala. Ao ver que a secretária já havia ido embora, sentou-se em uma confortável poltrona e, pegando uma revista para folhear, ficou à espera do amigo, que ao sair de sua sala e vê-la distraída, abriu um largo sorriso dizendo:

– Você fica linda quando está desarmada, sem a pose de executiva intocável!

– E você não muda. Agora deixemos de bobagens, pois temos um longo caminho a percorrer.

Os dois deixaram o local cada um em seu carro. Saulo seguia Diva pela cidade, o trânsito na avenida Paulista fluía lentamente devido ao horário de rush. Pararam em um restaurante na avenida Brigadeiro Faria Lima e cada um pediu um prato leve. Diva lhe falava do que estava aprendendo e dos livros que estava lendo, ele a ouvia com atenção procurando ocultar seus pensamentos, que eram contrários à filosofia da sócia. Faltavam poucos minutos para as oito da noite quando finalmente Eulália avistou a amiga ao lado do cunhado e, voltando-se para o filho, comentou:

– Finalmente Saulo veio conhecer os trabalhos espirituais de nosso centro. Eu gostaria tanto que Olga pudesse seguir seu exemplo!

– A vida sabe o que faz. Se tio Saulo veio hoje é sinal de que está maduro para aprender sobre a espiritualidade, o que não o impedirá de passar pelas provas necessárias ao seu progresso através da dor. Quanto à tia Olga, esta é um espírito endurecido, que precisa muito de boas vibrações e de nosso amor!

– Eu tenho fé que minha irmã possa ainda nesta encarnação se voltar para o bem, e agora que Saulo veio procurar ajuda tudo ficará mais fácil para eles!

– Os espíritos esclarecidos ajudam em quaisquer circunstâncias, mamãe, e não é por que alguém procura uma casa espírita que seus problemas serão resolvidos, já deveria saber disso, cada um carrega o fardo necessário ao seu desenvolvimento até conseguir aliviá-lo com o suor do trabalho interior edificante ou com as lágrimas do sofrimento que acaba por aliviar o coração.

Eulália não respondeu, seu filho estava certo, a vida não era um mar de rosas e todos os encarnados na condição de espíritos errantes estavam sujeitos à lei de causa e efeito; e, ao ver a amiga se aproximar ao lado do cunhado, os cumprimentou com alegria.

– Sei que o centro está aberto para receber todos que dele necessitam de ajuda e esclarecimento espiritual, por isso não vi problemas em convidar Saulo – comentou Diva após os abraços.

– Além de nossa casa estar aberta a todos os que necessitam, Saulo é da família e ficamos muito felizes quando o avistamos ao seu lado!

– Eu só vim conhecer mesmo – disse Saulo para a cunhada, dando-lhe um leve beijo no rosto.

Henrique fizera questão de abraçar o tio e os conduziu ao grande salão, onde os deixou sentados na primeira fileira. Os minutos passaram lentamente, Saulo observava tudo à sua volta ficando encantado com o local, que era bem arejado, limpo e muito simples, não condizente com a situação socioeconômica da cunhada, que era até mais rica que ele e poderia construir um templo belíssimo banhado a ouro. Diva, ao vê-lo pensativo, tratou de lhe explicar como funcionava o trabalho daquela casa.

– Estou admirado, este local com toda esta simplicidade está me passando uma paz nunca experimentada antes.

– Essa é a intenção! Henrique me explicou que enquanto estamos esperando o começo da sessão os espíritos estão trabalhando em nosso campo vibracional.

Saulo já ia responder quando a *Ave Maria* pôde ser ouvida em todo o ambiente, e vendo a amiga fechando os olhos fez o mesmo, deixando seu coração ser guiado por aquela energia. Na hora determinada, as luzes se apagaram ficando somente uma lâmpada azul iluminando o ambiente. Logo a voz de Henrique pôde ser ouvida por todos, fazendo sentida prece pedindo a Jesus para auxiliar os espíritos que ali se encontravam. Em seguida, uma médium leu um trecho do *Evangelho Segundo o Espiritismo* que outro senhor de voz doce explanou sobre o tema escolhido aleatoriamente. Quando começou a manifestação dos espíritos que ali se encontravam para esclarecimento, Saulo arregalou os olhos querendo prestar atenção em tudo o que falavam e, ao ver um espírito com trejeito aparentemente feminino bater com força na mesa, procurou prestar atenção ao que ele dizia.

– Me deixem em paz, eu não quero a ajuda de vocês! Como podem proteger este canalha? Eu passei a vida toda acreditando que ele deixaria sua esposa para viver ao meu lado e o que eu ganhei? Bastou aparecer outra mais nova para ele me abandonar, o ingrato traidor, bem que minha mãe dizia que ele nunca largaria sua esposa, que isso era conversa de homem tratante e cafajeste!

Henrique levantou-se ao ver o espírito da mulher ao lado do médium e, postando-se à sua frente, o questionou:

– Você está aqui hoje para cobrar uma dívida que acredita ter com seu ex-amante?

– Sim, eu morri por causa dele, fiquei tão perturbada quando ele me deixou que acabei sofrendo um acidente fatal, mas agora ele me pagará! Se sua vida já era ruim ficará muito pior!

– E que direito tem de lhe cobrar o que quer que seja? Acaba de nos dizer que sua mãe lhe alertou sobre o caráter duvidoso dessa pessoa! Você se iludiu porque quis, quando se envolveu amorosamente sabia exatamente o que estava fazendo!

– Sim, mas ele prometeu que largaria a esposa, que me amava. Eu sempre lhe cobrava uma definição e cada dia era uma desculpa!

Hoje eu sei que ele faz isso com todas. Ah, como fui idiota! Mas agora ele pagará, sua vida está um inferno e não adianta vir até vocês que eu não cederei!

– Eu compreendo sua dor e suas ilusões. Posso avaliar o que seja se entregar de corpo e alma em uma relação e não ser correspondido à altura, mas, veja, ninguém erra sozinho! Você errou, acreditou em um amor que ele nunca pôde lhe dar, tornou-se a terceira pessoa em um relacionamento que deveria ser somente a dois e sofreu as consequências de seus atos errôneos, mas a vida é mãe benfeitora que quer o melhor para todos os seus filhos, reveja seus conceitos e deixe que seu ex-amante siga seu caminho. Errar faz parte do processo evolutivo e talvez este senhor esteja hoje em nossa casa justamente porque deseja mudar e ser feliz.

– Espere! – gritou um jovem senhor da assistência levantando sua mão para ser visto por Henrique, que ao vê-lo com lágrimas nos olhos, fitou-o com ternura. – Eu sou este homem que ela está dizendo. Sei que é a Beatriz! – O homem olhou à sua volta ao ver que todos daquele local baixaram a cabeça em sinal de respeito ao seu drama e prosseguiu: – Eu sei que sou culpado por sua desgraça, Beatriz, e é por este motivo que vim aqui hoje, há dias sinto sua presença. Sei que fui um canalha, quando a conheci me apaixonei, acreditei que através de sua juventude e beleza poderia se feliz. O tempo foi passando e logo percebi que não tínhamos nada em comum e não queria continuar o relacionamento, pois já vivia um assim há mais de trinta anos. Tudo o que lhe falei a respeito de minha esposa é verdade, eu não a amo e deixamos de viver maritalmente, mas os filhos, os bens materiais, tudo isso me impediu de deixá-la. Quando conheci Rosemeire senti pela primeira vez um amor inexplicável e fui sincero com você, terminando nosso romance para que pudesse arrumar um amor de verdade e ser feliz, assim como falarei com minha esposa ainda hoje. Eu não quero mais enganar ninguém, tudo o que quero é viver ao lado de Rosemeire e, se possível, ser feliz – o senhor começou a chorar copiosamente.

Henrique, ao ver que Beatriz ficara pensativa, ponderou:

– Todos temos o direito de errar e o dever de reparar nossos erros,

Beatriz! Você desencarnou porque a vida achou por bem tirá-la de cena. Agora é hora de rever suas atitudes, aprender a viver no mundo espiritual ao lado dos bons espíritos, que estão sempre dispostos a auxiliar todos aqueles que realmente se arrependerem pelos erros praticados, então tire de seu coração toda a mágoa e siga em frente – o médium esboçou um profundo suspiro, e Henrique vendo dois enfermeiros ampararem a moça sorriu internamente, finalizando a sessão agradecendo a Deus pelas graças recebidas naquela noite abençoada. E pouco a pouco o salão foi ficando vazio.

Eulália convidou Diva e Saulo para tomarem um chá, o que foi aceito de pronto por Saulo, que desejava mais explicações sobre o que vira naquela noite, e juntos foram para a casa principal, onde uma bela mesa estava posta com bolos e quitutes. Diva, ao ver os três acomodados em volta da mesa, serviu-se de um pedaço de bolo, comentando em seguida:

– Fiquei penalizada com aquele espírito, espero que ela possa perdoar aquele homem e ser feliz no plano astral.

– Acredito que todos ficamos sensibilizados com sua história – comentou Saulo ao colocar chá em sua xícara.

– Está cheio de cafajestes no mundo que se aproveitam de mulheres carentes e inexperientes – comentou Diva fazendo Saulo engasgar com o líquido.

Henrique, ao ver o desconforto estampado na face do tio com as palavras da amiga, foi quem respondeu:

– Sei que ainda está aprendendo sobre Espiritismo e por isso devo advertir-lhe que não estamos aqui para julgar ninguém, cada um tem seus motivos para agir da forma que age, ninguém erra por vontade, e sim por falta de aprendizado. Veja, aquele senhor fora leviano, vivia um relacionamento de aparências com sua esposa e por estar infeliz começou a buscar em outras mulheres o que lhe faltava em seu lar. A jovem por sua vez acreditou em suas promessas, apaixonou-se por um homem comprometido e não parou para pensar nas consequências desta paixão proibida.

– Desculpe, Henrique, mas nunca pensei que fosse tão machista! A pobre acreditou nas palavras de um desclassificado que a enganou, a fez se apaixonar e lhe trocou por outra, como se ela fosse descartável! – retrucou Diva.

Saulo parou para ouvir o debate que se instalara entre os dois, olhando de um para outro, para ver qual seria a próxima reação. Henrique, com um sorriso nos lábios, retrucou:

– Concordo que o senhor tenha agido errado, que não devemos brincar com os sentimentos dos outros. Quando traímos a confiança de alguém, principalmente de um cônjuge, estamos na verdade traindo a nós mesmos, traindo os princípios que nos levaram a formar aquela união. Mas se olharmos por outro prisma veremos que ele também estava perdido e procurando se encontrar nos braços de uma mulher que pudesse suprir o que faltava na esposa, e a vida que não aceita confusões e desencontros, está tratando de colocar tudo em seu devido lugar e, para isso, ambos sofreram e talvez outros tenham que sofrer, para aprender a agir de forma correta.

– Mas por causa de um erro desse homem, Beatriz desencarnou sofrendo e provavelmente sua esposa e filhos também sofrerão. O ideal seria que ele largasse a outra e ficasse ao lado de sua esposa até que a morte os separasse! – retrucou Diva fazendo Saulo arregalar os olhos antes de se encolher na cadeira. Eulália, que observava o cunhado que sem perceber suava frio, interpelou:

– O ideal seria que todos aprendessem que ninguém é dono de ninguém, que a vida aproxima e afasta as pessoas quando elas já não estão mais de acordo com o bem em comum. Eu sei porque passei por isso! Vivi ao lado de um homem que não amava até o último dia de sua vida e lhe fui fiel, segui todos os preceitos da fé cristã; mas esta é a minha verdade, minha forma de ver a vida, eu não queria encontrar um novo parceiro e estava feliz tendo meu filho ao meu lado, sei que nunca mais terei de viver maritalmente com Sílvio e isso me deixa aliviada, pois cumpri minha missão ao seu lado. Mas torno a dizer: esta foi a minha escolha!

– Muitas vezes é melhor a dor da separação do que a da indiferença – comentou finalmente Saulo, fazendo todos perceberem que ele ainda estava naquela mesa.

– Sim, tio, vale ressaltar que o casamento é um passo muito importante na vida de um casal, que só deve realizá-lo quando ambos tiverem certeza de que estão preparados para assumir uma vida a dois.

Eulália aproveitou o silêncio que se instalara para mudar de assunto. Saulo comentou o quanto ficara impressionado com os trabalhos do centro e fez várias perguntas a Eulália e Henrique, que respondiam com prazer, só terminando a conversa devido ao adiantado da hora, quando cada um tomou o seu rumo.

Já era madrugada alta quando Saulo entrou em casa nas pontas dos pés, passou pela vasta sala de estar e subiu os degraus da escada lentamente, entrou no quarto de hóspedes, acendeu o abajur e se despiu. Em sua mente as lembranças daquele desconhecido que chorando pedia perdão à sua ex-amante, que após a morte física voltara para se vingar e lhe cobrar a consciência, insistia em permanecer e inevitavelmente se comparou àquele triste homem. Lembrou-se de sua adolescência, de quando voltara ao Brasil e fora apresentado à sociedade, do namoro com Diva, que romântica tinha nele seu príncipe encantado, e de Olga se insinuando sempre que os dois se viam, até que não resistindo entregou-se com sofreguidão àquela paixão e, se deixando enredar pela beleza e malícia daquela mulher, terminou seu relacionamento com Diva, casando-se em seguida, vivendo feliz por alguns anos, mas o fogo da paixão deixou de arder em seu peito. Olga aos poucos fora mostrando seu lado egoísta e mesquinho, minando o relacionamento dia após dia. Com o nascimento de Rogério acreditou que poderia viver bem ao lado da esposa e por anos fingiu-se feliz vendo o filho crescer. Até que seu desejo de homem falou mais alto e em um dia conheceu uma bela moça com quem passou a ter relações sem lhe fazer promessas, pois acreditava ter que passar o resto de sua vida ao lado daquela que levara ao altar, e anos e mais anos e mulheres e mais mulheres, até conhecer Antônia, uma morena linda de olhar vibrante que mexera com seus sentimentos tornando-se sua paixão e por quem já não escondia mais seu amor, levando-a para jantar em restaurantes finos e elegantes que seus amigos frequentavam com suas esposas sem se preocupar com os comentários maldosos da sociedade. E sem conseguir pegar no sono, ficara a pensar em como sua vida seria daquele dia em diante.

Na noite seguinte, Saulo chegou em casa mais cedo do que o habitual. Arlete estava trancada em seus aposentos e, vendo a esposa sozinha assistindo à televisão em seu quarto, entrou no local. Olga ao vê-lo se aproximar foi logo dizendo:

– Não tem mais nada que lhe pertence aqui, mandei o resto de suas roupas para seu novo dormitório!

– Não vim pegar nada, só quero conversar um pouco – Saulo sentou-se na cama. Ela, ao vê-lo com o olhar amoroso, desligou o televisor e, voltando-se para o esposo, comentou:

– Se veio tentar me enrolar com sua lábia desista. Eu o conheço muito bem!

Saulo respirou fundo; jurara a si mesmo que colocaria um ponto final naquela relação desastrosa de qualquer jeito. Olga estava arisca e procurando abrir seu coração foi logo ao assunto:

– Estive pensando em nosso casamento e em tudo que vivemos até aqui, sei que não fui um marido exemplar, talvez eu tenha errado em não insistir em nossa união. Só quero que saiba que lhe estimo muito e que gostaria que fosse feliz assim como eu quero ser daqui para a frente. Você é uma mulher elegante e bonita, tem ainda uma vida inteira para encontrar um homem que lhe respeite e lhe ame de verdade e ter em mim um amigo, um irmão para todas as horas!

Olga deu uma gargalhada estridente ao ver discreta lágrima cair pela face do marido e, com ira nos olhos, levantou-se dizendo:

– Não disse que lhe conhecia? Todo esse discurso só para vir pedir a separação, mas não vou lhe dar. Você nem pense em sair desta casa e me envergonhar perante nossos amigos e a sociedade!

– Não vim lhe fazer discurso algum, vim de coração limpo expressar meus sentimentos, mas compreendo suas ilusões. É a mãe de meu único filho e, se minha presença nesta casa lhe acalma, ficarei mais algum tempo até que se acostume com a ideia do divórcio!

Olga sentiu seu sangue ferver, por segundos pensou em matá-lo com suas próprias mãos, mas um pensamento lhe viera à mente. Saulo estava decidido a terminar seu casamento o melhor que poderia fazer naquele momento era fingir aceitar e fazê-lo ficar em casa até que o plano de matá-lo pudesse ser concretizado e, fazendo um esforço descomunal para deixar algumas lágrimas escaparem por sua face, respondeu:

– Sei que quer o meu bem... Eu não sei o que fazer sem sua companhia. Tenho medo de ser rejeitada pela sociedade com nossa separação, se me der alguns meses para que eu possa me conformar lhe darei o divórcio sem brigas!

Saulo olhou com ternura para a esposa e, aproximando-se, deu--lhe um abraço apertado saindo em seguida. Olga ao vê-lo se afastar disse a si mesma trincando os dentes:

– Você há de me pagar, Saulo, nunca serei uma mulher divorcia-da. Viúva sim! – e com essas palavras ligou novamente o aparelho televisor e ficou a olhar o noticiário sem prestar atenção, só deixando o quarto na manhã seguinte, quando foi encontrar com Róbson para juntos combinarem o sequestro e a morte de seu esposo.

CAPÍTULO 15

O dia das grandes realizações

O dia amanheceu ensolarado na cidade de Campos do Jordão. Marlene tomou seu café da manhã tranquilamente, em seguida foi para o belo jardim da casa e vendo o azul do céu contemplou aquela imensidão agradecendo intimamente a Deus por estar naquele lugar, dizendo em voz alta:

– "Seja feita a sua vontade hoje! Hoje é um dia de grandes realizações em minha vida. Tudo o que me pertence vem de forma milagrosa porque sou guiada por suas mãos dadivosas."

Ao dizer estas palavras sentiu-as em seu coração. Nos meses em que estava naquela cidade aprendera com Jorge a força do pensamento e descobrira que se mantivesse seu pensamento firme no bem, só o bem poderia se manifestar em sua vida. Seu coração estava mais tranquilo, quase não pensava mais em Rogério e todos os dias trabalhava o perdão em seu coração. Envolvendo ele e Arlete em uma luz branca os perdoava e pedia à Providência Divina que os abençoasse, o que deixava seu espírito mais leve.

– Marlene, doutor Jorge está à sua espera na sala!

Marlene olhou para a empregada, que se tornara sua amiga, e com um sorriso nos lábios comentou:

– Estranho, não estava esperando sua visita. Será que aconteceu algo?

– Acho que não, pois ele me cumprimentou como sempre, amavelmente!

Marlene passou a mão no ombro da moça e em seguida entrou na residência, passando por alguns cômodos chegou à sala, onde o jovem senhor ao vê-la comentou após os cumprimentos:

– Desculpe aparecer em sua casa sem aviso prévio, mas é que tenho uma notícia para lhe dar e como estou de folga aproveitei para vir pessoalmente.

– Notícia? Falando assim chego a me assustar!

Jorge esboçou um sorriso travesso perguntando em seguida:

– E por que se assusta?

Marlene pensou por alguns segundos respondendo em seguida:

– Não sei, passei por tantas situações desagradáveis em minha vida e ultimamente ando me sentindo tão bem que tenho medo, parece que a qualquer momento acontecerá algo de trágico para me devolver a tristeza e apatia habituais.

– Isso acontece porque ainda não esta segura no bem, acostumou-se com a tristeza e acredita que não pode ser feliz, este é um pensamento errôneo daqueles que tentam mudar suas atitudes, fazem afirmações positivas, frequentam centros espíritas onde após o passe magnético se sentem tão bem que logo sua mente subconsciente não habituada com as boas vibrações lhe dá um sinal de alerta, que se for seguido devolverá àquela pessoa sua antiga condição mental, ou seja, a negatividade.

– E o que faço? Estou fazendo as afirmações que me ensinou, assisto às sessões espirituais da clínica e volta e meia me vejo pensando em Rogério, na pobre da Carla, sinto-me injusta em estar bem quando minha melhor amiga deixou a matéria por minha causa.

Jorge já ia lhe responder quando a moça, ao ver o senhor em pé, disse:

– Olha minha falta de educação, você está de pé! É que fiquei tão feliz com sua presença que nem lhe dei tempo para se sentar e descansar. Vamos até o jardim, a vista é linda, assim tomamos algo enquanto conversamos – Marlene chamou a empregada pedindo para a moça providenciar sucos e alguns quitutes, em seguida levou o amigo até o imenso jardim dos fundos da casa, de onde podia se avistar uma linda montanha, e apontando para um banco de madeira o esperou sentar e, fazendo o mesmo, sorriu, lindamente. – Agora sim podemos ficar mais à vontade!

Jorge olhou para aquela vista e, voltando ao assunto de minutos antes, comentou:

– Olhe à sua volta, Marlene, você está cercada pela perfeição Divina, veja este lugar e perceba que Deus criou tudo perfeito e em sua perfeição nos colocou neste planeta para que, em sintonia com suas leis, possamos evoluir gradativamente. Somos nós que acreditamos em dois poderes no lugar de um único, que é o poder no bem, a força do amor. Quanto à sua amiga, não se sinta culpada, você nunca poderia imaginar que sofreriam um acidente, foi simplesmente a vida agindo em benefício dela, pois mesmo na morte física Deus está trabalhando nos guiando para os novos aprendizados necessários fora da matéria!

– É tão difícil para eu compreender isso, já li sobre o assunto, mas não será mais fácil aprendermos só na matéria? Por que quando desencarnamos ainda temos que passar por novos aprendizados?

– Porque a vida é aprendizado. A morte não existe, apenas deixamos nosso corpo físico quando fechamos os olhos para a vida material e acordamos na espiritual, mantendo os mesmos pensamentos e crenças que tivemos enquanto estávamos na matéria. Não é porque desencarnamos que viramos anjos ou demônios, somos sempre nós mesmos, na carne ou fora dela. Compreendeu?

– Sim! Isto agora ficou mais claro e tem lógica, mas o que fazer para não deixar meu padrão vibratório cair?

– É muito simples, quando algum pensamento negativo vier em sua mente diga a si mesma, com energia e convicção: "Eu só quero o bem para minha vida, só existe um poder em minha vida, que é o bem em manifestação, portanto com a força de minhas palavras mando estes pensamentos de volta ao pó do seu nada original!". Com a repetição dessas palavras, sentindo-as em seu coração, os pensamentos negativos deixam de vir em sua mente e passará a ver o bem em todas as coisas, mas isto não é o bastante e só serve para ajudá-la a manter seus pensamentos elevados. Para ser realmente feliz deve praticar o bem, pois sem caridade não há salvação. Só a emanação do bem em palavras e atitudes pode mudar a vida de uma pessoa e consequentemente o mundo se transforma! – Jorge abriu um sorriso ao ver a empregada se aproximar com uma jarra de suco e uma bandeja cheia de quitutes. Alice, após servi-los, fez menção de sair, mas o senhor chamou sua atenção dizendo: – Por que não se senta conosco? – A moça olhou para a patroa, ficando ruborizada. Jorge, ao ver que ela ficara desconcertada, comentou: – Você acredita que não é digna de sentar-se à mesa com seus patrões, tem medo de cometer alguma gafe ou falar o que não deve. Acredita que lugar de empregados é na cozinha, longe daqueles que lhe pagam. Estou certo? – Marlene olhou para o amigo. Alice, sem saber o que lhe dizer, consentiu com a cabeça. Jorge com extrema delicadeza comentou: – Você não é inferior a ninguém, Alice, faz seu trabalho com maestria e deve se orgulhar dele, deixe de ver os outros como seres superiores a você devido à sua simplicidade, neste mundo ninguém é melhor que ninguém, estamos todos caminhando lado a lado. Pense nisso!

A moça abriu um discreto sorriso e, a pretexto de cuidar do almoço, deixou o local. Marlene ao se ver a sós com o amigo comentou:

– Você a deixou sem reação. Alice é uma boa mulher, cuida de mim com zelo maternal.

– Sim, mas acredita que é inferior a você só porque é rica e instruída, enquanto ela é uma simples serviçal, o que não é verdade! Somos todos iguais e é este tipo de pensamento que separa as pessoas umas das outras, não é a condição social, e sim a condição interna do indivíduo que vai fazer a diferença em sua forma de viver.

Marlene não lhe respondeu. Fora criada nas altas rodas sociais, onde só davam importância e valor ao dinheiro e sobrenomes, embora sua mãe tratasse seus subalternos com educação e respeito, nunca a vira de conversa paralela com eles. Jorge, ao vê-la pensativa, mudou o rumo da conversa dizendo:

– O dia está agradável. Que tal darmos uma volta na cidade? Assim andamos um pouco e nos distraímos.

– Ótima ideia, mas terei que trocar de roupa, não posso sair assim!

– Mulheres são todas iguais, você está ótima, mas já que quer se arrumar não me oporei! – comentou Jorge rindo prazerosamente da moça, que após fazer-lhe uma careta engraçada o deixou tomando o refresco, voltando minutos depois.

O sábado estava ensolarado; a cidade, que recebia muitos turistas nos fins de semana, estava movimentada. Marlene entrava e saía das lojas ao lado do amigo, quando finalmente pararam para sentar em um banco e descansar comentou:

– O tempo passou rápido demais, só agora me dei conta de que não almoçamos, que tal um lanche?

– Nossa! Pensei que não fosse sentir fome. Mulher quando sai para olhar vitrines esquece até de comer! – brincou Jorge fazendo-a rir, e com alegria se encaminharam até uma pequena lanchonete de sanduíches naturais.

Já estavam sentados degustando seus lanches quando uma distinta senhora parou diante deles e, olhando fixamente para Marlene, comentou:

– E não é a filha de Diva? Há quanto tempo não lhe vejo!

Marlene trocou significativo olhar com Jorge, levantando-se em seguida e deu dois beijinhos na face da senhora antes de lhe responder:

– Fico feliz em vê-la, dona Luiza, como tem passado?

– Ah, minha filha, do mesmo jeito. Desde que fiquei viúva, minha vida é passear. Passei tanto tempo presa a meu marido satisfazendo todas as suas vontades que agora quero ser livre. Esses dias mesmo eu encontrei com Arlete e Rogério no Guarujá – a senhora fez uma pequena pausa balançando a cabeça negativamente e disse: – Pobre casal, desde que Arlete teve aquele aborto espontâneo não vivem bem, outro dia mesmo ela teve uma crise de ciúmes em plena bodas de ouro da Otília Menezes, um escândalo! Os dois viraram motivo de chacota, todos comentam o relacionamento desastroso deles. Eu soube, por intermédio de uma amiga íntima da família, que ela dia desses rasgou-lhe as vestes no meio de um jantar – a senhora parou de falar.

Marlene, não gostando do rumo daquela conversa, apontou Jorge para a senhora dizendo:

– Permita-me que eu lhe apresente. Este é Jorge, um grande amigo!

A senhora o olhou demoradamente antes de lhe oferecer a mão, que o senhor apertou delicadamente, e disse em seguida:

– Sua fisionomia não me é estranha, acho que o conheço de algum lugar!

– É possível! Sou médico e já cliniquei em hospitais de todo o país.

– Pode ser... – Luiza olhou para os lados e, ao ver que sua acompanhante de viagem se afastava, voltou-se para eles e disse: – Eu gostaria de ficar mais um pouco, mas minha amiga está com pressa. Apareçam em minha casa um dia desses para tomarmos um chá! – A soberba senhora rodou nos calcanhares, correndo para alcançar sua acompanhante.

Marlene, ao vê-la sumir de suas vistas, esboçou um profundo suspiro.

– Você ficou mexida com essas notícias. Quer voltar para casa? – comentou Jorge ao ver o campo áureo da moça escurecer, o que a fez olhar fixamente nos olhos daquele homem que parecia ler sua alma e, com um singelo sorriso, respondeu:

– Não fiquei feliz em saber que Rogério e Arlete estão se desentendendo, talvez fosse exatamente esta a intenção de dona Luiza ao fazer seu mexerico, mas não quero falar sobre isso agora... Estou me lembrando de ter chegado em casa querendo me contar algo. Do que se trata?

– Você me disse que gostaria de ajudar com o trabalho voluntário da clínica. Esta semana, Eloísa, uma de minhas ajudantes, pediu dispensa pois deixará a cidade. Portanto, caso ainda esteja interessada, poderá começar na segunda-feira. O que acha?

Marlene deu um pulo de alegria, estava cansada de ficar o tempo inteiro na ociosidade e trabalhar naquela clínica ao lado de Jorge era o que mais desejava naquele momento de sua vida. E com esse pensamento aceitou o convite. Em seguida, Jorge pagou a conta e caminharam de volta para casa, onde o senhor a deixou, voltando para a clínica onde trabalharia no plantão noturno.

CAPÍTULO 16

O ciúme

— Arlete, eu não aguento mais! Você já passou de todos os limites possíveis e inimagináveis nos últimos meses! — Rogério esboçou um fundo suspiro, estava exausto, não suportava mais conviver com a esposa possessiva que via maldade em qualquer aproximação sua com o sexo oposto.

— Engraçado, você não perde a oportunidade de olhar para um rabo de saia e eu que passo dos limites?

— Eu não olho para ninguém! Aquela pobre moça trocou duas palavras comigo, ela é nova em São Paulo e me perguntou os lugares em que os jovens se divertem, só isso!

— Sei muito bem com quem aquela sirigaita estava querendo se divertir. O tipinho dela, meu amor, não engana! — Arlete andava de um lado para o outro do quarto enquanto discutia com o marido, para a alegria de Carla, que se aproveitou da oportunidade para envolvê-la ainda mais em suas energias. Quando Rogério deixou o dormitório, Arlete se jogou sobre a cama aos prantos. Carla, sentando-se ao seu lado, comentou:

— Isto não é nada perto do que lhe aguarda, sua falsa. Só vou sossegar quando estiver bem longe de Rogério! — Arlete não podia ouvi-la, mas um súbito medo de perder o marido se apossou de seu ser. Viu ele saindo para se encontrar com a moça da festa, desesperada desceu as escadas, e ao vê-lo na cozinha segurando um copo de água foi logo dizendo:

– Sei que quer sair para se encontrar com aquela mulher, mas não o deixarei! Você é meu marido e deve ficar do meu lado!

– Você está descontrolada, vá dormir, eu não vou a canto nenhum! – disse Rogério tentando manter o tom de voz baixo para não acordar a casa toda, o que se tornara constante nos últimos meses.

Arlete, ao ver o olhar amoroso do marido, sentou-se, esperou ele tomar sua água e o acompanhou ao quarto, onde finalmente adormeceu agarrada em seu peito. Rogério, ao vê-la dormir pesadamente, começou a pensar em sua vida até pegar no sono, já no fim da madrugada. No dia seguinte acordou irritado, sentindo a garganta seca deixou o quarto e, ao passar pela sala, encontrou Olga conversando com Laurinda, que sem perceber sua presença falava tranquilamente:

– Ontem encontrei Luiza, ela me disse que viu Marlene em Campos do Jordão em companhia de um homem bem mais velho, disse que os dois estavam íntimos e felizes.

– Será que aquela sem-graça já esqueceu Rogério?

– O que tem meu nome, mamãe? – interrompeu Rogério fingindo estar chegando naquele momento e fazendo a pergunta só para saber mais sobre o assunto. E foi a amiga quem lhe respondeu:

– Estava falando de sua ex, soube por fontes seguras que ela está de namoro com um homem que tem idade para ser seu pai!

Rogério ficou pensativo ao ver a esposa descer e ouvir parte da conversa e respondeu:

– Que ótimo! Sinal de que ela está procurando ser feliz.

– Aquela lá? Difícil! Ela é muito sem-graça, mesmo arrumando um ancião logo levará um pontapé no traseiro, ninguém aguenta gente sonsa por muito tempo – interpelou Arlete fazendo Laurinda e Olga rirem prazerosamente.

Rogério, fingindo não ter ouvido o comentário maldoso da esposa, foi para a copa tomar seu café da manhã. Olga, ao ver Arlete sozinha, chamou-a dizendo baixinho:

– Pare de cutucar a onça com vara curta! Ontem ouvi a discussão de vocês e eu conheço Rogério, ele não suportará essa pressão por muito tempo.

Arlete não respondeu e foi ficar com o marido. Laurinda, após olhar para os lados se certificando de que não havia mais ninguém na sala, aproximou-se da amiga dizendo ao pé do ouvido.

– Róbson foi em minha casa ontem, ele disse que precisa falar com você com urgência, por isso vim aqui. Ele vai esperá-la em minha casa hoje à tarde!

– O que ele quer? Já lhe adiantei o dinheiro necessário e a outra parte só depois que ele fizer o serviço!

Laurinda sentiu um ligeiro tremor percorrer-lhe a espinha, só de pensar no que a amiga planejava fazer com o marido sentia medo e, mostrando os pelos da pele ouriçados, comentou:

– Fico toda arrepiada só em pensar no que vai fazer, algo me diz que isso não vai acabar bem. Já não basta a certeza que tenho de que o espírito daquela jovem está prejudicando Arlete.

– Eu já lhe falei para não vir mais com essa conversa absurda, onde se viu acreditar que a amiga de Marlene está perto de Rogério e Arlete para se vingar, só você mesma com essa sua mente fértil para imaginar tal coisa!

– Olga, pense bem, ainda dá tempo de desistir.

– Você está louca? Além de perder a pequena fortuna que dei para aquele marginal ainda deixarei que Saulo me humilhe perante toda a sociedade? Nunca! Já estou até ensaiando meu choro quando tudo se consumar!

– Ai, credo, eu quero morrer sua amiga!

– Acho bom, porque do contrário sabe bem do que sou capaz!

Laurinda levantou-se, pegou sua bolsa e saiu. Estava nervosa, não queria estar envolvida com aquele plano macabro, mas Olga não lhe dera alternativas, pois sempre marcava encontros com Róbson em sua residência para não levantar suspeita. E, sem vontade de ir para casa, resolveu dar uma volta no shopping ficando entretida com as vitrines das lojas. Quando finalmente voltou para casa, encontrou Róbson deitado no sofá da sala tomando cerveja e comendo os petiscos que fizera Camila lhe trazer. Sem nada a dizer, cumprimentou-o cordialmente ficando ao seu lado até a chegada da amiga, que não demorou a aparecer, podendo finalmente deixar o local aliviada em se livrar da presença indesejada de seu ex-namorado.

– Escuta aqui, madame, da próxima vez vê se não me deixa te esperando, tá ligada? – comentou o rapaz irritado com a demora daquela mulher por quem não nutria nenhuma simpatia.

Olga suspirou profundamente, pois estava à mercê daquele marginal e teria de suportar calada sua arrogância.

– Olhe, eu tive alguns imprevistos, não posso sair de casa assim do nada, mas vamos ao que interessa. Já seguiu meu marido? Sabe qual é seu trajeto e onde vai abordá-lo?

– Demorou, mas já sei todos os passos do coroa, tá ligada! Ele vai se encontrar com a outra às sextas-feiras, nas terças vai numa casa de espíritos num lugar bacana aqui perto e nos outros dias sai do serviço e vai direto pra casa de vocês.

Olga não acreditava que Saulo pudesse frequentar um terreiro, ainda mais na região dos Jardins e, se tivesse algum, ela com certeza conheceria, e querendo saber mais sobre aquela informação comentou:

– Saulo nunca foi religioso, é difícil acreditar que está frequentando um terreiro de macumba.

Róbson abriu um sorriso malicioso antes de comentar:

– Aí, tia, num sabia que conhecia essas parada de terreiro não! Eu pensei que fosse só os pobre que gostam dessas coisas. Eu também vou num pros exu fechar o corpo.

– Fechar seu corpo? Sei... Estou ligada... – comentou Olga esforçando-se para não rir.

– Sei que sabe, mas não é desse terreiro de espírito que ele vai não. Fica em um casarão... – O rapaz descreveu a casa de Eulália fazendo Olga abrir e fechar a boca incrédula. Sua irmã seria a próxima de quem se vingaria e, procurando não transparecer sua fúria, respirou fundo mudando o rumo da conversa.

– O que quero saber é se já tem um dia que considere bom para fazer o serviço, o tempo está passando e tenho pressa!

– Nos próximos dias vou pegar o velhote na porta de casa.
– Na minha casa? Está louco!
– Seu marido às quartas-feiras costuma chegar em casa bem no horário da troca de turno dos porteiros, e este é um momento de distração deles, que demoram um pouco mais pra abrir o portão. Então vai ser fácil abordá-lo.
– Se já tem tudo planejado é melhor não nos vermos mais. Qualquer coisa de que precise procure Laurinda, que se encarregará de me dar seu recado.
– Deixa comigo, madame!

Olga despediu-se do rapaz, precisava retornar para casa rapidamente e deixara o local sem se despedir de Laurinda, que tivera que suportar Róbson até após o jantar, quando finalmente se sentiu satisfeito com a refeição e a deixou tranquila.

Carla vigiava Arlete quando Lauro apareceu à sua frente inesperadamente, fazendo a moça soltar um grito de espanto e, colocando a mão no peito, comentou:
– Credo! Você parece um fantasma, quase me matou do coração!

Lauro riu prazerosamente. Carla, sem entender o motivo de tanto riso, irritou-se.
– Não vejo graça em assustar os outros!
– E não tem! Na verdade estou rindo porque não pareço fantasma, eu sou, pelo menos aos olhos de quem continua vivo na matéria, e não posso matá-la do coração, pois ninguém morre duas vezes.
– É mesmo, havia até me esquecido. Isto é tudo tão real que me esqueço de que já não pertenço ao mundo dos encarnados, mas de qualquer forma me assustei. Diga o que quer, não disse que me deixaria sozinha com meus problemas?
– Sim... Mas mudamos de planos, soubemos o que Olga deseja fazer ao marido e tivemos uma ideia.

– Nem me fale, estou com pena de Saulo, quem tem uma esposa como ela não precisa de inimigos, até tentei lhe alertar, mas ele está com uma energia muito clara à sua volta, que impede minha aproximação.

– Ele está sendo protegido pelos cordeiros, deixe-o; do contrário arrumará encrenca. O que eu quero que faça por mim é vigiar os passos de Olga!

– Você não sabe o que fala. Uma hora diz que não pode mais ajudá-la, que fez sua parte; agora quer que eu a vigie para vocês.

– Chegou a hora de Olga começar a pagar o que nos deve!

– Como assim? Ela já não pagava a vocês com seus despachos? Você mesmo me disse que todo ano ela contribuía.

– Acha mesmo que meia dúzia de bichos a livrará do julgamento? Não! Sua primeira sentença já foi dada, agora é só agirmos de acordo com nossas leis.

Carla ficou pensativa, quando encarnada não imaginava que um dia passaria por aquela situação. Lauro, ao ler seus pensamentos, comentou:

– Sei que pode lhe parecer estranho. Olga nos procurou para fazer o homem de quem acreditava amar ficar ao seu lado, fizemos o trabalho e passamos anos cumprindo nossa promessa, mesmo após os chiliques que ela dera com o médium, e foi por causa destes chiliques que pedimos a festa anual. Agora chegou o momento de realmente cobrarmos nossa dívida. E, antes que tente argumentar, ninguém a obrigou a nada. Foi ela, iludida, acreditando amar Saulo, que nos procurou.

– Você está certo, farei o que me pede como forma de agradecimento, afinal não suporto Olga e quero mais é que ela pague pelos seus pecados!

Lauro não respondeu, havia dado o seu recado e, da mesma forma que aparecera, sumira de suas vistas. Carla, ao ver Arlete olhando para o relógio de pulso já irritada com o atraso do marido que ainda não voltara do trabalho, sorriu, ficando ao seu lado intuindo que o mesmo se encontrava nos braços da secretária, chegando a fazê-la imaginá-lo nos braços da outra rindo de sua ingenuidade.

Laurinda andava de um lado para outro fumando desesperadamente, sua intuição lhe dizia que o plano da amiga não daria certo. Camila, ao vê-la aflita, aproximou-se dizendo:

– Desse jeito acabará tendo um colapso.

– E não é para menos. Não consigo esquecer as últimas previsões do finado Túlio. Ele me disse que eu passaria por sérios problemas. Eu já cansei de falar para Olga que ela está exagerando, que deveria aceitar o divórcio e que lhe será mais lucrativo, mas não, ela tem que se envolver em confusão e me levar junto. Estou a um mês de meu casamento e não tenho uma noite sequer de tranquilidade!

– Você deveria aprender a dizer não à sua amiga.

– Ah, queridinha, diz isso porque não conhece a peça! Olga nunca aceitou um não em sua vida, sempre conseguiu o que queria de um jeito ou de outro e quem não é seu amigo torna-se inimigo e eu prefiro a morte a ter sua inimizade!

– Desculpe, mas não sei como consegue. Eu já a teria mandado às favas há muito tempo.

Laurinda apagou o cigarro no cinzeiro e sentou-se. Camila aproveitou para lhe fazer uma massagem nos ombros, que lhe deixou mais relaxada e, ao vê-la tranquila, comentou:

– Vi quando seu advogado saiu hoje, acaso ele já redigiu o contrato pré-nupcial?

– Já! Guardei em minha gaveta do escritório. Sandro faz questão de que fique tudo muito bem explicado, não sei por quê, pois tenho certeza de seu amor por mim.

– Eu também! Nunca vi um homem tão dedicado, sabe que procuro um amor assim, verdadeiro e sincero!

– Oh, darling, você ainda é muito nova, tenho certeza de que ainda encontrará um príncipe encantado que a ame, assim como sou amada!

A moça esboçou um fraco sorriso procurando ocultar seus reais pensamentos; terminando a massagem, foi à cozinha onde preparou um chá calmante para a patroa, que sorvendo alguns goles acabou por sentir sonolência e foi se deitar, sem saber que sua intuição estava certa, pois a vida lhe preparava novos aprendizados.

A madrugada ia a esmo quando Róbson chegou à favela, passou por pequenas vielas feitas pelos próprios moradores para transitarem livremente pelo morro criando verdadeiros labirintos e, ao parar diante de um barraco, deu uma leve batida na madeira velha que servia de porta e um rapaz, aparentando pouco mais de trinta anos a abriu; vendo o parceiro, guardou a arma na cintura dizendo:

– Pô, mano, isso são horas de aparecer no mocó dos outros?

– Não vem com essa não, Rambo, você tá parecendo aquelas grã-finas do Morumbi que tem hora pra tudo. Quero levar um papo contigo, pois precisamos preparar o sequestro do magnata.

– Eu já falei que estou sentindo coisa ruim, acho melhor não mexer com esse cara!

– Qual é, mano, tá com medinho?

O rapaz fez um sinal com a cabeça para que o amigo entrasse em seu cubículo, no local uma pequena cama de solteiro improvisada com caixotes de madeira, pouco à frente de uma pia de cozinha e um fogão com algumas panelas sujas em cima eram os únicos objetos. Róbson, sem se importar com a sujeira e o cheiro forte de murrinha que reinavam no barraco, tratou de contar seu plano ao parceiro, que ouviu tudo atentamente finalizando:

– Então já sabe. Você e o Chocolate vão entrar no carro do velhote, enquanto dou cobertura, nós vamo trazê-lo pra cá e pedimo o resgate. A coroa convencerá o filho a nos dar o dinheiro exigido e, depois, apagamo o velho. Exatamente como combinei com a dona! Não vai ter erro, nós vamo ganhar uma bolada e na moleza!

– E quando vamo fazer o serviço?

– Assim que o Chocolate chegar do interior, pois ele é de minha confiança e nos ajudará!

O homem ficou pensativo, não queria mais se envolver com o crime, ele havia deixado a prisão há pouco tempo e jurara a si mesmo que, ao voltar às ruas, daria um novo rumo à sua vida, mas sua situação financeira estava difícil e, diante das promessas de dinheiro fácil do companheiro, respondeu:

– Só estou nessa porque preciso de grana, mas se algo der errado acabo com você sem piedade!

Róbson sentiu um nó na garganta, não era páreo para o Rambo, como era conhecido na favela aquele rapaz que por sua força e seus músculos era ágil com uma arma e não dava chance aos seus oponentes e, sem transparecer o incômodo que suas palavras causaram, respondeu:

– Não vai dar nada errado, prova disso é que tô aqui aceitando sua ameaça! Agora tenho que ir.

Róbson apertou a mão do parceiro e deixou o barraco. Passando pelas vielas ficou pensando no que faria com o dinheiro que receberia de Olga.

CAPÍTULO 17

A transformação

Diva entrou na empresa cumprimentando todos os funcionários, sempre com um sorriso nos lábios. Estava mudando seu modo de agir com seu próximo, vendo as pessoas que lhe cercavam como seus irmãos e os tratando com especial atenção. A vida havia lhe aproximado de boas pessoas para ensiná-la os verdadeiros valores espirituais baseados na lei do amor. Saulo, que dava ordens à secretária, ao ver a amiga passar à sua frente sorridente não se conteve.

– O dia já começou bonito e agora com sua presença de espírito sinto que ficará ainda melhor!

– Bondade de sua parte, meu amigo. A vida sempre sorri para quem está em sintonia com suas leis. Consequentemente o bem-estar que sentimos reflete em todos à nossa volta!

Saulo não respondeu, ele estava fazendo tratamento no centro espírita e começaria em breve o curso de evangelização que Henrique ministrava às segundas-feiras. Diva, aproveitando o momento, convidou-o para tomar um café em sua sala, o que foi aceito de pronto pelo senhor.

– Eu o chamei para conversarmos em particular. Porque tenho uma proposta a lhe fazer!

Diva respirou profundamente. Saulo sentou-se à sua frente enquanto Ana entrava segurando uma bandeja com duas xícaras de café e alguns biscoitinhos, saindo da sala rapidamente ao vê-los observá-la sem nada dizerem.

– Você sabe melhor do que ninguém que quando João desencarnou me vi obrigada a tomar a frente dos negócios; embora eu tenha cursado faculdade na área administrativa, não possuía experiência, mas na época não queria que você tomasse conta da empresa. Não posso negar que o fiz por não confiar em seu caráter, quando sofremos uma desilusão a ferida deixa marcas profundas e não conseguimos ver seu causador com bons olhos. Assim me aproveitei de possuir um por cento a mais de nossas ações para humilhar você e sua esposa, que teriam de me engolir na presidência da empresa. Claro que fiz o meu melhor para justamente permanecer no cargo e mostrar minha capacidade, passamos por muitas crises financeiras ao longo dos anos com maestria e não perdemos dinheiro, ao contrário de alguns concorrentes – Diva fez uma pausa para colocar açúcar no café enquanto mexia vagarosamente a colher no líquido. Saulo comentou:

– Nossa empresa conseguiu avançar mesmo diante das crises financeiras que assolaram o país nos últimos anos e ainda assolam, porque apesar de nossas diferenças, você sempre demonstrou superioridade, nunca, nem em meio aos nossos dramas pessoais, deixou transparecer qualquer sinal de fraqueza aos nossos investidores.

– Sim. Só Deus sabe a que custo... Mas é exatamente para falar sobre isto que o trouxe até aqui. Você sabe que estou aprendendo sobre a espiritualidade e revendo meus conceitos e atitudes, com isto percebi que errei e muito ao longo destes anos, deixei o meu orgulho guiar esta empresa, fui tirana com minha filha, que se tornou apagada, sem brilho, inconscientemente lhe anulei para poder brilhar. Fui culpada por sua baixa autoestima, que a fez cometer loucuras por Rogério. Só espero que um dia ela me compreenda.

– Marlene lhe ama incondicionalmente. Tenho certeza de que logo voltará para casa.

– Eu sei, mas esta distância me machuca. Só Deus sabe o quanto está sendo difícil para mim, embora eu tenha que admitir que Marlene foi mais sensata do que eu e se afastou para que ambas pudéssemos nos libertar de nós mesmas.

– E você está conseguindo! Sabe que eu mesmo ando questionando sobre minha vida? Há quanto tempo convivo com Eulália e Henrique, sempre os via como excêntricos e, do nada, acabei concordando em assistir à reunião da casa espírita e descobri que quem vivia na excentricidade era eu.

Diva riu prazerosamente. Saulo fez uma cara de menino travesso. Por segundos ela se lembrou daquele homem que no passado mexera com seus sentimentos e teve ímpetos de abraçá-lo, mas controlou-se e, meneando a cabeça negativamente para afastar aqueles pensamentos, comentou:

– Você está certo. E é sobre isto que quero lhe falar. Estou cansada de ter que viver de acordo com as convenções sociais, de ter que estar todos os dias nesta empresa. E para quê? Marlene não está preocupada com os negócios, aliás nunca esteve. Portanto, decidi vender minhas ações e só não o faço de imediato porque quero a opinião de minha filha. Estou lhe comunicando antecipadamente para que tenha tempo de levantar o montante necessário, caso esteja disposto a comprar minha parte!

Saulo sentiu seu coração apertar, nunca imaginara ouvir aquelas palavras saindo dos lábios de Diva, pensou em dizer que não aceitaria sua saída da empresa e que não conseguiria manter os negócios sem sua presença, mas controlou-se, não tinha o direito de lhe pedir nada, fora leviano no passado, brincara com seus sentimentos e a vida se encarregou de reaproximá-los, talvez para que ambos pudessem compreender o quanto se davam bem como amigos e empresários, com o propósito de ajudarem centenas de pessoas a manterem suas famílias com o trabalho digno e bem remunerado que eles ofereciam aos seus empregados. Após respirar fundo, no intuito de tirar o nó que se formara em sua garganta, comentou:

– Pense bem. Se for realmente isso que você quer não me oporei e talvez até consiga comprar sua parte!

Os dois continuaram a conversar. Diva lhe falou de seus planos para o futuro, enquanto Saulo a ouvia atentamente se esforçando para não demonstrar seus verdadeiros sentimentos. Rogério saiu de sua sala e, ao ver a secretária sozinha, falar ter com ela:

– O que está acontecendo? Meu pai saiu dizendo que queria falar com você e até agora não voltou!

– Dona Diva o levou para uma conversa em particular, estão trancafiados em sua sala a sete chaves!

– Ultimamente eles estão cheios de segredos! – comentou Rogério medindo a jovem de cima a baixo. Ana era uma jovem bonita, morena, estatura mediana, olhos amendoados e expressivos, lábios bem delineados e um sorriso encantador e, parecendo ver a moça pela primeira vez, comentou: – Você é uma jovem muito bonita! Aposto que está cheia de pretendentes.

– Quem me dera, Rogério! – disse a jovem encabulada, fazendo-o achar graça no seu jeito.

Rogério a olhou mais uma vez, seu casamento estava indo para a lama, ele e Arlete já não se envolviam sexualmente, pois, toda vez que estavam bem, que ele a procurava para terem relações íntimas, algo acontecia e eles acabavam brigando sem consumarem o ato. Seus instintos masculinos estavam à flor da pele e, vendo a jovem à sua frente, pegou levemente em sua mão dizendo baixinho:

– Sabe que você é uma mulher muito interessante. Eu faria qualquer coisa para conhecê-la mais intimamente.

Ana olhou para os lados, desde que entrara naquele escritório sentira-se atraída pelo filho do chefe, mas Rogério nunca lhe dera bola e, com o tempo, aprendera a vê-lo como seu superior, embora sempre se tratassem de modo informal. Ana era uma mulher fogosa, daquelas que não queriam relacionamento sério, gostava de viver a vida entre um amor e outro sem se apegar afetivamente, e como estava sozinha abriu um lindo sorriso antes de lhe responder:

– Vindo de um homem tão atraente como você sinto-me lisonjeada!

Aquela fora a deixa que o rapaz precisava e, aproximando-se mais da linda jovem a ponto de fazê-la sentir seu hálito fresco, falou com um tom de voz doce:

– Eu estou tão carente e você seria a companhia ideal para um drink após o expediente. O que acha?

Ana passou a língua nos lábios num gesto sensual respondendo no mesmo tom de voz:

– Você está muito saidinho, Rogério! – Ana o fitou nos olhos por segundos e, sentindo prazer naquele flerte com o rapaz, disse: – Vou aceitar seu convite, afinal não é todo dia que um homem tão interessante me convida para um *happy hour*.

Rogério sentiu sua masculinidade aflorar, por segundos pensou em arrastá-la para sua sala, mas logo sua consciência o fizera perceber que seria insensato de sua parte e, contendo sua euforia, falou:

– Então eu lhe pego às seis horas na decida da Consolação!

– Combinado! – Ana sorriu.

Rogério, percebendo que se alguém o visse naquele momento seu corpo denunciaria seu estado emocional, voltou para sua sala deixando a moça sonhando com o encontro de logo mais.

Arlete olhou para o relógio de pulso, passava das nove horas da noite e seu marido ainda não havia chegado em casa, logo seus pensamentos vagaram ficando a imaginar o marido nos braços da amante, e cansada de ficar em seu quarto foi para a sala acompanhada por Carla, que instigava ainda mais aqueles pensamentos na inimiga. Olga, ao vê-la se aproximar a passos duros, comentou:

– Ainda bem que desceu, vou mandar servir o jantar! Pelo jeito só nós duas faremos a refeição esta noite!

– Jantar... Quem está pensando em jantar aqui? Só você que já se conformou em ser traída!

Olga olhou para a nora e, sem controlar sua irritação com o comentário, respondeu à queima-roupa.

– Eu não me acostumei a ser traída, queridinha, tanto é que estou prestes a me separar. E se você não está conseguindo segurar seu marido em casa não venha jogar suas frustrações em cima de mim.

Arlete arregalou os olhos, Olga ultimamente quase não conversava com ela e estava longe de ser a amiga compreensiva de antes.

– Estou começando a me arrepender de ter me casado com seu filho, pelo jeito nesta família ninguém vale nada, começa pelo pai, passa por você e termina em Rogério!

Olga levantou-se da poltrona, as incertezas do futuro a deixaram com seus nervos à flor da pele e não toleraria as afrontas de Arlete em sua própria casa e, com esse pensamento, respondeu, para a alegria de Carla, que ria prazerosamente, enquanto as duas discutiam:

– A porta da rua é serventia da casa! Se você acha que meu filho está lhe traindo e ainda continua ao seu lado é porque presta tanto quanto nós!

– Quando foi para separar seu filho de Marlene me tratou como filha e agora que já conseguiu, que ela está até namorando outro e não precisa mais de mim, aí quer que eu vá embora? Nunca... Entendeu? Nunca! – esbravejou Arlete colocando o dedo na cara da sogra, que já ia responder quando Rogério apareceu segurando um lindo buquê de rosas vermelhas nas mãos, que jogou no sofá e, pondo-se entre as duas, tratou de terminar com a discussão.

– O que é isso? Da rua estava ouvindo a gritaria de vocês. Tratem de se controlar, não sei por que a discussão começou, mas quero que parem agora!

Arlete calou-se. Olga ao ver o filho rodou nos calcanhares e foi para os seus aposentos, enquanto Carla dava pulos de alegria e, ao ver a senhora se afastar, disse, a si mesma: "Isto é só o começo, você ainda se arrependerá de ter escolhido Arlete e não Marlene!". E sem pensar em mais nada ficou se divertindo com o bate-boca que se formou entre o casal.

– Onde estava até esta hora? Que eu saiba você sai cedo da empresa!

– E saio, mas encontrei alguns amigos e resolvemos curtir um *happy hour*. O que não lhe dá o direito de se atracar com minha mãe na sala! Veja, comprei-lhe até rosas pensando em chegar em casa e encontrá-la à minha espera! – Rogério pegou o buquê e entregou para a esposa, fazendo Arlete se acalmar. Carla, balançando a cabeça negativamente, aproximou-se da jovem comentando em seu ouvido:

– Como você é tola, deixando-se levar por algumas flores.

Arlete registrara suas palavras, mas decidira não segui-las, e chamando a empregada deu ordens para ela servir o jantar, enquanto Rogério tomava banho. Passou o resto da noite ao lado do marido, que se aproveitando da desarmonia entre ela e sua mãe, dormiu sem lhe fazer nenhum carinho, deixando Carla planejando qual seria o próximo passo para separá-los.

Os dias passaram rapidamente. Carla, cansada de ficar ao lado de Arlete, decidira saber o que estava acontecendo na empresa, ignorando os conselhos de Lauro para que não fosse àquele lugar. E com o coração aos saltos, entrou no prédio, ela ainda não havia aprendido a volitar e fizera todo o percurso até a sala da diretoria como se ainda estivesse na carne. Ao passar pela porta principal sentiu saudades do tempo em que ali trabalhava, de seus sonhos de crescimento profissional, o que fez aumentar ainda mais seu ódio por Arlete. E não querendo perder o foco, aproximou-se de Ana e, lendo seus pensamentos, descobrira que a moça se apaixonara pelo chefe e vira-o passar pela jovem fazendo-lhe um afago rápido para que ninguém visse. "Coitada, mais uma que caiu nas lábias desse sujeito!", disse a si mesma balançando a cabeça negativamente. Ao ver Diva e Saulo conversando, tentou se aproximar, dizer da conversa que ouvira entre Olga e sua amiga na noite anterior marcando o assassinato do senhor para o dia seguinte, mas não conseguiu, os dois estavam sendo protegidos por uma luz muito clara que a impedia de se aproximar e, sem conseguir seus intuitos, ficou ao lado da secretária por longas horas.

Caía a noite quando Róbson encostou a perua Kombi a alguns metros da casa de Olga. Ao olhar para os dois comparsas que estavam encapuzados no banco traseiro, comentou:

– Vocês já conhecem o automóvel do magnata e sabem o que fazer. Não percam tempo, pois precisamos ser rápidos, já combinei com a madame o tempo que temos antes que a polícia seja acionada, portanto qualquer atraso pode comprometer nossa operação. Não se esqueçam de dirigir até o local combinado onde passaremos o coroa para a Kombi. Alguma dúvida?

– Não! Já passamos e repassamos o plano várias vezes, não tem o que errar!

– Então está certo, vai ser moleza e ainda ganharemos muito dinheiro da coroa!

Os três riram prazerosamente antes de se despedirem indo cada um ao seu posto, ficando à espera de Saulo. Enquanto isso, Laurinda andava de um lado para o outro da sala na casa da amiga, falando sem parar.

– Não sei como consegue manter essa calma sabendo do que está por vir!

– Você me conhece, sabe do que sou capaz! Eu suportei todas as humilhações de Saulo nos últimos anos, me fiz de cega para que nosso casamento permanecesse imaculado diante da sociedade, e para receber o que em troca? Ingratidão! Ouvir da boca de minhas amigas que ele está desfilando com outra pela sociedade? E agora a pior, andar lado a lado com a sargentão indo juntos às sessões de macumbaria de meu sobrinho!

– Henrique não é macumbeiro! Soube que faz um trabalho muito bonito com os espíritos esclarecidos e que ajuda os menos favorecidos. Até eu estou pensando em conhecer seu trabalho espiritual.

– Eu lhe proíbo! Nunca coloque os pés naquela casa. Eulália e Henrique também vão me pagar por esta afronta, sem falar nesta ingrata da Arlete, que agora deu para bater de frente comigo em minha própria casa, só não fiz nada ainda porque meu alvo é Saulo. Mas me aguarde, assim que passar o período de luto cuidarei de todos eles!

Laurinda calou-se. Olga estava desequilibrada e o melhor que poderia fazer era permanecer calada. Sua vontade era sair e deixar aquela casa antes de receber a notícia da morte de Saulo e ter que encenar, ao lado da amiga, que praticamente a obrigara a estar ao seu lado no momento do sequestro para, na pior das hipóteses, lhe servir de álibi e testemunha de sua dor com a tão trágica notícia. Sem mais foi até o pequeno móvel onde ficavam os litros de malte e enchendo o copo com um envelhecido, tomou-o em dois goles. Sentou-se em seguida para ouvir Olga falar de trivialidades ao ver a nora passar por elas. Saulo fechava sua pasta, enquanto Rogério desligava seu computador e, ao ver o filho terminando seus afazeres, perguntou:

– Vai direto para casa hoje ou aproveitará para distrair a cabeça pelas ruas?

– Vou para casa. Estou cansado, minhas costas estão doendo... E você vai sair com a Antônia ou com Diva esta noite?

Saulo deu uma risada ao sentir o tom malicioso do filho e respondeu em seguida:

– Estou evitando me encontrar com Antônia, na semana que vem deixo nossa casa e até lá não quero me indispor com sua mãe. Quanto à Diva, somos amigos que agora têm mais um interesse em comum, a Doutrina Espírita, que espero você também venha a conhecer.

Rogério terminou de arrumar seus objetos e olhou fixamente para o pai. Saulo nas últimas semanas estava mais animado, com o semblante tranquilo, mesmo com os problemas do escritório e de casa. Os dois mantinham um bom relacionamento e, querendo descobrir o que se passava na cabeça do pai, perguntou:

– Pai, seja sincero, sei que teve um relacionamento com Diva no passado e agora que está se separando de mamãe não pretende retomá-lo?

– Não! – respondeu Saulo de imediato, e vendo que seu filho ficara frustrado com sua resposta disse: – Diva é uma mulher incrível, fui canalha com ela no passado mantendo relações com Olga e a namorando, deixei que ela se apaixonasse por mim e no final escolhi sua mãe e, durante anos, não me arrependi disso. Diva logo conheceu João, chegando a causar um pequeno mal-estar entre nós, que meu sócio com seu altruísmo tratou de eliminar. Quando meu relacionamento com sua mãe começou a vir por terra, comparei as duas e percebi que talvez tivesse feito a escolha errada, mas já era tarde e eu sou muito prático, decisão tomada na maioria das vezes não se deve voltar atrás, mesmo porque eu mudei, Diva mudou, amadureceu e, conhecendo um pouquinho sobre espiritualidade, já me dei conta de que nada está errado; se escolhi viver ao lado de sua mãe é porque fiz a escolha certa e necessária para meu adiantamento moral e espiritual. Sei que nesse meio tempo fiz besteiras, errei ao lhe trair, mas a vida sempre nos dá novas chances para mudarmos, rever nossos conceitos e irmos adiante. Minha chance chegou. Conheci Antônia e estou muito feliz em sua companhia, não vou me casar de imediato, deixei bem claro para ela que quero me conhecer, me amar, entende? Ficar de bem comigo mesmo para que eu possa, sendo completo, somar com a pessoa escolhida para viver ao meu lado pelo resto de minha vida!

– Nossa, nunca imaginei ouvir tais palavras do senhor! – comentou Rogério ao deixar a sala ao lado do pai, indo conversando com ele até o estacionamento, onde já não havia quase nenhum carro devido ao horário noturno, indo cada um para o seu automóvel. Saulo já estava de saída, quando percebeu que o carro de Rogério não funcionava e, voltando para ajudar o rapaz, desceu do veículo questionando:

– O que está acontecendo? Seu carro é praticamente novo, não pode estar com defeito!

– Não sei, o motor não quer pegar!

– Deixe-o aí e vamos no meu carro.

– Vou pegar uma carona com o senhor até a mecânica do Silas, quem sabe faço-o vir aqui ainda hoje para rebocá-lo até a oficina!

– Façamos melhor, você vai em meu carro direto para casa. Já andou dando muitas desculpas à sua esposa, que não acreditará nessa história de mecânico, e eu vou até o Silas, peço que venha aqui, quem sabe não seja uma falha de fácil reparo?

– Ótimo! – respondeu Rogério, que não marcara nada com a amante justamente para não provocar a fúria de sua esposa.

Os dois entraram no carro. Rogério dirigia conversando animadamente com o pai, que comentava que havia reestruturado o apartamento onde Rogério moraria com Marlene e que fora destruído pela fúria de sua sócia, chegando a falar sobre o episódio do vestido de noiva de Olga, do qual o rapaz não tinha conhecimento, passando momentos alegres ao lado do filho que o deixou diante da oficina e seguiu rumo à sua residência. Rogério ligou o rádio do carro e uma melodia animada tomou conta do ambiente, passou por algumas ruas até parar o carro diante de sua casa, buzinando para o porteiro, que ao ver o carro pensou se tratar do chefe da família e, após apertar um botão, o portão fora abrindo lentamente, quando do nada surgiram os dois malandros com as armas nas mãos, fazendo o rapaz abrir a porta. Enquanto um assumia a direção do carro, o outro se sentou no banco traseiro, cobrindo a cabeça do jovem com um capuz. Estavam tão absortos no sequestro que não perceberam o equívoco e seguiram com o plano adiante.

Arlete conversava com Laurinda e a sogra na sala de visitas, quando a empregada entrou correndo parando diante delas trêmula. Olga, ao vê-la, trocou olhares significativos com a amiga, em seguida a questionou energicamente:

– O que aconteceu para perder a compostura desta forma, criatura?

– Ai, dona Olga, nem sei como lhe falar... O doutor Saulo... O porteiro...

–Acalme-se, não estamos entendendo nada!

A moça respirou fundo e, procurando articular as palavras, respondeu:

– O porteiro interfonou, disse que dois bandidos abordaram doutor Saulo na porta de casa e o levaram. Ele está muito nervoso, quer saber se deve chamar a polícia.

Laurinda olhou para a amiga, que fingiu um desmaio já programado com o intuito de atrasar o telefonema à polícia, fazendo a nora e a amiga acudi-la, enquanto a empregada fora até a lavanderia pegar o álcool e, voltando em seguida, esfregou-o nos pulsos da patroa, que aos poucos fora abrindo os olhos. Arlete, procurando manter a calma, esperou a sogra se recompor dizendo em seguida:

– Precisamos comunicar à polícia imediatamente!

– Claro! – respondeu Laurinda de pronto.

Olga balbuciou um sim com algumas palavras desconexas à moça, que rapidamente discou o número de emergência relatando o que ouvira da empregada e recebeu a promessa de que em breve uma viatura chegaria ao local para mais esclarecimentos. Laurinda, ao ouvir a conversa de Arlete, esperou ela desligar o aparelho e, tremendo dos pés à cabeça, com seu coração apertado ao imaginar o fim de Saulo, procurou se recompor para seguir com o teatro e comentou:

– Vou levar Olga para o quarto, ela precisa ficar um pouco sozinha, quando a polícia chegar por favor nos avise!

Arlete consentiu com a cabeça, olhou para o relógio de pulso desejando que seu marido viesse logo para casa e, procurando se inteirar do que acontecera ao sogro, foi falar com o porteiro, que desesperado estava sendo acudido pelos outros funcionários da casa. Enquanto isso, as duas senhoras entravam no quarto. Olga, ao ver a amiga trancando a porta, voltou ao seu estado normal e, caminhando para o closet, comentou:

– Venha. Ajude-me a escolher o vestido do velório. Quero que me vejam sofrida, mas impecável!

Laurinda balançou a cabeça negativamente. Estava se sentindo mal com aquela situação. Em sua mente via Saulo no cativeiro sendo morto por Róbson e seus comparsas e, com essas imagens, sentiu um frio na espinha, pois a partir daquele momento teria de conviver com a culpa por ser cúmplice de um assassinato. Sem nada a dizer ficou a observar a amiga arrumar seu conjunto preto que pretendia usar no enterro do marido.

– Mais algumas horas e estarei livre de Saulo para sempre, e o principal: muito, mas muito rica. Sabe que eu deveria ter tido esta ideia anos atrás?

– Você está louca, Olga. Eu sinto que algo sairá errado. Saulo estava frequentando o centro de seu sobrinho, portanto os espíritos podem tentar protegê-lo.

– Os espíritos não protegem ninguém. Aliás, nem acredito mais nesses tais espíritos. Acho que Túlio levou uma fortuna e só nos enganou. E quanto ao meu sobrinho, não passa de um filhinho de papai desocupado que, na falta do que fazer, está brincando de ser bondoso!

Laurinda fez caras e bocas e já ia questioná-la, quando ouviu a empregada bater à porta informando que os policiais acabavam de entrar na casa. Olga, ao ouvi-la, voltou-se para a amiga dizendo:

– Vá em meu lugar e diga que estou em estado de choque. Sou uma atriz perfeita, mas temo cometer algum erro tratando-se da polícia.

– Claro, amiga! O que eu não faço por você! – respondeu Laurinda em tom de zombaria antes de deixar o quarto e voltar à sala, onde Arlete acabava de dar as características do carro do sogro para o investigador, que prometera deixar todas as viaturas alertas.

Saulo deixava mais uma vez a garagem do edifício após despedir-se do mecânico, que conseguira resolver o problema do automóvel. Ao chegar ao portão principal de sua casa, viu a movimentação de carros da polícia e, com o coração aos saltos, entrou rapidamente no local. Olga, que olhava o movimento através da janela de seu quarto, ao ver o carro do filho parar diante da casa, decidiu voltar à sala e continuar seu teatro, sem ver Saulo sair do carro e ir em direção à porta da entrada, onde Arlete, ao vê-lo, espantou-se. Já ia questionar o que estava acontecendo quando Olga, ao ver o marido, deu um grito estridente que fez todos olharem para ela assustados, fazendo Laurinda, que estava na cozinha tomando um copo com água, sair rapidamente ao seu encontro e, vendo Saulo à sua frente, também gritou assustada. Saulo, querendo entender o que se passava em seu lar, foi quem quebrou o clima de silêncio e espanto que se instalou no local questionando:

– Alguém pode me explicar o que está acontecendo nesta casa?

– Você foi sequestrado há pouco! – conseguiu balbuciar Laurinda enquanto Arlete, procurando rapidamente entender o que se passava, aproximou-se do sogro dizendo:

– Diga que eles lhe soltaram e que não era Rogério em seu carro!

Saulo passou a mão no rosto, num gesto nervoso, dizendo em seguida:

– Rogério veio para casa em meu carro, o dele não estava funcionando, não me digam que... – Saulo olhou para o policial, enquanto Olga, dando outro grito ao constatar o que acontecera, desmaiou sendo amparada por todos. Saulo deixou a esposa com as mulheres para se inteirar do que havia acontecido e, com o policial, foi falar com o porteiro, que também se assustou ao vê-lo, relatando o que vira, alegando não ter tido culpa.

Dentro da residência, o desespero tomou conta de todos, Olga voltara a si com ódio de Róbson, que tivera a empáfia de sequestrar a pessoa errada. Laurinda, receosa de que a amiga pudesse colocar tudo a perder com o equívoco, levou-a rapidamente para o quarto, onde, após trancar a porta, comentou pasma:

– Róbson pegou Rogério por engano, e agora o que faremos?

Olga chorava compulsivamente, amava o filho e só de imaginá-lo nas mãos de bandidos seu coração se apertava e, procurando controlar o choro, respondeu:

– Ele não conhece Rogério, só espero que assim que perceber o engano, aquele cretino, burro, o liberte!

– Eu falei que estava com maus pressentimentos! – Laurinda balançou a cabeça negativamente, ela não acreditava em um gesto de condescendência de Róbson e temia o pior. E, procurando ocultar o que vinha à sua mente, comentou: – Vamos aguardar e nos controlar. Agora só nos resta esperar notícias de Róbson para sabermos que atitudes tomar!

Olga sentou-se na cama. Se algo acontecesse ao seu filho nunca se perdoaria. Carla, que as acompanhava, pela primeira vez vira aquela mulher com algum sentimento nobre e, sentando-se ao seu lado, comentou:

– Isto é bem-feito para você, sua cascavel. Eu não quero o mal de Rogério, mas você bem que merece provar de seu próprio veneno! – E com estas palavras fora procurar por Arlete, que aflita andava de um lado para o outro da sala à espera de um telefonema dos possíveis sequestradores.

Róbson dirigia sua Kombi em alta velocidade. Em sua mente um turbilhão de pensamentos, pela primeira vez faria um serviço rápido com grande lucro. Estava com sorte, não fora seguido por ninguém e agora era esperar para ligar para a casa de Olga, quando pediria a quantia já estipulada pela mulher como resgate, que a senhora lhe garantira fazer o filho lhe entregar, mesmo que a polícia fosse contra. E, imaginando o que fazer com tanto dinheiro, estacionou o veículo diante de uma casa simples que eles alugaram em um local afastado para servir como cativeiro. Chocolate rapidamente tirou o refém do carro e o conduziu para dentro da casa, jogando-o com força em um quarto escuro. Róbson, após colocar uma máscara, foi ao local onde, ao tirar o capuz do sequestrado, viu a figura de Rogério, sentindo a ira brotar em seu peito, ao constatar o equívoco dos comparsas, e imediatamente foi conversar com eles cuspindo fogo.

– Seus idiotas, vocês pegaram o filho da dondoca. Será que não conseguem fazer nada direito?

Os dois trocaram olhares, foi Rambo que, não gostando do tom de voz do comparsa, respondeu:

– Nós pegamos o condutor do veículo. Você não nos deu uma foto do cara, se houve algum erro aqui foi você quem cometeu!

– E vocês não conseguem distinguir um homem de meia-idade de um jovem de vinte e poucos anos? Seus estúpidos! – Róbson rodou nos calcanhares e, deixando os dois na casa, ganhou a rua, precisava pensar, decidir o que fazer com Rogério, talvez tentar falar com Laurinda e depois tomar uma decisão, só de uma coisa tinha certeza: não sairia perdendo, pois fora longe demais, estava arriscando sua pele e Olga teria de pagar o seu preço. E com esses pensamentos fora parar em um botequim, onde ficou pensando qual seria a melhor atitude a tomar para sair daquela enrascada.

CAPÍTULO 18

A descoberta

Marlene andava tranquilamente pelos corredores da clínica, já estava naquele trabalho voluntário há alguns meses e sentia-se feliz. Lá aprendera a ser ela mesma e, com a ajuda de Jorge, que sempre parava para comentar os casos de seus pacientes, explicando-lhe que, além da medicação convencional, a ajuda psicológica e espiritual com o carinho e a compreensão dos funcionários era de suma importância para que o tratamento desse resultado. Fazendo-a compreender o que se passava no íntimo de cada paciente e, consequentemente compreender a sua própria forma de ver a vida, provocando uma verdadeira mudança em seu jeito de ser e de ver o mundo à sua volta, não se sentia mais a coitadinha que fora abandonada por um noivo cafajeste que se aproveitara de sua inocência e depois jogara fora feito lixo; ao contrário, era um espírito encarnado com capacidade mental e intelectual para aprender a valorizar a vida, a superar suas fraquezas e viver no bem. A vida fora benéfica com ela, afastando de seu caminho um homem indeciso que poderia no futuro fazê-la sofrer ainda mais e, ao se dar conta dessas verdades, passou a se dar o devido valor, chegando a expressar seu ponto de vista quando algum médico lhe pedia opinião, o que sempre procurava fazer de forma sensata, provocando a admiração de todos os envolvidos com aquela clínica, que passaram a admirá-la como pessoa. E com um sorriso nos lábios cumprimentava a todos.

Estava em seu horário de almoço e, após fazer sua refeição, fora à pequena sala destinada aos enfermeiros e voluntários, onde uma bela jovem lia o jornal tranquilamente. A jovem, ao vê-la, cumprimentou-a amavelmente e, mostrando-lhe a página policial, comentou:

– Acabo de ler a notícia do sequestro de um empresário no ramo da construção civil, talvez você o conheça, pelo jeito trata-se de um executivo da alta sociedade paulista. Marlene pegou rapidamente o jornal das mãos da amiga, ao ver a foto de Rogério estampada na página tratou de ler rapidamente a notícia e, voltando-se para a jovem, comentou pasmada:

– Trata-se de Rogério, meu ex-noivo. Aqui diz que a polícia ainda não tem pistas dos sequestradores e que estão exigindo milhões como resgate – Marlene ficou pensativa, na certa sua mãe estava a par do que acontecia com o filho de Saulo. Por segundos irritou-se: Diva deveria ter lhe telefonado avisando do ocorrido. Jorge, que passava pela sala dos funcionários, ao ver a moça pálida, aproximou-se e, colocando a mão em seu pulso, foi logo questionando:

– Deus, o que aconteceu? Sua pressão baixou. Você está muito pálida e com a pulsação fraca – e, voltando-se para a jovem, pediu que fosse à sua sala pegar sua maleta e, vendo-se a sós com aquela que estava se tornando uma filha em seu coração, perguntou: – Vejo que está aflita, o que foi?

Marlene contou em poucas palavras o que acabara de ler, finalizando:

– Estou muito chateada com minha mãe, ela está me punindo por eu tê-la impedido de participar de minha vida!

– Está lhe punindo ou respeitando seu tempo? Não conheço sua mãe, mas por tudo o que já me contou sobre ela, parece que se trata de uma mulher bastante forte a ponto de respeitar sua vontade. Por que você não liga para sua casa e lhe pergunta o que realmente está acontecendo com o seu ex?

– Você está certo! Vou deixar meus prejulgamentos de lado e procurar ter notícias, não quero o mal de Rogério; ao contrário, pedirei em prece que ele consiga escapar desses criminosos ileso!

Jorge mediu a pressão da moça que aos poucos voltava ao normal e, em seguida, comentou:

– Faça isso e aproveite para tirar a tarde de folga! – e, voltando-se para a moça que trouxera sua maleta e ficara ouvindo a conversa enquanto ele fazia seu trabalho, disse: – Acompanhe Marlene até sua casa, ela precisa de repouso para refletir melhor sobre o que está se passando com os seus!

A moça consentiu com a cabeça. Jorge ainda lhe recomendara que fosse pedir para o motorista da clínica levá-las de carro, mas Marlene recusou; o caminho até sua residência não era longo e respirar um pouco de ar puro lhe faria bem. Assim que entrou em casa pegou o telefone, discou o número da empresa e foi atendida pela secretária, que reconhecendo seu tom de voz passou a ligação para o ramal da chefia. Logo a voz embargada de emoção de Diva pôde ser ouvida do outro lado da linha.

– Oi, filha, que bom que você ligou, a saudade estava me castigando!

Marlene sentiu seu coração apertar ao ouvir a voz da mãe que tanto amava e, tentando controlar o choro que brotara de sua alma, respondeu:

– Também sinto a falta da senhora, mas estou aprendendo tantas coisas novas, que achei necessário manter-me distante. Espero que me entenda!

– Entendo sim. A vida nos separou para podermos rever nossos conceitos e decidi respeitar os sinais do universo, deixando você aos cuidados da Providência Divina.

Marlene calou-se, a voz de sua mãe estava mais suave, sem aquela austeridade de outrora que tanto lhe causava receio e, procurando mudar o rumo da conversa, enxugou as lágrimas dizendo em seguida:

– Eu soube do sequestro de Rogério e gostaria de ter notícias.

– Rogério foi pego no lugar de Saulo, os bandidos os confundiram, pois ele estava dirigindo o carro do pai. Ainda não temos notícias precisas, os sequestradores estão exigindo o resgate, mas a polícia não quer que Saulo lhes dê o dinheiro. Portanto, só nos resta vibrarmos em preces pedindo a Deus para ajudá-los neste momento tão difícil, tendo a certeza de que tudo acabará bem!

– Sim... Mãe... Acabará! – balbuciou a jovem falando após alguns segundos de meditação. – Vou desligar. Eu preciso sair agora! Qualquer notícia, por favor, ligue me informando.

– Pode deixar, qualquer novidade lhe aviso. Fica com Deus!

– A senhora também!

Marlene desligou o aparelho, as últimas notícias mexeram com seu ser. Nos últimos meses se isolara, ficando indiferente aos que deixara, pensou em Rogério, no que ele devia estar sofrendo, e elevou seus pensamentos a Deus pedindo para ampará-lo naquele momento de dor e sofrimento, ele e sua família, incluindo Arlete, que devia estar desesperada com as incertezas sobre o estado de seu marido. Já ia para seu quarto quando Alice entrou na sala anunciando a presença de Jorge, que ao vê-la foi logo dizendo:

– Consegui um tempinho na clínica para vir lhe ver. Fiquei preocupado, como está se sentindo?

– Estou melhor, só um pouco triste, não quero o mal de Rogério e sua família!

– Não podemos deixar que pensamentos negativos invadam nossa mente, ter fé ativa nestes momentos é essencial!

– É o que vou fazer... – Marlene ficou pensativa, seu coração estava oprimido e, querendo se abrir com o amigo, comentou após fazer uma longa pausa: – Ao pensar no que está acontecendo com Rogério, chego à conclusão de que está no momento de regressar a São Paulo. Aqui com você estou aprendendo a ser melhor, mas não posso passar o resto de minha vida fugindo de meus sentimentos e do passado.

– Você aprendeu muito ao longo dos últimos meses, se descobriu, aprendeu a ser você mesma e aos poucos está mudando seus pensamentos limitados e condicionamentos errôneos acumulados durante sua vida, e isso é o necessário! Se acha que está no momento de regressar, é porque chegou sua hora de colocar em prática tudo o que aprendeu conosco; afinal, é assim que a vida age, nos dando lições para colocar-nos à prova.

– Ah, Jorge, você fez milagres em minha vida! Não sei se conseguirei manter meus pensamentos positivos longe de sua presença!

O senhor fitou os olhos daquela que para ele era um exemplo de que a força de vontade aliada aos aprendizados da vida mudava um indivíduo e respondeu:

– Ninguém pode tirar de você o que aprendeu com a vida! Quando se aprende algo através da alma, esse aprendizado será para sempre. Depois não pense que aqui terá minha presença por muito tempo. Já estou analisando um convite de trabalho em outro Estado, fiz minha parte na clínica, onde todos estão aptos para atender os enfermos, tão bem ou melhor do que eu!

Marlene abriu um discreto sorriso e, mudando o clima melancólico que se instalara no ambiente, comentou:

– Vou voltar, mas antes quero que escolha outra assistente, só deixarei minha função quando alguém estiver preparada para me substituir!

– Combinado! – respondeu o jovem senhor com um lindo sorriso.

Marlene chamou a empregada e pediu que ela providenciasse lanches para os dois, que foram à copa e ficaram a conversar durante o resto da tarde.

Laurinda entrou na casa da amiga apressada. Olhou para Saulo, que estava sentado ao lado do telefone em companhia de um investigador da polícia à espera da ligação dos sequestradores. Sentiu um aperto no peito ao ver o sofrimento do senhor diante das incertezas futuras e respirando fundo tentou mudar seu estado de espírito; ao se aproximar, cumprimentou-os com palavras de encorajamento, pedindo licença em seguida; dirigiu-se ao quarto da amiga, que após lhe abrir a porta a fez sentar em sua cama questionando:

– E então, alguma novidade?

– Sim, Róbson me procurou novamente, disse que quer o dinheiro do resgate, do contrário acabará com a vida de Rogério e, se for pego, ainda a denunciará!

Olga mordeu os lábios em sinal de nervosismo respondendo em seguida:

– Você não fez nada para persuadi-lo?

– Falei tudo o que podia, cheguei a implorar de joelhos, disse que você daria uma soma ainda maior se ele soltasse Rogério, mas ele não confia em nós – Laurinda fez uma pausa, nos últimos dias as palavras de Túlio não saíam de sua mente, chegara a lembrar da conversa que ele tivera com Arlete quando ela fora contratar seus serviços, alertando-as de uma possível lei do retorno. E, com essas lembranças, falou: – Ando recordando a conversa que Túlio tivera conosco e com Arlete, chego a acreditar que a maré mudou e estamos recebendo de volta tudo o que fizemos. Acho melhor pedirmos ajuda à sua irmã, ela saberá o que fazer para acabar com este azar!

– Você está louca? Acha que vou procurar minha irmã, com quem cortei relações e que ainda abriga em sua casa meu marido e aquela desclassificada da Diva para lhe pedir ajuda e ainda confessar minhas atitudes? Nem morta! E depois deixa de bobagens, tudo não passa de um azar momentâneo, logo Rogério estará de volta e poderei seguir com meu plano. Só que desta fez contratarei profissionais e não amadores de suas relações!

– Minhas relações não, queridinha! Eu lhe avisei para não procurar por aquele traste, cheguei a alertá-la, sei que Róbson não vale nada e não está querendo sair perdendo. Agora não foi por falta de aviso! – disse Laurinda irritada com as acusações da amiga.

Olga, não se fazendo de rogada, retrucou:

– Se você não se envolvesse com gente desta estirpe eu nunca o teria conhecido. Agora vá! Procure aquele infeliz nem que seja no inferno e faço-o libertar meu filho; do contrário ele verá do que eu sou capaz, pois perto de mim aquele pé de chinelo não é nada! – Olga trincou os dentes, logo uma ideia veio em sua mente e, dando um pulo da cama que fez a amiga se assustar, comentou: – Esquece o que eu disse, acabo de ter uma ideia genial e você me ajudará!

Laurinda olhou abismada para a amiga, que rapidamente trocou de roupa e, ao vê-la bem vestida pegando sua bolsa, não conseguiu controlar sua curiosidade perguntando:

– Para onde vamos, Olga? Chego a ficar arrepiada em lhe ver dessa forma!

– Se fica arrepiada é porque me conhece, não sei como não tive esta ideia antes. Esses malandros de quinta vão aprender a não se meterem com Olga Mendes de Alvarenga!

– E como fará isto? Você não pode sair de casa, esqueceu? Há policiais e seguranças por toda a parte!

– Não, não esqueci, mas você fará o papel de amiga boazinha que me levará para tomar um pouco de ar em sua residência, longe do clima sufocante desta casa, que está fazendo mal ao meu delicado espírito.

Olga abriu a porta do quarto e, se apoiando nos braços da amiga, desceu a escada vagarosamente. Saulo, ao vê-las, voltou sua atenção para a esposa dizendo:

– Você deve se poupar, Olga. Temo por seu estado de saúde!

– Não aguento mais ficar naquele quarto à espera de meu filho.

Laurinda a ajudou a descer o último degrau e, enxugando a discreta lágrima que escorria pela face da amiga, passou delicadamente a mão em sua face e a interpelou:

– Quero levá-la para passar a tarde comigo. Ela precisa sair um pouco, mudar de clima, coitada, pois estes momentos não estão sendo fáceis!

– Você tem razão. Não sei o que seria de nós sem sua amizade. Vou pedir para um segurança acompanhá-las.

Laurinda consentiu com a cabeça olhando penalizada para Saulo, de quem estava realmente com dó e, procurando ocultar o que se passava em seu espírito, deixou o local em companhia da amiga. Tendo um carro com dois seguranças as seguindo, chegou finalmente à sua casa, onde Olga, ao ver a confortável poltrona na sala de estar, se jogou dizendo:

– Vamos fazer uma denúncia anônima, se Róbson quer medir forças comigo, ele vai ter o que merece!

– Não seja louca, Olga, ele será capaz de triturá-la se descobrir!

– Cansei de ser boazinha e ficar sofrendo, enquanto ele decide a vida de meu filho. Você ainda tem aquele carro velho que havia dado de presente a um de seus garotos e depois o pegou de volta?

– Está na garagem. Pensei em vendê-lo, mas depois que trouxe Camila para casa, ela passou a usá-lo.

– Ótimo! Ao menos a imprestável da sua pupila servirá para alguma coisa. Eu saio escondida no banco traseiro, enquanto ela dirige até um orelhão na periferia. Assim o segurança pensará que estou em sua casa.

– Se é isto que você quer fazer..., mas depois não venha de novo falar que eu não lhe avisei!

Laurinda chamou a jovem lhe pedindo para acompanhar Olga sem mais explicações. Ao vê-las sair, sentou-se no sofá e, com seus nervos em frangalhos, pôs-se a esperar o retorno das duas, ficando perdida em seus pensamentos.

Os dias que se seguiram foram de apreensão para todos. A polícia, após averiguar a denúncia anônima, chegou até Róbson e, passando a vigiá-lo, descobriu o cativeiro e conseguiram resgatar Rogério, após trocas de tiros com os dois bandidos, que acabaram partindo para a espiritualidade em tristes condições, só sobrando Róbson, que, em uma fuga alucinante com direito à perseguição das viaturas policiais pelas ruas da cidade, conseguiu escapar ileso. Dias depois fora a vez de Marlene se despedir emocionada dos amigos que fizera na clínica. Jorge, que a levou até o portão principal em seu último dia de trabalho, deu-lhe um forte abraço e após enxugar as lágrimas que caíam pela face da amiga, olhou fixamente em seus olhos dizendo:

– Sei que será muito feliz em sua nova etapa de vida. Quando eu a vi pela primeira vez, não tive dúvidas de que estava preparada para seguir adiante. Assim como a natureza, que tem seus ciclos todos de fundamental importância à vida na Terra, também temos os nossos, e você estava preparada para amadurecer e agora já está pronta para dar os frutos predestinados nesta encarnação.

Marlene deu-lhe um abraço apertado. Agradecendo àquele homem todo o carinho que tivera com ela e, prometendo revê-lo em breve, deixou o local sem olhar para trás, fazendo o senhor ficar parado fitando-a até perdê-la de vista, rogando a Deus para protegê-la sempre em seu caminhar.

CAPÍTULO 19

À luz da lua, os caminhos se cruzam

Uma forte chuva caía na cidade de São Paulo dificultando o acesso de quem pretendia chegar na casa de Laurinda, onde a senhora esperava um grande número de pessoas para a celebração de sua união com Sandro. Os responsáveis pela recepção corriam de um lado para o outro tentando ajeitar algumas mesas e cadeiras na sala de visitas de forma improvisada, uma vez que a cerimônia seria no jardim, à luz da lua, o que devido à chuva tornara-se inviável. E aos poucos os amigos foram chegando. Olga, ao entrar com a família, fora direto ao quarto da amiga, que terminava de colocar o vestido, e, ao vê-la, foi logo dizendo:

– Pensei que já estivesse pronta! – Laurinda respirou fundo, não estava com vontade de conversar com ninguém. E, ao vê-la cabisbaixa, falou: – Você está com cara de velório, e não de casamento. Anime-se!

– Não sei como consegue manter esse seu sangue frio! – comentou a amiga medindo Olga de cima a baixo e, ao ver que a amiga não lhe retrucara, disse: – A casa está desabando sobre nossas cabeças e, por azar, até no dia de meu casamento essa chuva horrorosa!

– E você queria que eu estivesse como? Descabelada, acuada em meu quarto?

– Não sei como deveria estar. Eu conheço Róbson, sei do que ele é capaz e de que está à nossa espreita, disposto a descarregar em cima de nós todo seu ódio na primeira oportunidade. Esta noite eu sonhei que ele invadia minha festa, com uma arma na mão, e saía atirando a esmo, fiquei desesperada!

– Deixe de ser dramática. Aquele ladrãozinho de quinta categoria deve estar bem longe de São Paulo. Acha que ele se atreveria a vir para a desforra sabendo quem somos?

Laurinda deu uma risada nervosa. Olga se julgava acima de tudo e de todos, diferente dela, que não subestimava seus inimigos.

– Acorda, querida. Acredita mesmo que alguém como ele está preocupado com nossos nomes? Tenho certeza de que ele já ligou os fatos, sabe que foi você quem o denunciou, e está por perto. Chego a sentir sua presença nos vigiando!

– Pode até ser, mas entre querer e conseguir há uma grande diferença. Portanto, esqueça essa história, abra um sorriso e se preocupe com seu casamento. Vou ver se os convidados já chegaram e já volto!

Laurinda tentou sorrir ao vê-la se afastar, amava seu noivo e acreditava que seria feliz a seu lado. Sandro, ao longo dos meses, demonstrara-se desprendido, nunca lhe pedira nada a não ser seus carinhos, logo um forte temor apossou-se de seu espírito, não queria morrer agora que encontrara seu verdadeiro amor e viveria seu sonho mais secreto ao lado daquele homem sensível e romântico. "Acalme-se! Róbson sabe que você nunca o denunciaria!", disse a si mesma se acalmando e, procurando mudar seus pensamentos, levantou-se, terminando de retocar a maquiagem. Quando Olga voltou, encontrou-a com um sorriso no rosto. Vendo-a pronta, comentou:

– Não lhe falei que todos os nossos amigos viriam prestigiar seu casamento? Um telefonema meu para meia dúzia de socialites e toda a alta comparece. Até minha irmã e o chato do Henrique estão lá embaixo e Saulo disse-me que Diva também virá!

– Eulália e Diva foram muito delicadas comigo, enviaram seus presentes com lindos cartões desejando aos noivos felicidades, senti que veio do coração, embora eu nunca tenha tido muita afinidade com elas!

– Pronto! Agora está achando que aquelas duas recalcadas são uns anjos!

– Não acho que sejam anjos, mas as conheço, elas não viriam à minha casa só pelas convenções sociais, não Eulália. Quanto à Diva, de um tempo para cá só está comparecendo a eventos sociais de seus amigos íntimos.

Olga fez uma careta e, antes de começar um bate-boca com a amiga, mudou o rumo da conversa:

– A mestre de cerimônias pediu para lhe avisar que em dez minutos estará aqui! Portanto, termine de se ajeitar sossegada – e com essas palavras deixou o quarto e foi se juntar aos outros convidados. Quando passou pela irmã, cumprimentou-a secamente, e pegando na mão do marido, juntou-se ao filho e à nora e ambos se postaram em torno da mesa onde o juiz de paz estava a postos para realizar a cerimônia. Logo uma suave melodia espalhou-se pelo ambiente e Laurinda delicadamente desceu os degraus que davam aceso à sala sob os olhares de seus convidados. Ela usava um vestido longo cor-de-rosa, ostentando um colar de pérolas no pescoço e brincos combinando, nas mãos um delicado buquê de rosas vermelhas. E, sob os olhares emocionados de alguns convidados, escutou atentamente as palavras do juiz, e após as juras de amor mútuo foram declarados casados perante a justiça, recebendo os aplausos de todos os que formaram fila para os cumprimentos de praxe. A festa seguia animada, quando Diva entrou no local, feliz ao lado da filha que havia voltado para casa, fazendo todos olharem para elas. Marlene estava linda, vestindo um longo azul tomara que caia, no pescoço um lindo colar de ouro cravejado de diamantes. Seu jeito altivo, mas simpática a todos que paravam para cumprimentá-la, deixou muitos que ali se encontravam comentando sua mudança, e foi com alegria que ela e a mãe cumprimentaram os noivos, desejando-lhes felicidades na união, pedindo desculpas pelo atraso, pois as ruas alagadas dificultaram a chegada delas. Já estavam indo ao encontro de seus amigos, quando depararam com Saulo e sua família. O senhor, ao ver a moça esbanjando confiança, abraçou-a carinhosamente, dizendo em seguida:

– Você está divina, Marlene! Não sabe como vê-la bem me deixa feliz.

– De fato está muito diferente – obtemperou Olga, esforçando-se para ser simpática com as duas. Arlete, não se fazendo de rogada, levantou-se dando dois beijinhos na face da moça, desejando-lhe boas-vindas. Rogério, aproveitando a deixa da esposa, deu-lhe um abraço apertado dizendo com um belo sorriso nos lábios:

– Sabe que ao vê-la tão bem chego a pensar que uma boa temporada em Campos do Jordão pode fazer milagres!

– E faz, meu amigo, e faz... – afirmou a jovem ao medi-lo de cima a baixo, dizendo: – Espero que esteja bem depois do susto que passou.

– Passamos por momentos difíceis, querida, mas águas passadas não movem moinhos – interpelou Olga ao ver que a nora fechara o semblante.

Marlene, percebendo que sua presença estava incomodando as senhoras, não deixou aquela energia negativa penetrar em seu ser e, rapidamente despediu-se daquela família, indo ao encontro de Henrique, que ao vê-la a abraçou demoradamente, fazendo os olhos de alguns convidados se voltarem para eles. Diva, ao ver a filha sentar-se a seu lado, voltou-se para os amigos dizendo:

– Cada dia que passa estou mais convencida da vida espiritual. Marlene estava me contando que encontrou com um médico em Campos que lhe iniciou nas verdades do espírito.

– Um querido amigo que faço questão que conheçam – interpelou Marlene, tendo que contar com detalhes sobre as circunstâncias do encontro com Jorge, fazendo todos a ouvirem atentamente e, quando finalmente terminou sua narrativa, Henrique ponderou:

– Deus sabe o que faz e se seu pai pôde se comunicar através desse médium, significa que estava realmente preparado para aprender sobre a vida espiritual. O mestre só aparece quando o aluno está apto para aprender!

– Tenho de concordar com você, nos conhecemos há tantos

anos, você até tentou chamar minha atenção para os verdadeiros valores da vida e eu não quis lhe ouvir, precisei passar por dissabores, sofrer uma grande desilusão amorosa para só depois abrir meus olhos para a espiritualidade.

– Desilusão é simplesmente a visita da verdade que sempre esteve à nossa frente. Infelizmente quando nos apaixonamos nosso orgulho e a vaidade nos impedem de enxergar o ser amado como realmente é, com suas qualidades e defeitos – comentou Eulália com sua habitual docilidade, fazendo o filho aduzir.

– Ainda mais no seu caso, que sempre viu em Rogério seu príncipe encantado. A maioria dos homens cresce aprendendo a seduzir uma mulher, pois sabem que de acordo com seu poder de atração terá mais chances de segurar uma parceira ao seu lado, e para isso investem pesado nos galanteios, fazem de tudo para mostrar que são os homens ideais para um casamento feliz, e nisso as mulheres se entregam ao ser amado de corpo e alma, até que uma hora o homem, por se sentir seguro na relação, começa a mostrar quem realmente é. Mas só o faz quando está seguro com relação aos sentimentos da parceira, o que é feito de forma inconsciente, na maioria das vezes, é claro!

– Ora, Henrique, do jeito que fala até parece que não acredita no amor! – comentou Diva não compreendendo aonde o amigo queria chegar com aquele comentário, fazendo o rapaz, após tomar um gole de refrigerante, responder, prendendo a atenção de todos.

– O amor é um sentimento nobre que vem da alma, e não de palavras, a vida sempre sabe o que faz e não une duas pessoas em um relacionamento amoroso à toa. Se olharmos os relacionamentos através das encarnações, compreenderemos perfeitamente o resgate que há por trás de uma junção de espíritos.

Diva já ia fazer outro comentário quando um belo moço aproximou-se da mesa interrompendo a conversa. Henrique ao ver de quem se tratava, abriu um largo sorriso e, levantando-se, abraçou-o com carinho e, ao se voltar para a mãe e a filha tratou de apresentá-lo:

– Este é Alberto, um amigo querido que me jurou de pés juntos que nunca mais voltaria ao Brasil!

– E você me respondeu que nunca era muito tempo. Não esquecerei aquele dia em que nos despedimos, suas palavras permanecem em minha mente até hoje!

Alberto cumprimentou Eulália com alegria e apertou delicadamente a mão que Diva lhe estendera. Ao se aproximar de Marlene, fitou-a demoradamente nos olhos, tentando reconhecê-la, fazendo a moça sentir um friozinho gostoso percorrer-lhe a espinha. Alberto era alto, moreno claro, cabelos castanhos levemente ondulados, olhos grandes e amendoados, lábios bem definidos e, quando sorria, ostentava dentes alvos e bem distribuídos. Usava um perfume suavemente amadeirado e, quando ele pegou delicadamente em suas mãos, levando-as aos lábios, fez questão de elogiá-la:

– É um prazer conhecê-la. Acredito que nunca fomos apresentados, pois, do contrário, não me esqueceria de sua beleza!

A moça abriu um leve sorriso fazendo as duas senhoras trocarem olhares significativos. Henrique, após convidá-lo para se juntar ao grupo, perguntou:

– Estou interessado em saber quais foram os motivos que o fizeram regressar, Alberto!

– A vida! – respondeu o moço de pronto e, após fazer uma pequena pausa, falou: – Você conhece minha história, sabe o que passei com Fernanda, da minha desilusão amorosa que me levou à depressão. Quando deixei o país, acreditei que nunca mais voltaria. Passei longa temporada na Europa e depois passei a morar em Nova York, naquele apartamento de minha família, onde passamos aquele outono. Lembra-se?

– E como poderia me esquecer daquelas cidades aos arredores de Manhattan? Principalmente de New Paltz, onde as folhas das árvores que caem no chão em seus tons alaranjados no outono formam um espetáculo de rara beleza!

– Aproveitamos muito aquela temporada de férias, meu amigo, sempre que ia a New Paltz me lembrava de você e fora lá que conheci um grupo de estudos espiritualistas e de metafísica. Nos Estados Unidos estes grupos ganharam força nos últimos anos, lá aprendi que a vida continua após a morte física, que somos seres eternos e principalmente que temos o poder de mudar nossas vidas quando agimos conforme as leis espirituais que regem o universo.

– Eu não tenho dúvida disso, pois estou aprendendo sobre estas leis e, a cada dia, sinto que estou mais forte, mais feliz e dona de minha vida – comentou Marlene, sem perceber que os olhos de Alberto brilharam de emoção.

– Deus deixou tais leis para que pudéssemos aprendê-las e vivenciá-las, só assim conseguiremos deixar a condição de espíritos ignorantes, aprendendo na teoria e sentindo na alma. Conheço inúmeras pessoas que frequentam casas espíritas e sabem tudo sobre o assunto, falam com ardor sobre as leis, mas não as utilizam – comentou Henrique deixando o assunto ainda mais interessante, fazendo sua mãe entrar no diálogo:

– Esta conversa me fez lembrar a parábola da figueira seca (*O Evangelho Segundo o Espiritismo*, capítulo XIX), onde Cristo amaldiçoa a figueira que só continha folhas secas e nenhum fruto.

– Sim, porque não adianta nada você ter o conhecimento, aparentar uma bondade que não possui no coração. Devemos vivenciar as leis universais que Cristo nos ensinou, do contrário seremos como a figueira seca, que de nada serve à humanidade.

O pequeno grupo continuou em palestra animada. Arlete, que estava com um olho na mesa de Marlene e outro no marido para ver se ele prestava atenção na outra, ao vê-la animada com a presença do rapaz voltou-se para a sogra e, com um sorriso malicioso, comentou:

– A sirigaita da Marlene parece que já fisgou um trouxa!

Olga olhou disfarçadamente para a mesa da irmã e só então percebera a presença daquele desconhecido e, querendo saber de quem se tratava, procurou Laurinda com os olhos. Ao vê-la andando pela sala fez um sinal com o dedo, ao que Laurinda atendeu de pronto e, aproximando-se, foi logo se justificando:

– Vocês devem estar impacientes. A chuva já passou, estão arrumando o jardim para os jovens dançarem, assim poderão pegar um pouco de ar.

– Ótimo, estou ficando sufocada nesta sala, mas não foi para isso que lhe chamei aqui. Quero saber quem é aquele moço que está na mesa de Eulália.

Laurinda passou os olhos pelo local e, ao ver o rapaz, voltou-se para a amiga.

– Gente, vocês não têm noção! Eu mesma fiquei pasma quando ele veio me felicitar, mas não sabia que ele tinha amizade com elas...

– Diga logo de quem se trata – ordenou Arlete já irritada com o jeito habitual da senhora dar explicações.

A noiva, após fazer um biquinho, respondeu:

– Trata-se de Albert de Renevour, herdeiro de principado em um pequeno, país Europeu; seu pai casou-se com uma brasileira que falecera ao dar à luz, o rapaz fora criado pela avó materna aqui no Brasil, sei disso porque meu primeiro marido era amigo íntimo da família. Albert fora criado sem pompas e gosta de se apresentar como Alberto, tamanha simplicidade monárquica!

Olga trocou olhares com Arlete, que, não perdendo a oportunidade, comentou:

– Coitado, quando conhecer melhor aquela sonsa e sua mãe desistirá de cortejá-la!

Laurinda riu prazerosamente sob o olhar reprovador de Saulo, em seguida pediu licença e foi bajular o rapaz, que a tratou com educação. Ela, ao ouvir alguém dizer que a pista de dança fora liberada, os deixou-os para chamar a atenção de todos para que se dirigissem ao jardim, onde começaria o baile. As horas passaram rapidamente. Alberto, ao ouvir o som da música que vinha da parte externa da casa, convidou Marlene para uma dança, que a jovem aceitou, sendo seguida por Henrique e sua mãe, que resolveram também participar do baile. Quando chegaram à pista, uma linda canção romântica estava sendo tocada. Alberto pegou delicadamente na cintura da moça, que se deixou conduzir por ele, ficando encantada com o cavalheirismo do rapaz, que dançava feito uma pluma e a conduzia com delicadeza a ponto de alguns casais pararem para olhar os dois rodopiando. E fora com alegria que Laurinda convidou a todos para brindar sua felicidade e, junto com o marido, cortou o lindo bolo. Quando finalmente fora jogar o buquê, as moças se posicionariam; Diva e Eulália foram incentivadas pelos rapazes a participar da brincadeira e juntaram-se às solteiras. Olga, ao vê-las disputando espaço com as moças, não conteve a língua na boca e comentou com a nora.

– Olha lá minha irmã e Diva como estão assanhadas! Pelo andar da carruagem, daqui a pouco elas estarão saindo com Laurinda atrás de garotões!

Arlete riu prazerosamente, enquanto a senhora virava-se de costas para jogar o arranjo de flores; e contando até três o lançou ao alto fazendo as moças se amontoarem na direção das rosas, que caíram nos braços de Marlene, que feliz voltou a sentar-se à mesa. Em pouco tempo os convidados foram deixando a casa. Saulo e Rogério, ao ver suas esposas irem ao encontro da noiva para se despedir, encaminharam-se em direção da mesa de Eulália, de onde Henrique ao vê-los tratou de lhes apresentar seu velho amigo, ocultando seu parentesco, pois sabia que o jovem era avesso a tais convenções. Saulo o cumprimentou com um sorriso nos lábios, no que foi seguido pelo filho, que sentira uma ponta de inveja do rapaz ao observar sua beleza máscula e perceber o olhar de Marlene para ele:

– Espero não estarmos atrapalhando a conversa de vocês – disse Saulo ao puxar duas cadeiras que estavam sobrando da mesa ao lado.

– De forma alguma, estamos falando sobre espiritualidade, assunto este em alta em nossa roda – comentou Henrique dando espaço para o tio participar da conversa.

– Então quer dizer que nosso novo amigo também estuda as verdades da vida?

– Sim – respondeu o jovem de pronto. E prosseguiu: – Já faz alguns anos que me voltei para o estudo da espiritualidade e ainda não sei quase nada.

– Se você não sabe nada, imagine eu que comecei dias atrás.

– Nunca é tarde para aprender – interpelou Marlene fazendo Rogério olhar admirado para a ex-noiva, que estava visivelmente mudada, não só por fora, pois desde que a vira procurara analisar suas atitudes e percebera que ela se tornara uma mulher decidida e segura de si; pensou em questioná-la, saber o que ela fizera de sua vida nesses meses em que se refugiara em Campos do Jordão, mas desistiu ao ouvir o comentário de se pai.

– Toda vez que vou a um casamento fico imaginando como os noivos estarão se relacionando daqui a alguns anos.

– Isso vai depender de quais sentimentos os levaram a se unir em matrimônio – respondeu Alberto e, percebendo que todas as atenções se voltaram para ele, prosseguiu: – O amor é o mais nobre dos sentimentos, é ele que move o universo e nossas vidas, mas infelizmente as pessoas confundem seus sentimentos e se perdem por ter conceitos errôneos enraizados ao longo dos séculos do que seja realmente uma união entre duas pessoas.

– Ah, desculpe-me, mas esta ideia de amor ideal, de contos de fadas, não existe. Isto é utopia, coisa para gente sonhadora – interpelou Rogério fazendo o rapaz sorrir antes de lhe responder:

– E realmente não existe! Porque o amor vai além do "viveram felizes para sempre". Antigamente as pessoas se uniam em matrimônios arranjados de acordo com as posses e as conveniências das famílias, muitas vezes o noivo mal conhecia sua futura esposa e, como dois estranhos, saíam da igreja de braços dados; a mulher tinha que baixar a cabeça e aceitar calada tudo o que seu marido lhe impunha e carregava seu pesado fardo até que a morte os separasse. Claro que a Providência Divina unia justamente as pessoas que tinham resgates para viver juntas e, uma vez não podendo se libertar de suas amarras, acabavam por aprender e até a resgatar suas dívidas uns com os outros. Com o passar do tempo, as mulheres foram ganhando seu espaço, aprenderam a dizer não quando algum pretendente não era de seu agrado e, mesmo assim, acabavam se casando por conveniência. Hoje em dia os casamentos são mais liberais, as pessoas se casam e se separam quase sistematicamente, julgam-se apaixonadas e, após algum tempo, descobrem que a pessoa por quem juraram felicidade e amor eterno não era o que imaginaram. Alguns ao perceberem tais erros procuram repará-los, enquanto outros, com a chegada dos filhos e as dificuldades de uma separação, acabam por permanecer ao lado de seus parceiros como dois estranhos com raros interesses em comum. Resultado? A busca por amor que deveria estar naquela relação ultrapassa as barreiras das quatro paredes, onde o ser infeliz e desiludido busca, no primeiro ato sexual fora do casamento, a satisfação que nunca encontrou e claro não encontrará de forma leviana.

Rogério olhou para o pai, que escutava calado. Logo, Olga e Arlete aproximaram-se da mesa e, alegando cansaço, pediram para irem embora, fazendo o grupo se dispersar, indo cada um para sua casa, deixando Laurinda terminar sua noite apaixonada nos braços de seu marido.

PARTE III

A vida sempre sabe o que faz!

CAPÍTULO 20

Um turbilhão de pensamentos

Arlete lia uma revista na sala quando a empregada passou com as correspondências e, ao ver a pilha de envelopes em sua mão, deu ordens para lhe entregar o maço. Estava esperando um postal de seus pais em viagem pela China e, ao pegar as cartas nas mãos, uma notificação de multa de trânsito em nome de seu marido chamou sua atenção. Rapidamente abriu o envelope, onde pôde constatar, pelo conteúdo do informativo, que Rogério havia estacionado em local proibido. Anotou o endereço em um papel, precisava saber quem morava nas proximidades daquela rua e, sendo influenciada por Carla, arquitetou um plano em sua mente indo direto à empresa do marido. Um turbilhão de pensamentos contraditórios passava rapidamente em seus pensamentos, aquele endereço poderia ser de alguma funcionária ou mesmo da secretária com quem sua intuição feminina lhe pedia para ficar atenta. E com o andar altivo, aproximou-se da secretária abrindo um falso sorriso. Ana, ao vê-la, sentiu um frio na espinha e, procurando ocultar o que passava em seu íntimo, foi logo dizendo:

– Boa tarde, dona Arlete. Doutor Rogério não avisou que viria, ele está em uma reunião; se quiser poderá esperá-lo em sua sala.

– Não se preocupe comigo, querida, estava passando por perto e resolvi subir para fazer uma surpresa ao meu marido.

Ana mordeu os lábios em sinal de nervosismo, aquela visita inesperada não estava lhe cheirando a boa coisa. Arlete, ao perceber o incômodo que sua presença causara na jovem, abriu um sorriso amarelo e, procurando ser simpática, comentou:

– Sabe que ainda não conheço toda a empresa? Acho que vou passear pelos corredores, enquanto espero a reunião terminar!

– Fique à vontade! – disse a jovem sem perceber as reais intenções da outra, que ao virar-lhe as costas fora direto ao setor de recursos humanos, onde uma funcionária lhe reconhecendo procurou atendê-la com extrema simpatia.

– Dona Arlete, que satisfação tê-la em nosso departamento. Está precisando de algo?

– Sim, anjinho! – respondeu com um tom de voz doce fazendo a moça acreditar em seu jeito bondoso, pois a jovem só a conhecia das revistas de fofocas que não deixava de ler e, sentindo-se feliz em ter aquele dedo de prosa com uma mulher tão fina e elegante, respondeu procurando ser o mais amável possível:

– Então, pode dizer. Farei o que estiver ao meu alcance para ajudá-la!

– Que bom... – disse Arlete com um sorriso falando em seguida: – Sabe o que é, estou querendo o endereço de Ana, a secretária da presidência. Eu e minha sogra gostaríamos de dar-lhe um presente em agradecimento, pois sabemos que nossos maridos esquecem datas importantes e que é ela quem os lembra e acaba comprando nossos presentes, mas peço-lhe sigilo absoluto. Afinal, será uma surpresa para a moça.

– Isso é fácil! – disse a jovem voltando suas vistas para seu superior, que ocupado com um trabalho nem dera conta do que estava acontecendo. E rapidamente puxou a ficha da moça pelo computador, passando o endereço para Arlete, que se esforçara para continuar com aquele sorriso ao constatar que sua intuição estava correta. E despedindo-se da moça fora para o banheiro, onde passou uma água no rosto. Voltando à antessala de seu marido, deu uma desculpa à sua rival e deixou o local, voltando para casa. Refugiou-se em seu quarto, onde com a ajuda de Carla começou a planejar seus próximos passos. Os dias passaram lentamente para Arlete, que tivera que se esforçar para controlar sua fúria. Na quinta-feira, Rogério telefonara avisando que participaria de um jogo de futebol com os amigos e não teria hora para chegar. Arlete, após colocar o fone no gancho, pegou sua bolsa, deu uma desculpa à sogra e foi para a rua, dando sinal ao primeiro táxi que viu passar; deu ordens para o motorista lhe levar ao endereço de um detetive particular, indicado por sua prima e, ao ver o senhor resumiu em poucas palavras suas intenções, pagando uma pequena fortuna. Conseguira levá-lo consigo até a frente do apartamento de Ana, onde ficaram de campana até o final da tarde, quando finalmente Rogério estacionou seu carro diante do prédio. Abriu a porta do carona para a moça descer, pegou sua mão e, juntos, entraram no local; enquanto esperavam o elevador, beijaram-se com ardor, sem perceber que as lentes da máquina do detetive registrava todos os seus movimentos.

– Bem, minha senhora... Com estas fotos está caracterizado o adultério, creio que já possui provas suficientes – comentou o senhor ao ver sua cliente se esforçando para não armar um barraco daqueles na porta do edifício.

– Tudo o que quero são as fotos reveladas logo pela manhã. Agora pode ir, obrigada!

O homem consentiu com a cabeça e deixou o local; embora já estivesse acostumado com os escândalos que as mulheres faziam quando pegavam seus maridos com outras, não gostava de ficar no meio daquele tipo de situação, fazia seu serviço sempre na base da honestidade, nunca forjara provas para comprovar o adultério de seus clientes. Quando comprovava a traição, revelava aos seus clientes o contrário também. E sem dizer mais nada deixou a moça sozinha, que ainda ficou a observar as luzes do apartamento sendo acesas e as sombras dos dois se beijando através da cortina. Voltou para casa, tomou um calmante, trancou-se em seu quarto e dormiu pesadamente antes de o marido chegar. No dia seguinte, fizera questão de acordar antes do esposo, indo à copa, sentou-se para tomar seu café da manhã ao lado do sogro, que ao ver o filho sentar-se, respondeu ao seu cumprimento, não deixando de perceber uma certa animosidade na nora, que com um sorriso nos lábios perguntou ao marido:

– Não vi a hora que chegou ontem. Eu estava tão cansada que acabei dormindo, mas me conte, como foi o jogo?

– Ah, o de sempre! Um bando de marmanjo correndo atrás de uma bola. Mas foi relaxante, nosso time ganhou e os adversários tiveram que pagar a conta do bar.

Arlete calou-se, sua vontade era de subir em seu pescoço, dizer que ela não era a idiota da Marlene, mas controlou-se, precisava manter seu sangue frio e, sem dizer nada, permaneceu sentada até ver Rogério deixar a casa ao lado do pai. Foi em seguida para seu quarto, sendo influenciada por Carla, que não parava de falar ao seu ouvido: – Isto é benfeito! Quero que sinta na própria pele tudo o que Marlene sentiu.

– Você conseguiu o que queria. Está satisfeita? – perguntou Lauro, que aparecera no local de supetão.

–Não! Ainda falta ver o escândalo que ela fará na empresa, pois quero que todos saibam o cafajeste que Rogério é e vê-la expor sua intimidade perante os funcionários!

– Você não está pensando em acompanhá-la. Está?

– Estou pensando não, eu vou, pois não perderei este espetáculo por nada!

– Deixe de ser louca, mulher! Diva e Saulo estão com os cordeiros, sem falar em Marlene, que começou a trabalhar com a mãe nesta semana. Ir até lá será muito arriscado, aqui estamos seguros, pois os pensamentos de Olga predominam e ainda tem o reforço de Rogério e desta sem graça, mas lá... – Carla não respondeu; ao ver a moça sair a passos duros, Lauro foi atrás. Não querendo deixá-la ir sozinha, pegou em sua mão e, juntos, volitaram até a empresa, onde ficaram à espera de Arlete, que passou no escritório do detetive e pegou as fotos e os negativos para seguir seu caminho cega de ódio.

Passava das onze horas da manhã quando Arlete finalmente chegou à porta do belo edifício comercial. Ao olhar para o relógio de pulso, sentiu o gosto da vingança, ouvira o sogro dizer que teriam uma reunião com toda a diretoria e alguns colaboradores importantes da construtora naquele horário e era tudo de que precisava. Saulo detestava escândalos e fazia de tudo para fugir deles. Ao entrar no elevador, olhou mais uma vez para as fotos, o que aumentou ainda mais sua fúria e, feito um rojão, passou pelo longo corredor que dava acesso à sala de reuniões. Carla, que aproveitara uma pequena pausa na reunião para pegar um documento que esquecera em sua mesa, ao vê-la se aproximar batendo as tamancas, abriu um sorriso nervoso dizendo:

– Como tem passado, dona Arlete? O senhor Rogério está em uma reunião...

Arlete sentiu seu sangue ferver ao ver a cara de pau da moça e, num gesto de fúria, atirou-se sobre ela dando-lhe um tapa no rosto que a fez cambalear; em seguida, puxou-a pelos cabelos dizendo palavras de baixo calão, conseguiu imobilizá-la e, aos gritos, a estapeava, o que fez com que todos que estavam na sala ao lado saísse rapidamente para ver o que estava acontecendo. Rogério, ao ver aquela cena, tratou de tirar a esposa de cima da jovem, ajudado por seu pai, enquanto Diva e Marlene observavam pasmas e alguns diretores riam internamente. Arlete, ao ser amparada pelo marido lançou sua fúria sobre ele e o tumulto se generalizou. Carla ria prazerosamente, instigando Arlete a se vingar; ficara tão distraída ao lado de Lauro que não percebera a presença de João, que calado ficou a observá-la. Saulo, ao ver a moça, finalmente segura por Diva e Marlene, questionou atônito:

– O que deu em você? Até há pouco estávamos tomando nosso café da manhã em paz!

– Você estava tomando seu café da manhã em paz! Eu estava segurando minha ira para ver até onde o cinismo de seu filho chegaria... Onde já se viu dizer que estava em um jogo de futebol quando na verdade estava na cama da secretária!

– Sua acusação é muito séria, Arlete. Você tem noção do que está afirmando?

– Tenho! – respondeu a moça se livrando das duas e, pegando o envelope que estava no chão, abriu-o rapidamente jogando as fotos sobre o sogro, que ao vê-las espalhadas sobre o carpete constatou a veracidade dos fatos e, procurando acalmar os ânimos, voltou-se para todos dizendo:

— Peço desculpas pela cena constrangedora que os senhores foram obrigados a presenciar, este é um problema de cunho particular e gostaria de pedir a todos que voltem para suas salas.

Os executivos deixaram o local comentando o episódio em voz baixa. Ana fora levada por uma jovem assistente até o banheiro, onde a ajudou a se recompor. Diva e Marlene se trancaram na sala da presidência. Saulo, ao ver todos se dispersarem, ordenou que a nora e o filho entrassem em sua sala. Carla já ia acompanhá-los quando João surgiu à sua frente dizendo:

— Não acha que já se envolveu demais em um problema que não é seu?

Carla sobressaltou-se, aquele rosto não lhe era estranho, o homem falava com doçura, possuía um olhar doce. Olhou para os lados procurando por Lauro. João, sem lhe dar chance para questionar, comentou:

— Seu amigo se foi ao me ver chegar. Trata-se de um espírito que insiste em permanecer na ignorância, mas que no tempo certo perceberá o quanto está equivocado em seus pensamentos e, quando isso acontecer, estaremos prontos para socorrê-lo, desde que se arrependa de coração pelos erros cometidos.

— Olha, senhor! Não sei quem é, mas saiba que estou agindo no meu direito. Essa cobra da Arlete merece o que está passando e quero vê-la sofrer. Fui sua vítima, passei para este mundo porque ela se envolveu com o noivo de minha amiga...

— Eu sei de tudo o que aconteceu. Em minha última encarnação, recebi Marlene como uma filha querida e ninguém melhor do que eu para saber o que se passou – Carla lembrou-se então de ter visto uma foto do senhor na casa de Diva. João possuía um olhar penetrante, que a deixara encabulada. – Estou tentando fazer contato com você desde seu desencarne, mas seus pensamentos cheios de ódio me afastaram. Olga vive na ignorância da alma e suas energias contribuíram para que eu não lhe interceptasse na casa dela, mas aqui, com as boas energias de Marlene, Diva e Saulo, eu posso chamar a sua atenção para as verdades do espírito.

– A razão está do meu lado. Arlete não tinha o direito de fazer o que fez à Marlene e a mim. Foi por causa dela que saímos feito duas loucas daquele casamento amaldiçoado!

– Não! Vocês saíram daquele casamento abençoado porque quiseram! Estavam lá com sentimentos de ódio para o casal e o ódio as atraiu para aquele acidente. Você desencarnou porque chegou o seu momento de viver outras experiências. Vale ressaltar que Arlete nunca lhe fez nenhum mal, você comprou as dores de Marlene!

– E não é para isso que servem os amigos? Para serem solidários? Os inimigos de meus amigos também são os meus!

João balançou a cabeça negativamente antes de responder:

– Os verdadeiros amigos são aqueles que nos amparam em momentos de tristeza, enxugam nossas lágrimas quando a angústia e o desespero bate à nossa porta e estão sempre dispostos a nos ouvir dando conselhos que elevem a nossa alma. Tentar trazer para si os problemas e os fardos alheios não é amizade, e sim um ato de ignorância.

Carla lembrou-se de seu passado, quando sempre procurava defender suas amiguinhas das injustiças causadas por terceiros comprando para si problemas que não lhe pertenciam, pois acreditava que dessa forma estaria sendo amiga de verdade. João, passando delicadamente sua mão no rosto da jovem para enxugar uma lágrima solitária que insistia em cair lentamente por sua face, prosseguiu:

– Você desencarnou com ódio de Arlete por não suportar ver sua amiga sofrendo, e como somos atraídos pelos sentimentos mais profundos de nossa alma, seu espírito, ao se ver fora da matéria e regido pela lei da atração, procurou Arlete, tentando de todas as maneiras vingar Marlene. O que você não sabe é que a vida teve seus motivos para juntar em um triângulo amoroso Rogério, Arlete e Marlene e que se envolver nesse resgate a ponto de tomar partido é tentar anular tudo o que a Providência Divina preparou para o crescimento espiritual dessas três almas. Você é responsável por sua vida e por seus atos!

Carla sentiu seu coração apertar, fora responsável pelo que acontecera a Arlete e Rogério, se pudesse voltar atrás não teria se envolvido na vida amorosa dos dois. João, ao ler os pensamentos da jovem, ponderou:

– Não se dê tanta importância, filha! Você errou, juntou-se a espíritos ignorantes, que se julgam justiceiros, para prejudicar o casal e acredita ser responsável pelo que está acontecendo em suas vidas, o que não é verdade. Mesmo que não estivesse obsediando Arlete e Rogério, cedo ou tarde a relação dos dois viria por terra. Veja! Arlete sempre acreditou que Rogério estaria à sua disposição, ela ainda não aprendeu que ninguém é dono de ninguém e, ao saber de seu noivado com Marlene ficou com seu orgulho ferido, e decidida a ter seu homem de volta fora procurar a ajuda de um médium equivocado que trabalhava com espíritos que, assim como ele, possuem uma visão distorcida das leis espirituais; aliando-se a tais entidades, conseguira separar os noivos, que não estavam certos de seus verdadeiros sentimentos, pois do contrário o amor criaria uma barreira protetora que impediria a ação de tais entidades e a vida que caminha sempre para a frente, visando ao progresso, permitiu que você interferisse na relação amorosa do casal, para que ambos possam reavaliar suas atitudes – João envolveu a moça em seus braços e com um sorriso nos lábios, comentou: – Vamos ouvir a conversa de Diva e Marlene para saber o que elas pensam sobre o que está acontecendo.

Carla deixou-se conduzir por aquele senhor, que lhe transmitia uma energia revigorante. Ao entrarem na sala, viram Marlene servindo um copo de água à mãe, que após tomar o líquido pausadamente, comentou:

– Estou muito triste com o que acabo de presenciar. Juro que não queria ver o relacionamento dos dois acabando desse jeito!

– Muito menos eu! Confesso que quando Rogério me deixou cheguei a amaldiçoar sua união, eu estava magoada, com o orgulho ferido, e cheguei a desejar ardentemente que se separassem. Mas depois que comecei a aprender sobre os verdadeiros valores da vida, perdoei os dois de coração, perdoei-me por ter feito loucuras pelo amor de Rogério e pedi perdão a Deus. Depois disso, meu coração ficou realmente mais leve.

– E fica mesmo, minha filha. Eu mesma experimentei tais sensações quando comecei a ver meus erros e repará-los.

– Ah, mamãe, como é bom ter o conhecimento da vida. Saber que tudo está ao alcance das nossas mãos e que só depende de nós mesmos mudarmos os nossos destinos. Agindo no bem, vivenciando o bem, podemos conseguir a felicidade relativa neste planeta!

Carla escutava a conversa abismada, não imaginara que reencontraria a amiga tão mudada. Marlene falava pelo coração, fazendo sua aura iluminar-se a cada palavra, o que a deixou maravilhada. João, ao constatar que conseguira seu intuito comentou:

– Acho que chegou o seu momento de aprender o que suas amigas já vêm aprendendo. Onde resido, todos estamos aprendendo a ser melhores, e lá você poderá fazer cursos, estudar as leis universais e trabalhar em prol de seu próximo – Carla sentiu o peito oprimido, procurara vingar a amiga e sem perceber se envolvera em problemas que não lhe diziam respeito, e ao se envolver com as energias de paz do senhor, sentira-se em falta com Arlete. – É comum sentir-se desta forma ao descobrir que errou, sinal de que está realmente interessada em mudar suas atitudes. Saiba que terá tempo de reparar seus erros até com Arlete, se isso lhe for necessário – comentou João ao ler os pensamentos da moça, que ergueu sua cabeça para o alto.

Carla estava sentindo tanta paz que elevou seus pensamentos a Deus pedindo perdão de coração e agradecendo a ajuda benéfica daquele espírito que não a julgara, e sim a compreendera, mostrando-lhe o quanto estava equivocada. Logo luzes coloridas caíram sobre sua cabeça e, ao olhar para a frente, deparou-se com o espírito de Flávio, o noivo que ainda amava com toda a força de sua alma. E não contendo a emoção o abraçou demoradamente, ficando em seus braços por um longo tempo, até que ele a afastou e, olhando em seus olhos, disse amorosamente:

– Estou esperando por este momento desde seu desencarne, saiba que nunca lhe abandonei. Quero que conheça a colônia onde moro, o lugar é lindo e lá poderemos viver juntos com as bênçãos de Deus e dos espíritos esclarecidos.

— Quando o amor é verdadeiro o levamos conosco pela eternidade — interpelou João recebendo o sorriso de Flávio, que mentalmente lhe agradeceu de coração por ter ajudado a jovem, e a envolvendo em seus braços com carinho volitaram rumo à colônia de refazimento, onde a jovem passaria por um tratamento antes de poder viver ao lado daquele que amava de coração puro, fazendo João elevar seus pensamentos aos céus em agradecimento.

Marlene, ao sentir o clima gostoso que se instalara no local, sorriu e aproximando-se da mãe, deu-lhe um abraço forte e, juntas, pediram à Providência Divina para interceder a favor do casal.

Arlete deixou a empresa chorando após ter xingado o marido e o sogro, que procurando manter a calma escutara tudo o que ela lhe falara calado. E com o coração apertado, dirigia rumo à casa da sogra. No caminho lembrou-se da sua infância, da atração que sentia por Rogério desde a adolescência, do primeiro beijo roubado que o garoto lhe dera, das juras de amor que fizeram ao longo dos anos, de sua despedida quando decidida fora para a Europa, e no regresso do envolvimento com Túlio e o golpe da barriga que aplicara para ter Rogério em seus braços, dos momentos difíceis que passaram juntos após o casamento; e com essas lembranças estacionou seu carro diante da mansão, entrando a passos duros na casa. Olga, ao vê-la com os olhos inchados de tanto chorar, assustou-se e como a nora não parara para lhe explicar o que estava acontecendo, seguiu-a até o quarto, onde a moça, após pegar uma mala e começar a jogar suas roupas dentro, comentou:

— Estou indo embora desta casa. O patife de seu filho está tendo a secretária como amante e não vou tolerar isso!

Olga mordeu os lábios nervosamente e querendo defender o filho respondeu:

– Você não pode jogar a culpa em Rogério, foi você quem esfriou a relação, ficando doente logo após o casamento e deixando de ser amorosa com ele. Chego a pensar que não o ama, só quis mesmo tirá-lo daquela outra!

Arlete deu um grito, imaginou-se esbofeteando a sogra, mas, procurando as palavras certas para atingi-la, respondeu:

– Bem se vê a quem Rogério puxou! O pai é um safado que passou a vida inteira com amantes para satisfazer a falta de uma mulher de verdade em casa, mas ao menos Saulo teve a decência de ouvir isso calado, enquanto você ainda acha que pode defender aquele calhorda. Claro! Foi com você que ele aprendeu a ser frívolo, a mentir e enganar os outros!

– Escuta aqui, mocinha! – Olga colocou a mão na cintura enquanto Arlete fora de si colocou seu dedo na face da sogra e berrou:

– Escute aqui você! Eu estou saindo desta casa para nunca mais voltar e fico feliz em não ter de fingir que gosto de sua presença, uma mulher falsa que nunca teve nada além de dinheiro! Bem que merece ficar sozinha e ser infeliz pelo resto da vida!

– Posso ser falsa, mas você não fica atrás. Não se esqueça de que se aliou a mim para ter Rogério de volta, e que sei exatamente quem você é! – Olga rodou nos calcanhares. Com todos os seus problemas e o mundo desabando sobre sua cabeça trancou-se em seu quarto, não vendo a nora deixar a casa, pouco antes de seu filho chegar.

CAPÍTULO 21

O bom exemplo

Saulo entrou em casa decidido a ter uma conversa franca com a esposa. As palavras de Arlete dias atrás lhe acusando de ter sido mau exemplo para o seu filho não saíram de sua mente, e com esses pensamentos bateu levemente à porta do quarto entrando em seguida. Ao vê-la deitada assistindo a um programa de tevê sentou-se ao seu lado e, abrindo um fraco sorriso, comentou:

– Você deveria sair um pouco de casa, rever velhos amigos e fazer novas amizades.

– E para quê? Não estou interessada em conhecer gente nova!

Saulo respirou fundo e criando coragem pôs-se a falar:

– Sabe que nos últimos dias estive pensando seriamente em tudo o que vem nos acontecendo e cheguei à conclusão de que Arlete está certa? Eu nunca fui um bom exemplo para Rogério, que cresceu sem base de boa moral, acreditando somente no poder do dinheiro que erroneamente acabamos incutindo em sua mente.

Olga levantou-se, não estava disposta a ouvir as novas teorias do marido. Saulo, ao perceber que ela queria fugir do assunto, aumentou um pouco o tom de voz.

– O que quero lhe dizer é que chegou o momento de nos separarmos de verdade, quero mostrar ao meu filho que, embora eu tenha errado, sou homem suficiente para encarar a vida de frente e seguir de acordo com os meus princípios.

– Agora compreendo aonde quer chegar com essa lenga-lenga. Você está se aproveitando da separação de Rogério para justificar sua saída de casa!

– Não, Olga! Estou usando os erros de meu filho para avaliar minhas próprias fraquezas e mudar minhas atitudes. Não adianta eu lhe dar conselhos se eu mesmo estou agindo errado. Nossa relação amorosa acabou, e eu encontrei outra pessoa, que está à espera de uma decisão minha para vivermos nossa história de amor. Veja, Rogério estava com Marlene e a traiu com Arlete, depois traiu Arlete se envolvendo com a secretária. Agora você acha que a separação o fará mudar? Não! Ele só perceberá que está agindo de forma equivocada quando nós, que somos seus pais, lhe dermos o exemplo. Talvez ele até se arrependa do que fizera e tente voltar com sua esposa e levar o casamento adiante, mas no nosso caso não dá mais, acabou. Na verdade, hoje acredito que nunca nos amamos e que nosso casamento só não foi um erro porque a vida só une o que precisa ser unido! – Olga baixou a cabeça forçando algumas lágrimas. Saulo, ao vê-la cabisbaixa, levantou-se, deu-lhe um leve beijo na face e disse: – Tudo o que quero é que sejamos felizes. Nossa separação será amigável e dividirei tudo o que conquistamos juntos, a começar por esta casa que é sua!

Saulo saiu e foi para o quarto de hóspedes, onde colocou algumas peças de roupa em uma mala. Olga o seguiu calada e procurando ocultar o ódio que sentia do marido, acompanhou-o até a sala principal, onde um investigador de polícia acabava de entrar ao lado da empregada. Saulo, ao vê-lo, deixou a mala no chão e o cumprimentou, sem se importar com a esposa, que vendo o investigador sentira um frio na barriga e, procurando ocultar seu estado, foi logo dizendo:

– Não acha que é um pouco tarde para vir nos incomodar, senhor policial?

– Não leve minha esposa tão a sério, investigador Salgado. O senhor sempre foi muito gentil enquanto passávamos por aqueles momentos difíceis do sequestro de meu filho – e lançando um olhar de reprovação para a mulher, falou: – Estamos à sua inteira disposição!

Salgado olhou demoradamente à sua volta, fazendo o senhor apontar uma confortável poltrona, onde o policial sentou-se diante do casal; e tirando um papel com um retrato falado o entregou à Olga, dizendo:

– Eu gostaria de saber se conhece esse rosto.

Olga pegou o papel e, olhando demoradamente, reconheceu Róbson. Procurando ocultar o espanto que sentira respondeu:

– Acho que não. Sou péssima fisionomista, desculpe-me.

Saulo pegou o desenho e, olhando atentamente entregou-o ao policial dizendo:

– Na realidade, essa fisionomia não me é estranha, mas juro que não consigo me lembrar de onde eu possa ter conhecido tal pessoa.

– Este é Róbson. Pelas nossas investigações e, de acordo com uma denúncia anônima, é o responsável pelo sequestro de seu filho, o que me intriga é que descobrimos que este mesmo meliante foi companheiro de Laurinda Fernot Montenegro.

Olga sentiu ligeira tontura, quando fizera a denúncia anônima estava tão desesperada que não imaginara que os policias ligariam Róbson à Laurinda. Saulo, ao ver a face pálida da mulher, questionou:

– Você não o reconheceu, Olga? Afinal vocês são amigas inseparáveis e deve ter convivido com esse rapaz. Eu talvez o tenha visto uma ou duas vezes, mas você...

– Ora, Saulo, acha que vou me lembrar de todos os rapazes com quem Laurinda teve um caso? Foram tantos que nem me lembro de suas fisionomias!

Salgado levantou-se, estava satisfeito com as respostas e, ao ver a mala no chão, parou para lhe fazer uma última pergunta:

– Está de viagem marcada, doutor Saulo?

Saulo olhou fixamente nos olhos de seu interlocutor e não querendo lhe esconder nada respondeu:

– Não! Eu e Olga estamos nos separando, portanto estou deixando esta casa. Caso precise se comunicar comigo pode me procurar em minha empresa, o senhor tem o endereço.

– Certamente! – disse o homem dando uma discreta olhada para ver a reação de Olga, que baixou a cabeça e, em seguida, despediu-se do casal.

Saulo, ao ver o senhor deixar sua casa, fez o mesmo, para desespero de Olga, que em um ataque de fúria começou a quebrar tudo o que via pela frente. No dia seguinte, levantou cedo, enquanto as empregadas limpavam a sujeira e a bagunça que ela deixara no ambiente. Foi para a casa de Laurinda, que ao vê-la adentrar abruptamente pela sala de visitas foi logo dizendo:

– Pensei em lhe telefonar, mas temo que tenham grampeado meu telefone. Ontem o investigador veio até aqui e fui obrigada a confirmar o envolvimento que tive com Róbson no passado, jurando-lhe de pés juntos que nunca mais o vira.

– Aquele sujeito nos procurou ontem à noite e percebi que está muito desconfiado de nós.

Laurinda colocou a mão direita no rosto, num gesto que lhe era peculiar quando queria pensar e, em seguida, constatou:

– Estamos perdidas. O cerco está se fechando, se pegarem Róbson aí que não teremos escapatória! Eu lhe alertei, mas você, como sempre, não quis me escutar, e agora não sei o que faremos!

– Não faremos nada por enquanto.

– Eu quase não dormi na noite passada e cheguei à conclusão de que deve contar tudo a Saulo, talvez ele possa lhe perdoar e ajudá-la a sair livre desta investigação, ou procure sua irmã, eles estão muito ligados, peça ajuda, faça uma cena, chore, esperneie... sei lá!

– Você enlouqueceu? Eu nunca faria isso, prefiro a morte!

Laurinda balançou a cabeça negativamente, estava cansada. Nos últimos dias fizera uma análise de sua amizade com Olga, chegando à conclusão de que ela só a procurava quando lhe era conveniente, sempre para ajudá-la a realizar os serviços mais sórdidos. E decidida a resolver de uma vez por todas suas aflições, respondeu:

– Se não quer procurar ajuda, então dê um jeito de resolver este problema sozinha, do contrário eu mesma vou procurar a polícia e contar tudo o que sei, pois não quero ser presa como sua cúmplice. A ideia de jerico para sequestrar e matar Saulo partiu de você, eu tentei persuadi-la, pois estava na cara que não daria certo!

Olga sentiu o sangue ferver, não esperava ouvir aquelas palavras, que afetaram ainda mais seus nervos. Sem pensar duas vezes, voou para cima da senhora e, pegando em seu pescoço com força, berrou:

– Eu te mato com as minhas próprias mãos, sua ingrata! Você sem mim não seria ninguém. Esquece que só está nas rodas sociais por ser minha sombra? Saiba que todos riem às suas custas, com seu jeito esdrúxulo de ser e de viver.

Laurinda começou a perder o fôlego. Camila, ao ouvir os gritos de Olga, correu para a sala conseguindo tirar a patroa das mãos da senhora. Laurinda respirou fundo para recuperar o fôlego e respondeu, passando as mãos no pescoço:

– Sua maldita! Sempre fui seu bode expiatório, desde a nossa adolescência que lhe aturo. Você deveria beijar meus pés! Agora, fora da minha casa, e reze para que esta investigação não dê em nada, do contrário contarei tudo, desde nossos encontros com o pai de santo, e tenho Camila como minha testemunha.

Olga a fitou com ódio no olhar, já ia ameaçá-la quando Laurinda, apontando para a saída, gritou com toda força de seu ser.

– Rua, sua desalmada, e nunca mais me dirija a palavra!

Olga pegou sua bolsa em cima do sofá e rodou nos calcanhares. Sandro, que entrava em casa, vendo a socialite sair em disparada sem ao menos lhe cumprimentar foi falar com a esposa:

– Sempre lhe falei que sua amizade com essa dondoca metida ainda a faria sofrer!

Laurinda abraçou o marido e, se sentindo segura em seus braços, comentou:

– Ela quase me matou, Sandro!

Sandro beijou-lhe a mão e, limpando a face da esposa com as palmas das mãos, respondeu:

– Acho melhor fazermos o que conversamos ontem à noite. Olga tem muito mais influência que você e será capaz de fazer a polícia acreditar que fora você a mandante do sequestro. Portanto, é melhor vendermos tudo o que temos o quanto antes e deixarmos o país.

Laurinda jogou-se no sofá, seu marido estava certo, Olga seria capaz de fazer um espetáculo e jogar toda a culpa em cima dela, afinal Róbson fora seu namorado e poderia muito bem ter armado o sequestro de Saulo com ele para juntos ganharem uma boa soma em dinheiro, e a polícia acreditaria em sua versão.

– Você tem razão, é melhor vendermos esta casa e nossos bens o mais rápido possível!

Sandro a abraçou demoradamente dando-lhe um caloroso beijo nos lábios.

– Que bom que decidiu seguir os meus conselhos, vamos vender tudo e trocar por dólares para que possamos sair do país sem deixar rastros.

– Providencie tudo, meu amor. Agora vou para o meu quarto. Estou precisando ficar sozinha – e com essas palavras deixou a sala, enquanto o marido fora para a rua só retornando tarde da noite.

Olga entrou em casa com o coração aos saltos. Precisava manter a calma, mas como? Laurinda a tirara do sério e agora estava em suas mãos, se Róbson fosse pego seria bem capaz de dizer toda a verdade, e Saulo com certeza ligaria os fatos. O melhor a fazer era deixar o país, falar com o marido e fazê-lo dar-lhe uma boa soma em dinheiro em troca da separação e ninguém acharia suspeita uma mulher recém-separada em excursão pela Europa no intuito de relaxar sua mente. E com esses pensamentos pegou o telefone, ligou para a empresa e falou diretamente com Saulo, que concordou em ir até sua casa para acertarem os detalhes da separação.

CAPÍTULO 22

A decepção

Olga descia lentamente os degraus da escada, a cada passo as lembranças do passado lhe vinham à mente. Lembrou-se de quando entrou naquela casa nos braços de seu marido, do carinho de Saulo ao lhe conduzir para o quarto do casal na noite de núpcias e dos primeiros anos de casamento; a decepção de Diva ao descobrir a traição do namorado, seu ódio ao entrar em seu quarto, ainda na casa de seu pai, rasgando-lhe o vestido; veio-lhe então à mente, fazendo ela trincar os dentes, que se não fora feliz ao lado do marido a culpa era de Diva, que se tornara uma sombra em sua vida ao casar-se com João.

"Ah, mas ela um dia vai me pagar! Estou perdendo a batalha, não a guerra!", disse a si mesma, e ao ver o filho a esperando na sala com suas malas abriu um parco sorriso.

– Não sei que pressa é essa para deixar o país, mamãe! Por que não fica em sua casa e encara a separação como algo normal?

– Porque para mim não é normal uma separação. Você não sabe o que tenho passado nas últimas semanas. Sabe que não recebi mais nenhum convite para as festas em sociedade? Quero ir para a Eu-

ropa e conhecer pessoas com valores iguais aos meus. Ainda bem que seu pai não fez restrições e deu minha parte na separação antes mesmo de se consumar no papel.
— Papai só quer que seja feliz, ele também não acha que mudando de país seus problemas se resolverão.
Olga virou-se para o filho e, após passar a mão em sua face, respondeu:
— Seu pai não tem que achar nada, deve sim é me agradecer por deixar o caminho livre para que ele possa viver ao lado da outra.
Olga ergueu sua cabeça e, sem prolongar as despedidas, chamou a empregada, que a ajudou com as bagagens e deixou o local, prometendo a si mesma voltar para se vingar de todos à sua volta.

Alguns dias depois encontramos Laurinda terminando de fechar suas malas. Ao saber que Olga deixara o país, ansiava por fazer o mesmo, soube por fontes seguras que a polícia não parara as investigações e que estavam no encalço de Róbson, sendo sua prisão uma questão de tempo. Camila, ao entrar no quarto e vê-la ajeitando suas bagagens, chamou sua atenção dizendo:
— Sandro ligou há pouco e pediu para avisar que passará a madrugada com o piloto que os levará para o Paraguai, pois quer ter certeza de que o avião estará apto para a viagem, e que vem buscá-la no raiar do dia.
— Obrigada, Camila. Não vejo a hora de sumir deste país e ser feliz com Sandro em outro lugar onde poderemos começar uma vida nova.
A moça baixou a cabeça, no tempo que ficara naquela casa aprendera a gostar de Laurinda como se fosse sua própria mãe. A senhora, vendo que lágrimas copiosas caíam sobre a face pálida da jovem, deu-lhe um abraço apertado, dizendo em seguida:
— Não chore. Eu já lhe falei que assim que nós conseguirmos nos instalar na Bolívia mando vir lhe buscar. O importante é que

conseguiu comprar sua casinha na periferia e longe daquele bairro que vivera com Túlio.

– Este é mais um gesto de bondade que teve comigo e que nunca esquecerei. Saiba que é uma mãe para mim! Não fiz mais que minha obrigação. Dar-lhe um teto para morar é o mínimo que merece, fiz isto porque se algo der errado em minha fuga não ficará desamparada. Camila fora cuidar de seus afazeres, deixando a amiga lembrando de como conseguira vender seu imóvel com facilidade após um bom abatimento no preço, prometendo entregar as chaves da residência para o novo proprietário na manhã do dia seguinte. E com essas lembranças perpassou os olhos sobre uma pequena maleta em cima da cômoda protegida por segredo, ali estava tudo o que conseguira ao longo dos anos que fora transformado em dólares pelo marido. – Quero que fique com a maleta aos seus cuidados, o dinheiro é seu e você deve tomar conta dele até estarmos em local seguro, onde aplicaremos sua fortuna.

– Ah, meu amor... Não sei se sou digna de estar ao seu lado – respondeu comovida com as palavras do esposo, que lhe abraçou dando um beijo carinhoso antes de deixar a residência, lembrou-se ao deitar na cama, onde após várias horas de briga com o lençol acabou por adormecer, levantando uma hora depois com o raiar do dia. Ela havia despedido os empregados pagando todos os direitos trabalhistas e mais gratificações, ficando com Camila, que combinara de estar ao seu lado até vê-la deixar a casa onde esperaria o novo proprietário para entregar-lhe as chaves em nome da patroa.

– Você deveria estar na cama, terá um dia cheio e precisará de disposição – comentou Camila ainda sonolenta ao entrar na cozinha.

– Quem disse que consigo? Meus nervos estão em frangalhos, respondeu a senhora, que após tomar mais um gole do líquido quente ficou pensativa por alguns minutos e, mudando o rumo da conversa, comentou: – Estive pensando em toda minha vida, sei que errei muito, fiz mal ao meu antigo marido e à sua ex-esposa. Essa ideia de reencarnação vem mexendo com o meu emocional, pois se realmente existir vida fora da matéria eles estão vivos em algum lugar e um dia os terei que encarar frente a frente.

A moça a olhou abismada, conhecera a senhora dentro do terreiro de Túlio e nunca haviam conversado sobre aquele assunto.

– Você vivia dentro do terreiro e ainda tem dúvidas de que passamos por várias encarnações?

– Ah, queridinha, claro que sim! Eu acreditava nos espíritos que Túlio recebia, mas isso nunca ficou bem claro em minha mente. Eu achava que era só ir até lá, fazer os pedidos, dar um bom dinheiro a ele, que fazia os despachos, e pronto. Depois que Saulo e Diva vieram com essa de reencarnação, de estarem frequentando o centro na casa de Eulália, foi que parei para refletir melhor sobre o assunto e, acredite, estou arrependida do que fiz no passado, só espero que um dia eles possam me perdoar.

Camila ficou calada, enquanto a senhora voltara a ficar a sós com sua consciência e, ao vê-la terminar seu café, rapidamente lavou a louça e ambas foram para a sala esperar por Sandro.

– A que horas Sandro lhe disse que viria para me pegar?

– Ele ligou quando você estava no banho, disse que por volta das nove horas.

Laurinda olhou para o relógio de pulso, já passava de nove e meia, e levantando-se ficou a andar de um lado para o outro, em sua mente um turbilhão de pensamentos negativos passavam rapidamente, ora via o esposo sendo preso pela polícia, que estava lhes vigiando e descobrira o plano de fuga e o prendera, podendo chegar a qualquer momento em sua casa para levá-la à delegacia, onde juntos seriam presos e responderiam a um processo como mandantes do sequestro de Rogério; ora via o esposo fugindo dos policiais e sendo baleado, ela de preto chorando em seu caixão, enquanto os policiais esperavam para lhe levar de camburão ao presídio, e sua foto estampada nas páginas policiais dos jornais de todo o país. Já passava do meio-dia quando Camila impaciente comentou:

– O tempo está passando e não podemos ficar aqui nesta angústia.

– Você está certa. Não posso mais ficar parada esperando notícias de Sandro. Eu vou ao seu encontro e seja o que Deus quiser! – Laurinda subiu para o quarto, sendo seguida pela jovem, que pegou suas malas, enquanto a senhora procurou a maleta com o dinheiro.

Ao pegá-la, sentiu que estava bem mais leve que no dia anterior. – Espere aí, tem alguma coisa errada! – A essa constatação colocou rapidamente os números na sequência certa e a pasta abriu, fazendo ela soltar um grito abafado e desmaiar, sendo amparada por Camila, que após fazê-la voltar a si a olhou com compaixão, ficando a seu lado sem nada a dizer.

– Como ele pôde fazer isso comigo, Camila? – Laurinda começou a chorar, um choro doído que vinha do fundo de sua alma, não tinha dúvidas de que fora Sandro quem lhe roubara. Lembrou-se de uma frase que lera em um livro, que a vida sempre devolve o que doamos aos outros, e naquele momento estava colhendo os frutos amargos de sua má semeadura, fora ambiciosa no passado, se aproveitara da paixão e do fascínio que exercera sobre o velho milionário para se aproveitar de sua fortuna com a ajuda dos feitiços que Túlio lhe fizera; em seu egoismo não se contentou com os bens do marido e quis a parte que cabia à sua ex–esposa; tanto fez que ela acabou louca, morrendo em um sanatório sem aproveitar a parte que lhe caberia com o divórcio. – Eu estou colhendo o que plantei, Camila, sempre tive medo que isto pudesse me acontecer, só não imaginava que viria de Sandro, pois acreditei cegamente em seu amor por mim.

– É sempre assim, a traição vem de quem menos esperamos. Se eu fosse você, procuraria a polícia e contaria toda a verdade, e eles serão obrigados a procurar por Sandro.

Laurinda meneou a cabeça e, colocando sua mão sobre a da jovem, respondeu:

– A polícia não poderá fazer nada. Sandro já deve estar em algum país da fronteira, sem falar que eu estava cometendo um crime tentando deixar o país com dólares não declarados na bagagem. Quanto ao sequestro de Rogério, não me sinto culpada. Róbson e seus comparsas não tiraram nenhum centavo de Saulo, que não foi assassinado como Olga queria, e Deus sabe quanto fiquei aliviada por nada de mal ter lhe acontecido. Portanto, vou deixar para a vida decidir se devo ou não responder a um processo por ser cúmplice de Olga. Afinal, estou aprendendo a lição.

– Então só nos resta aquela casinha que comprei para que possamos recomeçar nossas vidas em paz.

Laurinda se levantou de cabeça erguida e, após respirar fundo para espantar a tristeza abriu um leve sorriso, dizendo:

– Está certo. Não sou mulher de ficar amuada pelos cantos, se é a periferia que me espera, é para lá que vou, desde que me aceite como sua hóspede, pois aquela casa é sua!

– Você é a mãe que eu nunca tive, Laurinda, e, acredite, sinto que seremos muito mais felizes daqui por diante!

A senhora tentou sorrir e pegou suas malas, sendo ajudada pela jovem, que guardou tudo no automóvel que a senhora lhe dera. A tarde estava ensolarada e logo o novo proprietário do imóvel estacionou seu carro ao lado do delas, cumprimentando-as com alegria, fazendo Laurinda voltar para dentro da mansão, onde fizera questão de mostrar que não haviam tirado nada além de seus objetos pessoais. Ao passarem por um pequeno atelier, onde havia algumas telas em branco, tintas e pincéis, o senhor comentou:

– Vejo que gosta de pintar telas. Sou um apreciador de obras de arte, mas estes materiais não me serão úteis, caso queira levá-los, fique à vontade!

A senhora olhou para todo aquele material emocionada. Aquele era um sinal da vida lhe indicando como recomeçaria, e com um sorriso nos lábios respondeu:

– O senhor acaba de me dar uma boa ideia. Vou querer levar sim e, se não for abuso, pedirei para Camila passar amanhã aqui e retirar os objetos.

– De forma alguma, poderá vir retirar a hora que quiser!

Laurinda estendeu a mão para o senhor, que a apertou com delicadeza desejando-lhe boa sorte em sua casa nova, e deixou o local ao lado da jovem sem olhar para trás, prometendo a si mesma que seria feliz dali por diante.

CAPÍTULO 23

O perdão

Marlene sentou-se no sofá da sala ao lado da mãe, estava à espera de Alberto, que ficara de levá-la ao cinema. Diva, ao ver a filha com um lindo sorriso nos lábios, comentou:

– Vejo que Alberto aos poucos está lhe conquistando.

– Alberto é um homem como poucos, é sensível, romântico, sincero, além de muito bonito, só que hoje para eu me apaixonar estes atributos não são os essenciais.

Diva já ia lhe responder quando a campainha soou. Marlene, pensando se tratar do rapaz, não esperou pela empregada, indo abrir a porta com um sorriso, mas se assustando ao ver a figura altiva de Arlete à sua frente, que percebendo o espanto que sua presença causara foi logo dizendo:

– Dei uma desculpa para o porteiro não me anunciar, pois fiquei com medo que não quisesse me receber. Será que podemos conversar por alguns minutos?

Marlene deu passagem para a moça, que ao entrar no imóvel viu a figura de Diva, que percebendo o embaraço da filha foi ao encontro de Arlete, dando-lhe dois beijinhos na face e dizendo em seguida:

– Seja bem-vinda à nossa casa! – E apontando o sofá para a moça se sentar disse: – Acho que vocês têm muito o que conversar. Agora, se me derem licença, vou para o meu quarto! – A senhora deixou o local.

Marlene, após se recuperar da surpresa, abriu um leve sorriso:

– Desculpe se me espantei. Nunca imaginei que pudesse aparecer aqui em casa.

Arlete deu uma leve mordida nos lábios e, procurando olhar nos olhos de Marlene, respondeu:

– Na verdade gostaria de conversar um pouco com você. Eu estou deixando o país nos próximos dias e não quero esperar a separação para isto – Arlete fez uma pequena pausa e, ao ver Marlene a fitando sem nada a dizer, prosseguiu: – Nessas últimas semanas andei pensando no que fiz da minha vida, não preciso lembrá-la de nossa infância, de quando disputávamos a atenção de Rogério nas brincadeiras, e da adolescência, quando eu tomei a dianteira e comecei a namorá--lo – Arlete parou para respirar e, ao ver que a moça a encorajava a continuar, falou–lhe sobre o dia em que soubera do noivado dos dois, da ira que sentira ao saber que ela estava roubando o homem de sua vida, da volta para o Brasil, da ida ao sensitivo e do serviço que o homem lhe prestara, contando com detalhes quando fora procurar Rogério, que a princípio se esquivou, mas acabou cedendo aos seus encantos, e da falsa gravidez.

Marlene, ao terminar de ouvir a confissão da jovem, abriu e fechou a boca. Não imaginara que ela e Olga pudessem se rebaixar a ponto de procurar trabalhos espirituais para separá-la de Rogério, e pensando um pouco em tudo o que ouvira, quebrou o clima de silêncio que se instalara no local.

– É engraçado como na vida tudo tem seu preço. Você procurou ajuda de forças invisíveis negativas para conseguir seus intuitos e acabou recebendo negatividade em troca, o mesmo aconteceu com sua sogra, quando na verdade eu acredito que você e Rogério ficariam juntos de um jeito ou de outro. Sabe que estou estudando muito a respeito da espiritualidade e já aprendi que ninguém tira do outro o que não lhe pertence. A vida só afasta de você o que não é para ser seu. Em nosso caso vivemos um triângulo amoroso e eu perdi para a vida, não para você, e não fico chateada por isso. Claro que na época sofri, cheguei a maldizê-la, mas depois que tive acesso às verdades do espírito, percebi o quanto eu estava iludida e sem amor próprio.

Arlete baixou a cabeça, Marlene lhe falava com o coração, chegando a tocar em sua alma e, após enxugar algumas lágrimas, comentou:

– Bem... Eu queria que soubesse de tudo para que possa perdoar Rogério e retomar o relacionamento de vocês, porque acredito que fui a única responsável por separá-los, e paguei um preço alto por isso. Só eu sei o quanto sofri quando vi Rogério com a Ana, meu coração sangrou, pensei em morrer, em me matar ou matá-los, qualquer coisa que pudesse amenizar aquela dor insuportável em meu peito.

– Você sentiu a dor da ilusão porque acreditou que Rogério lhe pertencia, que era sua propriedade, esqueceu que ninguém é dono de ninguém, que o amor não aprisiona, e sim liberta! Quando o amor é verdadeiro, queremos ver o ser amado bem, feliz, não importa se está ao nosso lado ou longe, se está casado com você ou com qualquer outra mulher na face da Terra. Eu não amo Rogério, nunca o amei. Sei que a vida nos aproximou desde a infância porque teve seus motivos, estes desconhecidos, que só nossas encarnações anteriores poderiam explicar. Marlene fez ligeira pausa, Arlete estava com o olhar longe e, pegando em sua mão no intuito de fazê-la olhar em seus olhos falou: – Foi minha autoestima baixa que fez me apaixonar por Rogério, talvez essa falta de amor próprio estivesse enraizada em meu espírito há muitas encarnações, e por isso me apeguei às migalhas de afeto e ao carinho que ele tinha para me oferecer, e assim como eu, muitas mulheres se apaixonam perdidamente por homens como Rogério, que se mostram cavalheiros e apaixonados, com sentimentos aparentemente puros, mas que ao longo do tempo se tornam traiçoeiros, falsos, porque tais sentimentos não vêm da alma, do âmago do ser. E quando não vêm do coração, a tendência é a abençoada visita da desilusão, que vem para revermos nossas atitudes e conceitos, quando quase sempre descobrimos que o primeiro grande amor deve ser o que sentimos por nós mesmos, pois ninguém dá o que não possui em seu coração. Sendo assim, ao aprendermos a nos amar estaremos amando a Deus, ao nosso próximo e ao mundo.

Arlete ficou pensativa. Marlene mostrava-se generosa, o que a fez sentir mais as faltas que cometeu com ela e, querendo se limpar do que fez com a moça, comentou:

— Eu lhe atirei pedras e você vem me oferecendo flores. Sua alma é generosa, pena que eu não havia percebido isso. A mim só lhe resta pedir perdão pelos erros cometidos.

Marlene abriu os braços para ela, que sem controlar suas emoções a abraçou com força, fazendo a jovem enxugar suas lágrimas com as mãos, comentando em seguida:

— Não sou generosa e, acredite, você só me atingiu porque eu inconscientemente assim o permiti, através de meus pensamentos, atitudes e atos. Agora quero que repense seu relacionamento com Rogério. Vocês se casaram, a vida os uniu e não acredito que tenha feito isso por mero capricho. Então pense em tudo o que lhe falei, talvez se você conseguir perdoar seu marido os dois possam retomar o caminho que escolheram seguir juntos.

— Você acha que eu deveria perdoá-lo?

— Claro! O perdão é um bálsamo refrescante que banha a alma de quem o pratica. Mas no seu caso só o perdão não basta, terá que perguntar ao seu coração se realmente ama Rogério, se é com ele que quer viver na alegria e na tristeza, na saúde e na doença, na riqueza e na pobreza até que a morte os separe momentaneamente. Se todos os casais fizessem isso sem o crivo da ilusão que banha suas almas enquanto estão apaixonados, não haveria tantos dissabores e separações, pois a vida só une o que precisa ser unido.

Arlete baixou a cabeça, aquela conversa mexera com sua alma, já ia se levantar quando a campainha soou, fazendo a empregada passar por elas para abrir a porta. Era Alberto, que ao se aproximar deu um beijo na face de Marlene e cumprimentou Arlete com um aperto de mão. Ela, não querendo ser inoportuna, voltou-se para Marlene dizendo:

— Eu já vou indo, não quero incomodá-la mais do que incomodei.

– Tenha em mim uma amiga e, caso queira conversar, as portas de minha casa estarão sempre abertas.

Arlete não respondeu, deu um abraço apertado na moça e despediu-se do rapaz. Alberto, ao ver a porta se fechar atrás de Arlete, comentou:

– Espero não ter chegado em má hora.

– Você chegou na hora que tinha que chegar!

– Então vamos? – perguntou com um olhar maroto para a moça, que consentiu com a cabeça, indo ao quarto da mãe avisar que estava de saída. Em seguida, voltou à sala onde enlaçou sua mão no braço do rapaz e juntos deixaram o local.

Na rua conversavam animadamente. Alberto falava de sua família e de como ficava incomodado quando alguém citava sua origem nobre. Marlene ficou encantada com sua simplicidade, pois ele não se sentia superior a ninguém por ter uma linhagem nobre, e entre uma conversa e outra entraram no cinema. Marlene escolhera uma comédia romântica em que o personagem principal se apaixona por uma garota de programa em Beverly Hills, e, como todas as moças que estavam na sala, suspirou nas cenas mais românticas, em que o galã demonstrava toda a sua paixão pela linda mulher. Alberto a observava a cada reação e, quando deixaram a sala, o rapaz brincou:

– Se eu tivesse a metade do charme daquele ator e seu poder de sedução, estaria feliz. Nem você, que é uma mulher centrada, deixou de esboçar alguns suspiros.

Marlene abriu um lindo sorriso e, parando diante do rapaz, comentou:

– Não é porque sofri uma desilusão amorosa que deixei de se romântica. Só não acredito mais nas artimanhas da conquista. O homem para me seduzir terá que demonstrar quem realmente é, com suas qualidades e seus defeitos.

– Hum... Então nunca mais encontrará alguém para namorar, todos temos nossas artimanhas na hora da conquista, faz parte da natureza humana mostrar seu melhor lado para o outro.

– Não estou dizendo o contrário, só que para eu me apaixonar este lado bom tem que ser verdadeiro, não vou mais me iludir com presentes, jantares, essas coisas com que as mulheres se impressionam no começo do relacionamento e que todo homem sabendo disso faz só para agradar e tentar parecer o que não é!

Alberto balançou a cabeça para cima e para baixo fazendo um beicinho. Estavam entrando no outono e uma brisa gélida bateu em seu rosto, e pegando nas mãos da moça fazendo-a olhar em seus olhos disse em tom de ternura:

– Você é a mulher mais incrível que conheci, fico imensamente feliz por Rogério ter escolhido outra para se casar, assim tenho alguma chance.

Nesse momento foi a moça que fez um beicinho, e começaram a andar pela avenida Paulista, que àquela hora da noite estava tranquila. Quando finalmente voltaram para casa, o rapaz a deixou diante de seu prédio dando um leve beijo em sua face, ao que retribuiu, agradecendo sua companhia.

No final da tarde do dia seguinte, Marlene terminava de arrumar sua pasta no escritório quando Rogério bateu à porta e, vendo a moça sozinha, entrou dizendo:

– Soube que sua mãe teve um imprevisto e foi viajar para Porto Alegre. Então já que está sozinha que tal jantarmos juntos?

Marlene o fitou por alguns instantes, não havia marcado nada para aquela noite, estava decidida a ajudá-lo a avaliar seus verdadeiros sentimentos com Arlete e, abrindo um leve sorriso, respondeu:

– Me pegue em casa às nove horas!

– Estarei lá! – Rogério deixou o local indo direto para sua casa, suspirando tristemente ao sentir a falta de sua mãe no ambiente doméstico. E entrando no banheiro despiu-se tomando uma demorada ducha.

– Você continua o mesmo! Tenho certeza de que Marlene não resistirá aos seus encantos – disse a si mesmo após se trocar e dar uma última olhada no espelho antes de deixar o local, indo direto ao apartamento de Marlene, que já o esperava diante da entrada principal do prédio. E saindo do carro deu-lhe um leve beijo na face, abriu a porta do passageiro, esperou ela se acomodar e, voltando ao banco do motorista, deu partida no carro, só parando em um restaurante sofisticado onde uma banda de *blues* se apresentava.

Enquanto jantavam, Rogério lhe fizera elogios tentando de todas as formas fazê-la ceder aos seus encantos, sem conseguir. Marlene, ao perceber o real motivo daquele jantar, tentara controlar sua irritação e, olhando nos olhos do amigo, ponderou:

– Desista, Rogério, eu não caio mais em seus joguinhos amorosos!

Rogério mordeu o lábio, estava certo de que ela terminaria a noite em seus braços, e cansado de ser desprezado por ela respondeu rispidamente:

– Qual é a sua, Marlene? Vai me dizer que está gostando daquele mauricinho do Alberto? Que já se esqueceu da noite que me proporcionou antes de meu casamento, quando me pediu com fervor para abandonar Arlete na porta do altar?

– Não! Infelizmente eu não consigo esquecer o quanto fui tola, o quanto minha autoestima estava baixa a ponto de fazer loucuras por você, chegando a passar por cima de meus princípios para tê-lo ao meu lado. Aquela Marlene que se ajoelhou para você implorando por um amor que nunca poderia me dar e que ela mesma não possuía em seu íntimo ficou no passado. Hoje eu me valorizo, pois aprendi a me amar e a ser eu mesma. Não vou me envolver com um homem vaidoso e soberbo que só por ser rico e bonito acredita que pode usar e abusar das mulheres. Você fez isso comigo, Arlete e Ana, a quem você não teve a decência de sequer defender da fúria de sua esposa.

– Não seja patética, Marlene! Ana sabia muito bem que eu era casado e que nunca assumiria nosso caso e se envolveu comigo porque quis! – retrucou Rogério, ficando vermelho com aquela discussão.

– Então, tá, a culpa é de todo mundo que se envolve com você! Quanto machismo e ignorância. Será que nunca parou para pensar nos sentimentos dos outros? Será que seu egoismo é tão grande que não vê ninguém além de si mesmo?

Rogério não respondeu, as palavras de Marlene penetraram fundo em seu espírito. Ela, ao vê-lo com o olhar perdido no horizonte, comentou ao se levantar da mesa:

– Reveja seus conceitos, perceba que a vida quer mais de você, eu mesma cheguei a acreditar que você e Arlete ainda poderiam ser felizes. Saiba que ela me procurou e de coração aberto confessou seus erros e me pediu perdão, o que fiz de coração, pois quero muito que ela seja feliz e acredito que ambos possam viver ainda uma linda história de amor. Não faça com que eu me arrependa de lhe dar um voto de confiança! Agora, se me der licença, vou embora.

Rogério baixou a cabeça, nunca imaginara que um dia ouviria palavras tão duras saindo da boca de Marlene e, sem coragem para acompanhá-la, pediu a conta e deixou o local cabisbaixo.

CAPÍTULO 24

Chegou a hora

Nos dias que se seguiram, Rogério não comparecera ao trabalho, alegando indisposição. As palavras de Marlene não saíam de sua cabeça. "Por que agia daquela maneira com as mulheres?". Crescera em uma sociedade em que era comum o homem ter relações extraconjugais, onde o homem que possuía mais de uma mulher ganhava a admiração dos amigos e até atraía ainda mais o sexo oposto. Naquela tarde estava melancólico e não saiu de seu quarto durante todo o dia. Lembrou-se de sua adolescência, precisamente de uma visita que Laurinda fizera à sua mãe, em que vendo o garoto sentado no sofá olhou-o demoradamente e fazendo-lhe um suave carinho comentou com a amiga:

– Rogério está cada dia mais bonito, arrasará muitos corações quando crescer!

– Ótimo! – respondeu Olga abrindo um sorriso, embevecida pelo elogio que ela fizera à sua prole. Dizendo em seguida: – Rogério será um homem lindíssimo e milionário, terá a mulher que desejar aos seus pés, seja pelo dinheiro ou pela beleza, mas se casará com alguém de nosso meio social, claro!

Ele olhou para a mãe sem entender bem o significado daquelas palavras, mas as gravara em sua alma, viu-se rodeado por belas mulheres e todas querendo seu amor, enquanto ele, com seu jeito altivo, não se apegava sentimentalmente a nenhuma delas. A essas lembranças sorriu, percebendo que fora exatamente isto que fizera ao longo dos anos. Somente Arlete conseguira fazê-lo se apaixonar perdidamente antes de deixá-lo para se aventurar na Europa: "Marlene está certa, sou um canalha!", disse a si mesmo ao se levantar e ir até a sala, onde a empregada ao vê-lo foi logo dizendo:

— Doutor Saulo está muito preocupado com você e disse que está vindo para cá!

— Então prepare um bom lanche para nós. Estou morrendo de fome e não gosto de comer sozinho.

A moça consentiu com a cabeça deixando o local. Minutos depois, Saulo entrou na casa e, ao ver o filho com a face cansada, deu-lhe um forte abraço, que foi retribuído com a mesma intensidade, comentando em seguida:

— Acho que chegou a hora de termos uma conversa definitiva, destas que todo pai deve ter com o seu filho em algum momento de suas vidas — Saulo sentou-se ao lado do filho e, ao vê-lo sem reação, olhou-o fixamente em seus olhos: — Você sabe que ultimamente tenho mudado minha forma de pensar, admito com o coração aberto que não fui um bom pai e um bom marido e estou tentando mudar esta situação. Com relação à sua mãe, cheguei à triste conclusão de que nosso casamento foi um erro desde o começo, do qual não me arrependo, pois desta união nasceu você, que sempre foi a razão de meu viver. Portanto, quero que saiba o quanto estou pedindo aos espíritos de luz que iluminem sua mente. Soube por Marlene o que aconteceu dias atrás e foi ela quem me aconselhou a deixá-lo sozinho, pois acredita que suas palavras estavam surtindo efeito em sua mente.

— Marlene fora muito dura comigo, como nenhuma outra mulher fora antes. Aquela noite em que a levei para jantar eu estava completamente atordoado e, em minha loucura, via nela a mulher que não me recusaria, que estaria à minha espera para me fazer esquecer de vez Arlete e com quem eu me casaria. Mas ela me fez enxergar o quanto estou errado e isso mexeu com meu brio – Rogério fez uma longa pausa, a análise que fizera de si mesmo, nos últimos dias, caiu por terra, não acreditava mais que era o Dom Juan que sua mãe fizera questão de incutir em sua mente desde sua infância. Saulo, percebendo o que se passava no íntimo do filho, esperou pacientemente até que ele respirou fundo e prosseguiu: – Eu nunca havia visto meus relacionamentos pelo prisma de Marlene, e quando voltei para casa deixei-me cair em profunda depressão, tanto é que não fui trabalhar e hoje não queria falar com ninguém, porque ela está certa. Eu sou mesmo um cafajeste desalmado.

– E vai ficar se punindo por isso? Acredita mesmo que Marlene fora dura com você para puni-lo? Acha que foi seu orgulho de mulher ferida que lhe apontou as falhas só para vê-lo sofrer? Não, meu filho, não fora esta a intenção de Marlene, ela mudou muito nos últimos meses, sei que parece pouco tempo, mas a vida muda as pessoas quando elas estão preparadas para aprender as verdades espirituais. Eu mesmo, como já lhe disse, estou mudando, e esta mudança pode ser ampliada para você, para o mundo e para quem estiver realmente disposto a mudar suas atitudes, rever e jogar fora velhos conceitos, conceitos estes errôneos, que foram incutidos em nossas mentes ao longo dos anos, conceitos que nossa sociedade hipócrita tem como verdade absoluta e que não passam de pobre ilusão.

Rogério esboçou um fundo suspiro e, olhando para o pai, deixou uma discreta lágrima cair por sua face e comentou:

– Não tenho a mesma fé que o senhor, papai. Olhe para mim. Acha que posso me corrigir... recomeçar?

– Todos temos esse poder, meu filho, o tempo inteiro. A vida está lhe dando a oportunidade de mudar, basta dar o primeiro passo, que aliás você já deu, reconheceu seus pontos fracos e percebeu que agiu de forma equivocada e está sofrendo por isso. Mas não é o momento de se fazer de vítima, é hora de erguer a cabeça e recomeçar, não sei se com Marlene, Arlete, Ana ou com qualquer outra mulher, porque o momento pede para que se conheça. Somente quando nos conhecemos começamos a nos amar verdadeiramente, só sendo complacentes com nós mesmos é que podemos ter a mesma complacência com nosso próximo e aprender de fato o sentido da palavra amor.

Rogério sentiu seu coração apertar, fora fraco e leviano, deixara seus sentimentos mesquinhos dominá-lo, assim com o aprendera com seus pais, mas Saulo estava ali com toda humildade reconhecendo que errara e que estava mudando, disposto a corrigir seus erros e a ajudá-lo a fazer o mesmo. E sem lhe responder, aproximou-se, dando-lhe um abraço e, encostando no peito do pai, começou a chorar qual criança quando perde um brinquedo. Saulo, dando todo o seu carinho ao filho, ficou em silêncio até ver a empregada, que pedindo licença se aproximou avisando que o lanche estava pronto.

– Não sei você, mas estou sentindo uma fominha e esse lanche veio de forma providencial. Vamos lanchar e depois quero que se arrume, pois vamos para a casa de sua tia, ela está nos esperando.

Rogério consentiu com a cabeça. Os dois foram até a copa, onde fizeram a pequena refeição em palestra animada. Saulo contava ao filho como estava vivendo em um apart hotel, de seu relacionamento com Antônia e de como estava feliz ao lado daquela mulher simples, que lhe entendia e lhe amava de coração aberto. Quando finalmente terminaram a refeição, Rogério foi para o seu quarto, deixando o pai conversando com a empregada que lhes servia há anos. Uma hora depois, os dois adentravam o portão principal da residência de Eulália, que ao ver pai e filho juntos abriu um lindo sorriso, e indo ao encontro dos dois abraçou o sobrinho demoradamente, dizendo em seguida:

– Você não sabe como sua presença nesta casa me deixa feliz!

– Obrigado, tia, também estou feliz em revê-la, ao seu lado sinto menos a falta de minha mãe!

Eulália respondeu com um delicado sorriso e, ao olhar para trás viu o filho se aproximar, e passando delicadamente a mão em sua face disse com um tom de voz suave:

– Vou deixá-lo com Henrique, vocês são jovens e se entendem melhor – e voltando-se para Saulo deu-lhe uma leve piscada dizendo: – Estou precisando de ajuda para colocar um arranjo de flores em nossa mesa de preces, logo os convidados para a palestra começarão a chegar e ainda não está tudo em ordem. Que tal me ajudar?

Saulo acompanhou a senhora deixando os jovens a sós. Henrique, ao ver o primo desconcertado, convidou-o para se sentar em um banco do jardim, e sentando-se ao seu lado comentou:

– Fico feliz que tenha aceitado o convite de seu pai para vir nos visitar.

– Obrigado, Henrique! Eu quero aproveitar o momento para lhe pedir desculpas, pois estava o tempo inteiro certo e eu não quis escutá-lo.

– Não tem do que se desculpar, cada um tem seu momento para enxergar a verdade!

– Papai e eu falávamos sobre isto há pouco em minha casa – Rogério fez uma pequena pausa, em seguida abriu seu coração ao primo contando-lhe com detalhes tudo o que lhe acontecera, seus amores e suas ilusões, finalizando com a conversa que tivera com o pai.

Henrique após ouvi-lo atentamente comentou:

– Saulo está certo. Deus é Pai amoroso que perdoa todos os seus filhos e sempre lhes dá nova chance de aprendizado. A vida age para a frente e para o bem; o progresso espiritual, querendo ou não, é inevitável e todos estamos caminhando para isto, até os espíritos mais endurecidos caminham para o progresso sem perceber, porque o mal não existe, é só uma visão equivocada da mente coletiva, que vê dois poderes no lugar de um só, que é Deus em manifestação.

– Nossa, vocês falam cada coisa! Meu pai, Marlene, você e até Diva, que sempre fora uma mulher prática e cética, estão mudando, parece que essa religião está mexendo muito com todos.

– Na verdade, o Espiritismo não é bem uma religião, trata-se de uma doutrina baseada nos ensinamentos de Cristo, dividida em três partes: religião, ciência e filosofia. E quanto mais nos aprofundamos nos ensinamentos sabiamente codificados por Allan Kardec, mais temos a certeza de que tudo o que fora codificado por este cientista é verdadeiro, e que ao fazermos nossa reforma íntima conseguimos mudar a nós e o mundo ao nosso redor.

– Poxa, gostaria de conhecer um pouco mais desta doutrina!

– Que bom! Hoje à noite teremos uma palestra sobre afetividade. O palestrante é um querido propagador da doutrina, fala com maestria e tem o dom de nos fazer refletir em suas palavras.

Rogério pensou um minuto e, com um sorriso maroto, comentou:

– Então foi por isso que papai me trouxe aqui hoje!

– Sim e não! Saulo teve o ímpeto de ir até sua casa e trazê-lo para cá, mas foi você que aceitou vir, foi você que percebeu que havia agido de forma equivocada e desejou mudar, do contrário não estaria nesta casa hoje.

Rogério já ia lhe fazer outras perguntas, mas, ao ouvir vozes conhecidas que se aproximavam, calou-se. Eram Diva e Marlene que chegavam ao lado de Alberto. Rogério, ao vê-los, baixou a cabeça, meio constrangido. Diva, fingindo não perceber seu incômodo, cumprimentou-o com amabilidade, sendo seguida por Marlene, que aproveitou para dizer que sentia sua falta na empresa. Alberto fez uma brincadeira e logo todos estavam conversando animadamente. Caía a noite quando Eulália convidou a todos para se encaminharem ao salão de preces, que aos poucos foi tendo suas cadeiras ocupadas até lotar o ambiente. O palestrante era conhecido e todos queriam assistir à sua palestra. Rogério olhava tudo com atenção, e, assim como Diva e seu pai, achara o lugar muito simples à primeira vista, até sentir a energia gostosa que o envolveu com a prece de abertura que seu primo fizera, chamando em seguida o orador, que após cumprimentar todos com um lindo sorriso, fechou os olhos pedindo aos seus mentores que o auxiliassem, e começou sua explanação:

– Vivemos em um planeta de provas e expiações, onde em cada encarnação temos a oportunidade de melhorar nossa essência. Para isso, a vida, que é sábia, nos traz pessoas e situações para que possamos aprender a lição necessária e é assim que funciona a lei de ação e reação. O universo é inteligente e fazemos parte dessa inteligência, precisamos! E é para isso que estamos encarnados, somos todos um, interligados por esta consciência cósmica que nos aproxima e nos afasta uns dos outros de acordo com a necessidade de aprendizado de cada indivíduo – Luiz fez uma pequena pausa para ver a reação das pessoas, que o fitavam com extrema atenção e, após tomar um pouco de água, prosseguiu: – Se nos basearmos na lei da reencarnação, perceberemos que nada é por mero acaso, que as pessoas que conhecemos ao longo da vida nos vêm por uma razão, e em matéria de relacionamentos amorosos não é diferente. Quando conhecemos uma pessoa que mexe com a nossa alma a ponto de nos apaixonarmos, é sinal de que aquele encontro já fora programado antes mesmo de reencarnarmos, onde, juntos, programamos as experiências necessárias ao adiantamento moral de ambos, pois os espíritos responsáveis pelo processo reencarnatório sabem perfeitamente o que é proveitoso para cada um de nós! Então toda união é benéfica. Mas e o casamento? A paixão que muitas vezes nos deixa cego, o amor e as juras eternas de felicidades? Ah... – suspirou o senhor fazendo todos rirem com sua expressão –, quando crianças nós ficamos encantados com os contos de fadas, com o final feliz em que a princesa e o príncipe, após lutar com veemência pelo amor da donzela, se casam e vivem felizes para sempre e, a partir disso passamos a idealizar um amor perfeito, como nesses contos, e ao chegarmos à fase adulta, queremos a todo custo experimentar tais sentimentos. Ficamos tão obcecados, que quando a vida nos aproxima da pessoa que foi designada, muitas vezes não conseguimos enxergar nada que não seja perfeição no outro, porque queremos que o outro seja perfeito, como acreditamos que tenha que ser o relacionamento entre duas pessoas! E com essa ilusão dizemos sim no altar. Tempos depois, com os problemas do dia a dia e as responsabilidades exigidas em um matrimônio, a paixão vai embora. Só então percebemos que aquela pessoa gentil, romântica, educada e perfeita tem qualidades e defeitos, e nos desiludimos com a visita da verdade, nos frustramos, e é nessa hora, gente, que precisamos nos voltar à espiritualidade, compreender que ninguém é perfeito, que temos sim um compromisso assumido, não em um templo religioso, e sim no plano espiritual – o orador calou-se dando oportunidade a todos para questioná-lo. Logo, uma senhora com os olhos marejados de água levantou a mão questionando:

– Eu gostaria de saber do senhor quanto à separação! Eu aprendi que o que Deus uniu ninguém deve separar, que a separação não é coisa de Deus e que devemos, uma vez feitos os votos de fidelidade e amor, viver ao lado de nosso parceiro até que a morte nos separe.

– O que é a morte se não a passagem de um estágio para outro? O que é uma encarnação diante da eternidade de que goza o espírito? Por que é a morte que tem que separar o que estiver insuportável de se carregar? Não sou a favor da separação, sou a favor do amor, da vida, mas de nada adianta manter-se ao lado de alguém que lhe fere, lhe maltrata, cuja simples presença torna o lar insuportável. Neste caso não seria melhor a separação? Não seria melhor tentar ser amigo daquele que um dia fora eleito senhor absoluto de seu coração? Acredito que antes de um casamento se consumar aqueles que estiverem predispostos a assumir tais compromissos devem analisar bem se é realmente o que querem para suas vidas. As pessoas não mudam, não é a união que fará alguém mudar, não é a presença de filhos que acalmará a libido do marido acostumado a trair, se envolvendo com outras mulheres, e sim a vida, o momento exato em que cada um revê seus conceitos, e isso pode durar alguma centenas de anos. Mas, insisto, um relacionamento deve ser levado a sério, deve se avaliar os sentimentos antes do casamento e depois fazer de tudo para que a união dê certo, e, quando não houver mais alternativas, aceitar a separação e compreender o parceiro com o coração, para serem amigos para toda a vida – Luiz calou-se e passou a palavra para Henrique, que após agradecer sua presença convidou a todos para refletirem sobre o que haviam acabado de ouvir. Pedindo que fechassem os olhos, fez sentida prece induzindo a imaginarem uma luz azul que caía do céu inundando a todos, do alto da cabeça à planta dos pés. Quando finalmente abriu os olhos, todos estavam serenos, e, agradecendo a presença dos espíritos esclarecidos e a presença de todos, deu por encerrados os trabalhos daquela noite. Aos poucos o salão foi esvaziando.

Eulália, ao ver que os últimos convidados deixavam a casa, chamou Diva, Marlene e Alberto para se juntarem a Saulo, Rogério, Henrique e o orador em sua casa, onde após a empregada trazer bandejas com sucos e quitutes, passaram a conversar sobre a palestra. Rogério, a uma certa altura da conversa, pediu licença a Alberto, que conversava com Marlene, e a levou para sentarem sob o caramanchão, o mesmo em que havia lhe dado o beijo há quase dois anos e, com um nó na garganta, comentou:

– Sei que fui um monstro com você, mas gostaria que soubesse que tenho por você um carinho imenso. Errei... aliás, vivo errando, mas nunca a vi como uma mulher vulgar nem fácil. Eu é que me achava importante demais.

– Não se preocupe, como já lhe disse antes, eu estou aprendendo a me amar e a me valorizar e, se você me fez algum mal no passado, foi porque eu assim lhe permiti.

– Hum... – esboçou o rapaz com o olhar perdido no espaço. E, após contemplar a lua no céu que estava começando a entrar em sua fase cheia, comentou: – Lembro-me daquela noite em que lhe beijei neste mesmo local, a lua estava tão linda quanto hoje. E agora estamos aqui de novo admitindo o fracasso de nosso relacionamento.

– Não! Hoje estamos aqui admitindo que erramos, o que é bem diferente. Não acho que fracassamos; pelo contrário, aprendemos e muito no tempo em que ficamos juntos, e depois, com a dolorosa separação e o desencarne de Carla, eu aprendi muito mais, e estamos aqui tentando mais uma vez aprender um com o outro.

– Pena que não posso mudar o passado, quando Arlete me deixou para conhecer o mundo e eu acabei me perdendo.

– Voltar no passado é impossível, mas podemos rever nossos conceitos e fazer um novo começo para que nosso futuro seja proveitoso.

Rogério virou-se para a amiga, que lendo o que se passava em sua mente balançou a cabeça para cima e para baixo e disse:

– Sei que está pensando em Arlete, sei também que os dois ainda podem ser felizes juntos, custou para eu admitir que vocês têm um caminho em comum. Sei que a vida não nos colocou tão próximos à toa, que temos alguns resgates de vidas passadas, do contrário não viveríamos este triângulo amoroso, e finalmente sei que é Arlete quem deve procurar, é a ela que deve pedir perdão. Consulte seu coração, pois amanhã cedo ela deixará o país, e se deixá-la ir a perderá para sempre. Pense em tudo o que conversamos, em tudo o que ouviu nos últimos dias e no que o seu coração lhe pede para fazer, e faça!

Rogério abriu um lindo sorriso como há muito não fazia e, dando um leve beijo na face da moça, comentou:

– Você é um anjo que Deus colocou em minha vida, espero um dia poder merecer sua amizade, mas agora devemos voltar, não quero que Alberto sinta ciúmes de nós!

Marlene levantou-se com um leve sorriso nos lábios e, colocando a mão na cintura, respondeu:

– Eu e Alberto somos apenas bons amigos, estamos nos conhecendo, é claro que há a possibilidade de vivermos um grande amor, mas para isso ele não deverá sentir ciúmes de mim, porque quem ama confia, sabe que o ser amado lhe pertence pelo coração, que o único laço que o prende à outra pessoa é o amor incondicional, e não as amarras do materialismo e da ilusão! Mas vamos sim! Quero me despedir de Luiz, adorei sua palestra e gostaria de poder revê-lo em outras oportunidades.

– Eu também! – respondeu o rapaz dando o braço para a moça.

Os dois já estavam entrando na casa quando Alberto apareceu e com simpatia olhou para Rogério dizendo:

– Espero que não se importe em deixar Marlene aos meus cuidados.

– De forma alguma, sei que com você ela estará em boas mãos – Rogério deu um leve tapinha no ombro do rapaz e com um gesto delicado entregou a mão de Marlene a Alberto, que olhando nos olhos da moça comentou:

– Gostaria de trocar algumas palavras em particular, sei que Eulália tem um lindo jardim. O que acha de me levar para conhecê-lo?

– Será um prazer! – respondeu a moça de pronto, conduzindo-o pelo jardim, onde a moça mostrava ao rapaz as belas roseiras, os canteiros com as exuberantes hortênsias.

Alberto bebia cada comentário de Marlene até que finalmente se entreolharam e ele, não controlando sua emoção, passou delicamente a fronte de sua mão sobre a face delicada da jovem dizendo em seguida:

– De todas as flores você é mais linda deste jardim, porque é a única que vive em meu coração! – Alberto sentiu o amor invadir-lhe as entranhas. Amava Marlene com toda a força de sua alma e verdadeiramente, era com ela que queria passar o resto de sua vida, ter filhos e ser feliz, disso não tinha a menor dúvida, e, sem que ela pudesse lhe responder, beijou delicadamente seus lábios fazendo a jovem tontear diante do amor daquele homem, que para ela já era seu de coração, e em seguida olharam para a lua.

Marlene agradeceu a Deus de coração pela oportunidade de encontrar ou reencontrar aquele homem que sentia ser o ideal para viver ao seu lado, e juntos voltaram para a sala principal, onde participaram da conversa com o orador, que só terminou no começo da madrugada.

Quando Rogério chegou em casa, seu espírito estava irrequieto. Lembrou-se dos momentos que passara no centro espírita e da palestra que parecia ter sido preparada para ele e uma agradável sensação de bem-estar apossou-se de seu ser, como se seu lado obscuro tivesse desaparecido por encanto, ficando em sua mente só o amor e a vontade de ficar ao lado de Arlete pelo resto de sua vida. Agora entendia por que seu pai mudara tanto, deixara aquela vida vazia que levava ao lado de sua mãe e fora ser feliz com sua nova parceira, ao contrário dele, que tinha a certeza de amar a esposa e a queria de volta em seus braços. E com esses pensamentos foi até a copa, onde preparou um café bem forte e, após tomar alguns goles da bebida fumegando, deixou o local indo direto ao prédio de Arlete, chegando lá com os primeiros raios de sol. O porteiro ao vê-lo à sua frente o cumprimentou cordialmente dizendo em seguida:

– Se o senhor veio falar com dona Arlete está atrasado, ela já partiu!

– Seu Severino, não posso deixá-la partir. Por favor, me diga, a que horas ela saiu?

O porteiro ficou pensativo, não podia passar informações a respeito dos moradores, ele trabalhava naquele prédio há anos, conhecia Arlete e o rapaz desde o começo do namoro. E sentindo pena dele, que lhe fitava suplicante, finalmente respondeu:

– Dona Arlete saiu há mais de uma hora, eu ouvi quando ela pediu para o taxista ir direto ao aeroporto...

Rogério abriu um sorriso e abraçou o porteiro, que, desconcertado, deu-lhe um tapinha no ombro.

– Obrigado, Severino! – agradeceu já abrindo a porta do carro.

– Severo, doutor... Severo!

– Não esquecerei, seu Severo, pode ter certeza! – respondeu ao entrar no carro, prometendo a si mesmo passar a conhecer as pessoas menos favorecidas que ele e a tratá-las como são, seus iguais, como estava começando a aprender. E com o coração aos saltos, pegou a via Marginal, onde o trânsito àquela hora fluía bem, chegando ao aeroporto de Guarulhos o mais rápido que pôde. Entrou no saguão, indo direto ao balcão de informações e descobriu que o voo para Paris estava atrasado e ainda não haviam chamado os passageiros para o embarque. Desesperado, começou a andar de um lado para o outro até encontrar Arlete sentada em um banco. A moça, que distraída lia uma revista, ao vê-lo postar-se à sua frente ofegante, assustou-se, e, fechando rapidamente o exemplar, comentou:

– Acho que não temos nada para conversar, meu advogado está com uma procuração para cuidar de nossa separação.

– Pois eu tenho muito que falar para você!

Arlete levantou-se, estava impaciente, o voo atrasara e ela estava cansada de esperar naquele banco. Rogério, ao vê-la com o olhar baixo, pegou delicadamente em seu queixo e, fazendo seus olhos se encontrarem, prosseguiu:

– Eu vim lhe procurar porque descobri que não sei viver sem você e que fui um perfeito imbecil...

– Palavras para mim não servem mais para nada, Rogério! Deixe-me em paz! – disse a jovem procurando segurar o choro.

Rogério respirou fundo e, com a voz embargada pela emoção, confessou:

– Olha... Eu sei que tem todos os motivos do mundo para nunca mais querer me ver, e compreendo, mas gostaria que soubesse que eu analisei minhas atitudes e descobri o quanto sou cretino, o quanto fui estúpido com você, com Marlene e com Ana. Mas estou arrependido.

– E você acha que é assim? Você fez o que fez e agora vem até aqui me abordar dessa forma, como se estivéssemos em um filme romântico de quinta e que eu neste momento olho para você e lhe abraço, o perdoo e vivemos felizes para sempre? Não, Rogério, nossa realidade não é esta, não se conserta um cristal quebrado.

Diante das palavras de Arlete, Rogério recuou, olhou demoradamente para ela e, após enxugar uma discreta lágrima que escorrera por sua face, respondeu:

– Eu não acho que conseguiremos esquecer com facilidade tudo o que passamos nem quero que finja que não lhe fiz mal algum. Eu só quero que me dê uma nova chance de recomeçar, voltar do zero, demonstrar meus sentimentos e ser digno de sua confiança e admiração. Mas se é muito para você, eu lhe entendo. Agora só me resta desejar-lhe boa viagem.

– Obrigada – respondeu ela num sussurro e, dando um suave beijo em sua face, virou-lhe as costas sem ver as lágrimas que caíam copiosamente pela face, do rapaz. "Melhor assim!", disse a si mesma, tentando em vão se convencer de que tomara a decisão certa, perdendo-se entre a multidão à sua volta que ia e vinha apressada.

CAPÍTULO 25

Cumplicidade

Aeroporto de Madri-Barajas (Espanha).
Olga andava lentamente pelo belíssimo aeroporto espanhol. Estava tão distraída que não vira um homem parado à sua frente, batendo com força no belo cavalheiro que já ia xingá-la quando reconheceu sua figura, e abrindo um sorriso sagaz a mediu de cima abaixo.
– Ora... Ora... Como esse mundo é pequeno, nunca imaginei que a veria novamente – Olga o mediu da cabeça aos pés. Sandro vestia-se com elegância e estava muito mais atraente. Lembrou-se de Laurinda e de ter perguntado ao filho de seu paradeiro e que ele lhe informara ser desconhecido, ninguém na sociedade sabia o que havia acontecido com ela. E querendo saber onde sua antiga amiga se encontrava para acertar suas contas com ela, num futuro próximo, abriu um falso sorriso.
– De fato este mundo é minúsculo, eu estava mesmo querendo ter notícias de Laurinda, ninguém soube me informar por onde ela anda.
– Na realidade não sei, pois estamos separados.
Olga riu prazerosamente e, vendo que ainda tinha tempo para saber mais detalhes, convidou-o para sentar, o que foi aceito por ele.

– Vamos, diga-me: como conseguiu aplicar o golpe naquela sonsa?

– E quem disse que lhe apliquei um golpe?

– Não sou nenhuma idiota, queridinho, você não teria condições de estar em um aeroporto da Europa viajando com o empreguinho que dizia ter em São Paulo! E seja lá o que tenha feito àquela ingrata, foi benfeito para ela!

Sandro a olhou com malícia, quando se aproximara de Laurinda percebera que sua amiga era perspicaz e que não conseguiria enganá-la, fazendo com que seus planos fossem adiados, chegando até a se casar com a senhora para se aproveitar de um deslize e aplicar-lhe um golpe, usurpando sua fortuna.

– O mundo é dos espertos, e você que o diga, pois acabou saindo ilesa do país e está aproveitando a vida.

– Deixe de me enrolar e conte logo como conseguiu ludibriar aquela sonsa.

– Bem... Não foi difícil... Eu havia me casado com ela no intuito de fazê-la vender todos os seus bens, mas achei que só conseguiria depois de alguns anos de casamento. Aí veio você com o tal sequestro frustrado e a possibilidade de Laurinda ser presa por cumplicidade. Eu, ao ver seu desespero, aconselhei-a a vender tudo que tinha bens para que pudéssemos fugir para outro país, onde recomeçaríamos nossa vida e, como pôde observar, foi mais fácil que tirar doce da mão de uma criança!

– É, devo admitir que de todos os que passaram por Laurinda você foi o mais inteligente.

– Obrigado! E você sem querer me ajudou e muito, se eu puder fazer algo para agradecer... – Sandro passou a língua nos lábios num gesto sensual, enquanto passava sua mão delicadamente no joelho da senhora, que gostando do assédio do rapaz o acariciou no rosto ao responder:

– Quem sabe um dia...

– Estou indo para Florença, se quiser poderá me encontrar lá!

– Seu convite é tentador, quem sabe quando eu voltar de minha viagem à Ásia.

– Vou esperá-la ansiosamente. Eu pretendo montar um comércio em Florença e não será difícil me encontrar – Sandro levantou-se, deu um leve beijo na mão da senhora e se despediu fazendo ela ficar a observá-lo e prometendo a si mesma procurá-lo. Sandro era um homem bonito, com quem poderia viver um relacionamento amoroso e ainda daria um jeito de Laurinda ter notícias dos dois, se vingando assim dela. Ao ouvir a chamada para o embarque, levantou-se seguindo o caminho oposto do rapaz.

Olga remexeu-se na confortável poltrona da primeira classe e ao ver a aeromoça, pediu que ela providenciasse uma garrafa de champanhe, o que a moça atendeu de pronto. E, enquanto sentia a bebida em sua boca, sorriu internamente, lembrou-se das últimas notícias que viera do Brasil, e que Rogério lhe informara da morte de Róbson, antes mesmo de ser ouvido pela polícia, portanto, ela estava livre para voltar ao país e se vingar de todos. Já ia tomar mais um gole do líquido, quando sentiu sua poltrona se mexer com força, uma forte turbulência fez o avião perder altitude, para desespero de todos, que desencarnaram antes mesmo de a aeronave cair no oceano.

Alguns dias depois, Rogério recebera um telefonema do consulado brasileiro lhe informando do ocorrido. O nome de Olga estava confirmado na lista de embarque, embora seus restos carnais não tivessem sido encontrados, não restava dúvidas de que ela falecera naquele acidente aéreo, deixando o rapaz triste pelo fim trágico da mãe, que procurou no centro espírita ao lado dos seus o conforto espiritual.

Meses se passaram até Olga acordar sobressaltada. Olhou à sua volta, sentiu um frio seco percorrer seu corpo, e uma dor descomunal que a fez relembrar os minutos derradeiros no avião tomar conta de seu espírito; logo sua garganta secou e desesperada por água tentou se levantar, sentindo um peso denso em seu perispírito soltou um gemido de dor; com muito sacrifício pôs-se a rastejar durante horas, tempo que mais lhe pareceu a eternidade, até encontrar uma poça com um líquido escuro e fétido. Sentiu um asco que teve que superar, e, controlando sua repulsa, finalmente encostou a boca na vala, bebendo com ardor a água lamacenta, sem perceber a presença de um homem alto, forte, usando trajes escuros, com uma longa capa preta que arrastava pelo chão e, rindo prazerosamente, chamou sua atenção.

– Quem te viu quem te vê! Cadê aquela mulher imponente que acreditava que sua fortuna comprava tudo e todos?

– Quem é você? Que lugar é este? Como ousa falar assim comigo? Eu não acreditava que o dinheiro compra tudo, eu acredito, e quando eu sair deste lugar horroroso lhe provo!

– Olga... Olga... Nem em situação de extrema necessidade você consegue ter um pouco de humildade... – o homem agachou, olhou bem em seus olhos e prosseguiu: – Você diz que não me conhece, mas foi à minha casa atrás de favores, que lhe fizemos prontamente, e ainda mantivemos nossos compromissos ao longo dos anos. E agora que podemos finalmente nos conhecer pessoalmente, você me ignora!

Olga sentiu sua cabeça rodar, em seguida lembrou-se do terreiro de Túlio e de tudo o que pedira para o tal médium fazer em seu benefício e, trincando os dentes, e respondeu:

– Fiz e faria de novo! Acha que eu perderia Saulo para aquela sem graça da Diva? Além de estar apaixonada, ele era minha última salvação, apostei todas as minhas fichas nele e ganhei. Quanto a vocês, receberam para fazer o trabalho, então não lhes devo nada! – Olga fez uma pausa, não conseguia raciocinar direito, acreditou que estava vivendo um pesadelo. Com toda a certeza escapara com vida do acidente e fora parar em algum hospital onde os fortes medicamentos faziam-na delirar e, querendo desafiar aquele homem até acordar daquele sonho horrível, falou: – Fiz tudo aquilo, sim, e faria de novo! Eu não me arrependo de nada, de nada, e ainda vou voltar para me vingar de Arlete, aquela sonsa que ajudei e não fala mais comigo, de Saulo e de sua namoradinha, e até de Laurinda!

O espírito deu uma gargalhada estrondosa como resposta e, balançando a cabeça negativamente, comentou:

– Fico feliz que não se arrependa de nada. Assim nenhum dos cordeiros virá em seu auxílio. Quanto à sua dívida, você nos deve, e muito. Fizemos o que nos pediu e, para isso, nos deu as oferendas necessárias como preparação do trabalho ou, como mesmo dizem nos terreiros, para fazer o despacho. Portanto, ainda nos deve os anos de dedicação em que ficamos em sua casa impedindo Saulo de abandoná-la. Seu marido sempre quis ter outra vida, sonhava em encontrar um amor que fosse verdadeiro, alguém que lhe desse carinho sem pedir nada em troca, que fosse gentil, companheira, amiga, coisa que você só foi no começo, pois sua arrogância a impediu de perceber que, em um relacionamento, ninguém é de ninguém, e que para manter a união é necessário que ambas as partes façam sacrifícios. Mas você confiou em nós, e com essa confiança não se preocupou em amá-lo verdadeiramente.

Olga não respondeu, pensou em fugir, mas a dor que sentia a impedia de sair do lugar. O espírito, percebendo quais eram seus intuitos, tratou logo de chamar dois escravos dando ordens para colocá-la em uma maca, onde ela, sem conseguir reagir, deixou-se levar. À medida que o pequeno grupo avançava, o céu ficava ainda mais escuro, e após algumas horas de caminhada os portões de uma grande fortaleza foram abertos para que pudessem adentrar o local. Olga olhou aterrorizada para os transeuntes, a maioria espíritos maltrapilhos, alguns de aspectos cadavéricos, sujos, que ao passarem por ela riam em zombaria. Igor, o espírito que fora encarregado de buscá-la, ao ver seus homens pararem diante de uma grande porta aproximou-se e, passando sua mão pela testa da senhora, ministrou-lhe algumas energias, que a fez melhorar, ordenando em seguida:

– Levante-se, acabou a moleza!

Olga levantou olhando desafiadora para o espírito, que sem mais delongas pegou com força em seu braço e a conduziu por um longo corredor iluminado por tochas que davam um aspecto ainda mais sombrio ao local, e parou diante de uma sala ampla, onde havia vários espíritos sentados em semicírculos, tendo à frente o chefe, um homem de mais de dois metros de altura, moreno escuro, cabelos levemente grisalhos, tendo garras no lugar das mãos e dos pés. Olga, ao ouvir a voz estrondosa daquele homem pedindo para ela entrar e ficar no meio do círculo, tremeu, e sem conseguir soltar uma sílaba, baixou a cabeça para ouvi-lo:

– Olga Alvarenga, há pouco estávamos reunidos para decidir

sua sentença, você se aliou a nós e por isso tem uma dívida conosco, que será paga com cinquenta anos de trabalhos forçados atrás de nossas paredes. Findado este prazo estará livre para fazer o que quiser de sua morte.

Os espíritos que ouviam atentamente o veredicto riram prazerosamente, chegando a aplaudir a sentença. Olga sentiu seu corpo pesar, pensou em esbravejar, mas uma força estranha a fez ficar com a boca fechada e a um gesto do chefe fora levada para uma outra ala daquela fortaleza, onde a ignorância e a crença no mal reinavam em absoluto naquelas paragens mais tenebrosas do umbral.

– Seja bem-vinda ao inferno! – escarnou Igor ao apontar para um grande salão onde homens e mulheres seminus andavam em círculo empurrando uma pesada alavanca, tendo pesados fios ligados aos seus perispíritos, e onde os fundadores daquela prisão de forma rudimentar sugavam suas energias para usá-las nas mais variadas necessidades. Túlio, que estava entre os escravos, ao vê-la, chamou o encarregado de fazê-los trabalhar e, dizendo algo em seu ouvido, tivera permissão para deixar o trabalho, indo diretamente ao encontro de Olga, que, ao vê-lo, finalmente conseguira destravar suas cordas vocais.

– Seu desgraçado, saia já do meu sonho! Você está morto e apodrece em algum cemitério fétido do subúrbio.

Túlio riu em zombaria e, antes que o homem lhe chamasse para voltar ao seu posto, comentou:

– Seu orgulho ainda não deixou que percebesse que estamos juntos no inferno, sua maldita! Lugar para onde pessoas como nós são trazidas após a morte física. E caso sinta solidão, não se preocupe, com o tempo encontrará tantas pessoas com quem se afinara na matéria que acabará se sentindo entre amigos!

– Seu... – Olga tentou xingá-lo, mas Igor a pegou pelos braços e a levou para junto de um círculo formado por mulheres, onde lhe amarrou aos fios fluídicos dando ordens para que cumprisse sua tarefa sem reclamações. Após levar algumas açoitadas para aprender a respeitar às ordens, Olga começou a se mover conforme uma pobre mulher fazia à sua frente, onde permaneceria em sofrimento até se arrepender de coração pelo mal praticado quando na matéria.

CAPÍTULO 26

O noivado

Os meses passaram rapidamente. Marlene e Alberto ficaram noivos em um jantar romântico, durante o qual ele, após lhe presentear com um lindo anel de brilhantes, pediu a moça em casamento. E os preparativos para a cerimônia tiveram início.

Naquela manhã, Marlene estava elétrica. Diva, ao ver a filha tomar um gole de suco de laranja rapidamente, chamou sua atenção dizendo:

– Você precisa se alimentar bem, pois hoje teremos um dia cheio.

– Hum... Se der tempo, paramos para fazer um lanche no aeroporto enquanto esperamos a chegada de Jorge. Eu não vejo a hora de apresentá-lo a vocês.

– Eu que não vejo a hora de conhecer esse homem, né, filha? Afinal, estou há mais de um ano ouvindo você falar dele.

– Jorge é um ser humano ímpar, vive de bem consigo mesmo e consequentemente desperta admiração por onde passa, tenho certeza de que todos gostarão de sua presença de espírito, de seu jeito simples, porém enérgico, de se expressar. Ainda bem que ficará morando em São Paulo, graças a um convite de trabalho em uma clínica para dependentes químicos, assim poderemos estreitar nossos laços de amizade – Marlene abriu um sorriso e, ao se levantar da mesa fora seguida por Diva, que acompanhou a filha até a garagem, de onde a jovem fez questão de sair dirigindo seu carro.

O domingo estava ensolarado, as pessoas iam e vinham pelas ruas distraidamente, bem diferente do movimento que se via na capital durante a semana. E foi com tranquilidade que estacionaram o carro em uma rua próxima a uma praça pública, onde vários artistas vendiam telas pintadas a óleo e toda espécie de objetos de arte e decoração. A jovem desejava comprar alguns objetos decorativos para colocar em seu apartamento, que já estava pronto à espera do casal, e com atenção olhava todas as obras expostas de forma simples pela praça. Parou diante de uma jovem cercada por belos quadros pintados a óleo, voltou-se para sua mãe e disse:

– Creio que seja esta a expositora de que Dalva, aquela amiga do Alberto, me indicou.

Diva deu uma olhada nas telas, aquele trabalho merecia estar em um vernissage e, sem pensar duas vezes, comprou uma tela, enquanto a filha separava três. A jovem, ao perceber que aquelas distintas senhoras se encantaram com o trabalho oferecido, abriu um largo sorriso, comentando após receber o valor que pedira, sem barganhas pelas duas.

– Vejo que realmente se encantaram com os quadros, se quiserem conhecer a artista, ela foi tomar um café na padaria mas já deve estar voltando!

Marlene olhou para o relógio de pulso, estavam com tempo de sobra e, como ficara realmente encantada com as obras, voltou-se para Diva dizendo:

– Quero realmente conhecer a responsável por estas magníficas obras de arte, que não sei por que ainda não foram expostas em nenhum vernissage.

– Ah, minha filha, infelizmente arte em nosso país ainda é privilégio de poucos. Eu conheço escritores, atores, pintores, pessoas envolvidas com todo tipo de arte e que possuem talentos incríveis que infelizmente não têm o reconhecimento da sociedade, e muitas vezes acabam vendendo obras de valores inestimáveis a preço de banana.

Marlene já ia responder quando ouviu uma voz feminina que cumprimentava a todos com alegria aproximar-se. Diva, ao reconhecer aquela voz, abriu e fechou a boca. Era Laurinda que se aproximava, parando para falar com um e com outro, dando beijos em todos que paravam para lhe cumprimentar e, ao se aproximar das duas, fez um gesto de surpresa dizendo:

– Não acredito que estou recebendo a ilustre presença de vocês em meu pequeno espaço ao ar livre!

As duas riram com o jeito da senhora, que lhes pareceu mais alegre e espalhafatosa do que antes. Foi Diva, que após esperar a filha cumprimentá-la com beijinhos na face, lhe respondeu:

– Nós é que estamos espantadas e ao mesmo tempo felizes em revê-la – e, mudando o tom de voz, prosseguiu: – Nunca imaginei que lhe encontraria nesta praça, soube de seu infortúnio, sinto muito.

– Pois eu não, queridinha, pelo contrário! Sandro foi o instrumento usado pela vida para minha libertação, sei que um dia ele também aprenderá que não se deve tirar nada de ninguém, que os bens materiais são importantes, mas que devem ser conquistados. Agora, olhe para mim! Alguma vez me viram tão feliz assim? – a senhora deu uma rodada, estava vestindo um longo vestido de seda bem largo, de estampa florida, usava brincos e colares que provavelmente comprara de algum amigo hippie que, assim como ela, devia expor seus produtos na feira.

Fora Marlene quem lhe respondeu:

– Não! Eu nunca lhe vi tão bem, com a alma tão leve e com essa aura de felicidade que contagia a todos.

– Ah, queridinha! Se soubesse o quanto aprendi nos últimos meses... Não sou religiosa nem quero ser, detesto ter que me apegar a rituais, sermão e coisas do gênero. Acredito em Deus e sei que Ele age por si só, sem precisar da intercessão de terceiros para chegar até seus filhos, assim como fez comigo. A vida me fez compreender que estava errada e que deveria assumir meus erros para mudar meu destino, e cá estou, ganhando o pão de cada dia com o suor do meu trabalho. E como é bom chegar em casa após um exaustivo dia e poder dizer a si mesma que fez por onde ter um dia abençoado!

– Você está certíssima! – concordou Diva com um sorriso.

Marlene, após refletir por alguns segundos, comentou:

– Vou me casar daqui a quinze dias e gostaria que fosse à cerimônia, afinal foi em sua casa que conheci Alberto e ficaremos muito felizes em recebê-la, ou melhor, em recebê-las – corrigiu a moça olhando para Camila.

– Você não sabe como fico feliz em saber que aquele meu casamento fez você encontrar o amor de sua vida. Alberto é um rapaz incrível e não duvido que viverá um conto de fadas, mas não poderei aceitar seu convite... – Laurinda fez uma pausa para respirar e vendo que as duas a fitavam continuou: – Bem, é que não sou mais aquela mulher do passado que vivia querendo aparecer nas colunas sociais e não faltava a uma festa em sociedade. Agora sou Laura Cortes, aqui todos me conhecem por meu nome de batismo. Não quero mais ter que conviver com aquelas cobras, infelizes e frustradas que só vão às festas para reparar e falar mal da vida dos outros.

– Quanto a isso não se preocupe, eu e Marlene também mudamos com o passar do tempo. A cerimônia do casamento será realizada somente para os amigos e familiares íntimos de ambas as partes, pessoas como nós que deixaram de acreditar nos conceitos deturpados da alta sociedade para se voltar aos valores do espírito.

Laura deixou uma discreta lágrima escapar de sua face e, dando um abraço em Diva, respondeu:

– Vocês estão sendo muito gentis, mas realmente meu mundo hoje é outro. Eu fechei as portas do passado ao assumir a responsabilidade de minha vida, guardo algumas pessoas queridas em meu coração e sintam-se incluídas nesta lista, mas não quero voltar às rodas sociais em hipótese alguma.

Marlene trocou olhares com a mãe e foi quem respondeu:

– Eu compreendo sua posição, de qualquer forma a cerimônia será realizada no jardim da casa de Eulália, daqui a quinze dias, tenho certeza de que Alberto ficará feliz com sua presença, caso mude de ideia!

– Obrigada, querida. Desde já desejo a você toda felicidade que

existe neste mundo, pois você merece! – Laura deu um abraço apertado na moça, acreditava ter uma dívida de consciência com ela,
uma vez que ajudara Arlete a separá-la de Rogério, e ficou imensamente feliz ao saber que sem querer a vida usara sua festa de casamento para uni-la a Alberto.

– Nós ficaríamos a manhã toda conversando com você, mas temos outros compromissos – comentou Diva ao vê-la se afastar um
pouco de sua filha e fora sua vez de lhe dar um abraço sincero.

Laura despediu-se das duas, que carinhosamente reforçaram
mais uma vez o convite e, após pegarem os quadros, deixaram o
local, onde a senhora nem bem ficara sozinha e já fora interceptada
por outros clientes, que comprando ou não seus quadros sempre
passavam pela praça com o intuito de conversar com ela, que alegre
tratava todos com especial carinho.

No caminho para o aeroporto Marlene ficou pensativa. Diva, ao
ver o jeito da filha ao volante, comentou:

– A vida tem os seus meios para justificar seus fins!

– É exatamente nisto que estou pensando, mamãe. No poder que
a vida tem para fazer valer as leis de Deus, que independentemente
das crenças individuas são para todos.

– Sim! Não importa qual seja sua religião ou filosofia de vida.
O universo vive em constante movimento e, no momento oportuno,
coloca pessoas e situações em nossos caminhos para que possamos
aprender e melhorar como indivíduos, justamente para podermos
entrar em sintonia com seu movimento, que é sempre para a frente
e para a evolução. E assim é, desde o começo dos tempos, não só
em nosso planeta, mas em toda a galáxia.

Marlene não respondeu, concentrando-se na direção. Em poucos minutos estavam à espera do amigo, que não tardou a ser visto
pela jovem, que fora ao seu encontro dando-lhe um forte abraço.
Em seguida, apresentou o à sua mãe. Diva, após os cumprimentos
de praxe e os desejos de boas-vindas, comentou:

– Marlene fala tanto de você que eu estava ansiosa para conhecê-lo e poder agradecer-lhe pessoalmente tudo o que fez por ela.

– Não fiz nada demais. Apenas lhe falei sobre minha filosofia de vida, procurando ensiná-la como funcionam as leis espirituais que regem o universo, e o resto foi com ela, que se identificou com minhas ideias, pois estava preparada para aprender as verdades da vida e colocá-las em prática, porque muitas vezes conhecemos a verdade, mas não a sentimos na alma, e se não a sentimos dentro de nós, nunca nos libertaremos dos conceitos deturpados que trazemos ao longo das encarnações em nosso subconsciente.

– "Conhecereis a verdade e a verdade vos libertará!" – interpelou Marlene, fazendo Diva sorrir para o senhor ao constatar que sua filha estava certa em sua descrição a respeito dele, que além de muito bonito era extremamente simpático – Marlene, quebrando o clima de silêncio que se instalara no local, olhou para o amigo e, pegando em seu braço, comentou: – Tenho certeza de que terão muito tempo para se conhecerem melhor!

– Sim... Desculpe minha indelicadeza. Jorge deve estar exausto da viagem e eu aqui querendo conhecê-lo profundamente no meio da multidão.

– A viagem não foi longa, mas confesso que preciso de ar. E embora agradeça o convite que me fizeram para ficar hospedado na casa de vocês, eu prefiro ir para um hotel, até alugar um flat.

– Ah, mas hoje ficará conosco, disso não abro mão, mesmo porque temos a sessão no centro espírita que frequentamos, logo mais à noite – disse Marlene de pronto, fazendo o senhor concordar com a cabeça. E juntos rumaram para o apartamento, onde permaneceram até o final da tarde.

Passava das sete horas da noite quando Eulália fora para a porta principal de sua casa para receber os frequentadores do centro, como fazia em todas as sessões. Naquela noite, os trabalhos espirituais seriam só para os médiuns e os estudantes da casa, como sempre faziam no último domingo do mês, a pedido dos mentores espirituais, no intuito de estudarem a doutrina e debaterem as questões ligadas aos trabalhos espirituais da casa. E foi com alegria que ao ver Diva a cumprimentou. Marlene, que estava atrás de sua mãe, ao se aproximar da senhora deu-lhe um leve beijo no rosto, e passando a mão delicadamente no ombro do amigo tratou de apresentá-lo:

– Este é Jorge, o amigo que me ajudou quando morei em Campos do Jordão.

Eulália voltou sua atenção para o senhor, e ao ver a face daquele homem sentiu uma leve dor em seu peito, precisando se apoiar na moça para não cair. Jorge, ao vê-la, não aguentou a emoção e colocando sua mão no braço da senhora, que mais refeita conseguiu se manter em pé, comentou:

– Meu Deus, não imaginava revê-la dessa forma tão casual!

– Vocês já se conhecem? – questionou Diva à amiga, que após respirar fundo a elucidou:

– Sim. Eu e Jorge fomos bons amigos no passado, você não se lembra de sua fisionomia, pois talvez o vira em raras ocasiões.

Diva fez um semblante de espanto, lembrou-se de quando Eulália comentara do amor que fora obrigada a deixar em sua mocidade para se casar com Sílvio e, compreendendo o que estava se passando, respondeu:

– Eu realmente não me lembro de nossos amigos da mocidade, somente daqueles que permaneceram ao longo dos anos.

– Pois eu nunca me esqueci de você, Eulália – confessou Jorge, sentindo o amor que sempre guardara em seu coração por aquela mulher voltar com força em seu peito.

Eulália já ia responder, dizer que guardara sua fisionomia em sua alma, mas ao ver alguns médiuns se aproximarem conversando animadamente, voltou-se para ele dizendo:

– Temos muito que conversar. Eu vou querer saber por onde andou durante todos estes anos.

– Vou ter imenso prazer em lhe contar toda a minha vida. – Jorge lançou-lhe um olhar perscrutador, deixando-a no portão para receber os convidados, e foi com as amigas para dentro do salão principal, onde Rogério, Saulo e sua nova esposa entraram em seguida, sendo apresentados a ele, que feliz por estar entre amigos que sabia ser de outras encarnações, ficou à espera do começo da sessão.

Henrique, após apagar as luzes deixando só uma luz azul de fundo, ao som de uma *Ave Maria* deu início aos trabalhos espirituais, fazendo sentida prece a Deus e pedindo o auxílio dos espíritos esclarecidos. Abriu o *Evangelho Segundo o Espiritismo*, leu um trecho e, ao terminar, passou a palavra a outra pessoa, que fez uma explanação sobre as palavras lidas pelo amigo. E logo os espíritos que ali estavam à espera de uma oportunidade de esclarecimento começaram a se manifestar nos vários médiuns sentados ao redor da mesa.

O tempo foi passando. Após as manifestações de espíritos sofredores, que em sua maioria, de forma consciente ou não, permaneciam entre os encarnados sugando suas energias, Henrique, ao ver que os espíritos que aceitavam a ajuda dos abnegados trabalhadores do astral estavam sendo socorridos, pensou em encerrar os trabalhos. Nesse momento viu o espírito de Carla ao lado de João se posicionando próximo a um médium que se mantinha em vibração com o plano espiritual, e sorriu internamente ficando a esperar por seu depoimento.

– Que Nosso Senhor Jesus Cristo abençoe a todos!

Marlene olhou fixamente para o médium, sentiu em seu coração que se tratava de um espírito amigo e, redobrando sua atenção curvou seu corpo para a frente. Carla, após fazer uma breve pausa, disse:

– Quando eu estava na carne, não dera atenção aos valores do espírito, desencarnando de forma trágica, fui atraída para junto daquela que com suas atitudes provocou o ódio em minha alma e fiquei ao seu lado qual vampiro, sugando suas energias e tentando a todo custo me vingar. Eu estava magoada, desesperada, tinha certeza de que meu corpo carnal não havia resistido ao acidente, e focando toda a minha fúria, fui à forra, ajudando a tornar a vida daquela pobre irmã um verdadeiro inferno, até finalmente me sentir vingada. Quanta ilusão... Se vocês soubessem o quanto agi errado ao dar vazão aos sentimentos negativos, que, por ainda os termos enraizados em nossas almas sempre vêm à tona quando nos sentimos prejudicados, fariam de tudo para superá-los, mudando assim suas atitudes – o médium fez ligeira pausa; Carla, antes de prosseguir, olhou para o amigo que a encorajou com o olhar para que continuasse: – Hoje me sinto renovada e estou à espera da oportunidade dada por Deus para ajudar aquela a quem prejudiquei e assim tentar reparar um pouco os meus erros. Peço a todos que vibrem pelos casais que neste momento passam por desentendimentos. E aqueles que puderem ajudar de alguma forma a reaproximar os que se encontram separados pelo orgulho e pela vaidade, que o façam com o coração aberto, para uni-los no amor de Deus – Carla se afastou do médium deixando de misturar seus pensamentos e emoções com os dele. Olhou mais uma vez para Marlene, a amiga com quem passara várias encarnações e muito lhe ajudara, e pôde em sua última existência retribuir um pouco do bem recebido no passado, quando ambas foram casadas com Rogério, na época um rico comerciante marroquino, tendo sido Marlene a primeira esposa, a que possuía o direito de mandar nas outras enquanto disputava o amor e a atenção do marido com sua segunda mulher, Arlete, que invejosa e ciumenta, sempre armava situações para elas serem repreendidas pelo chefe da casa, e nestas situações Marlene sempre a defendia. Carla, embora tivesse sido obrigada a se casar, não sentia amor por aquele homem e assim não criara laços afetivos com ele, ao contrário de Marlene e Arlete, que ficaram durante muitas encarnações disputando aquele homem em inúmeras situações diferentes em que a vida tentara de todas as formas ensiná-las que agindo daquela forma o bem nunca se realizaria em suas vidas e os laços do engano não se romperiam, enquanto não definissem seus sentimentos. João convidou a moça para dar uma volta, enquanto Henrique terminava os trabalhos espirituais, convidando seus amigos íntimos para tomarem um chá, o que fora aceito por todos, que lotaram sua sala de jantar, onde a empregada fizera uma mesa cheia de quitutes, sucos e chás de vários sabores.

– Não sei se estou confundindo as coisas, mas tive a nítida sensação de que era Carla quem conversava conosco há pouco – comentou Marlene ao sentar-se à mesa

– Fico feliz que tenha o cuidado de não se precipitar com relação às suas conclusões, o "achismo" não tem vez dentro da Doutrina Espírita, que nos ensina a ter cautela e só falar algo referente à vida espiritual quando tiver certeza absoluta de sua veracidade. Carla está conosco esta noite, eu a vi junto ao espírito de seu pai – comentou Henrique, que não deixou de perceber o olhar de sua mãe para Jorge, que lhe tomou a palavra:

– Nada acontece por mero capricho divino; se sua amiga pôde se comunicar conosco é porque suas palavras devem ser avaliadas por todos.

Marlene não respondeu, estava feliz em receber notícias de sua amiga e ficou pensando em suas palavras, conseguindo compreender a mensagem deixada por ela, prometendo a si mesma fazer o que sugerira. Henrique passou a conversar com Jorge, que lhe falara de seus trabalhos com os doentes de várias clínicas por onde passara, procurando saber detalhes da vida daquele senhor. E quando todos foram para a sala, Henrique chamou sua mãe e, voltando-se para o novo amigo, comentou:

– Mamãe, tem um lindo jardim no quintal dos fundos que tem o poder de aproximar ainda mais os que nele passam com o coração aberto aos aprendizados da vida. O que acham de irem até lá e passarem por essa experiência? – comentou o jovem piscando levemente para a mãe, fazendo Jorge abrir um sorriso antes de responder:

– Eu e sua mãe nos conhecemos bem antes de você nascer. A vida nos afastou e teve seus motivos.

Eulália, com o coração aos saltos, pegou de leve na mão de Jorge e o levou para o jardim, mostrando-lhe toda variedade de flores que havia nele. E juntos se sentaram em um banco sob o caramanchão, onde Jorge, após fitá-la demoradamente, comentou:

– Passei anos sonhando com nosso reencontro, chegando a acreditar que só lhe veria novamente no plano astral.

– Ah, Jorge, tenho tantas explicações para lhe dar – Eulália fez uma pequena pausa para buscar em sua mente as lembranças do passado e prosseguiu: – Quando meu pai me obrigou a casar com Sílvio, senti meu mundo desabar, eu era muito inexperiente e não tive coragem nem forças para lutar contra o destino. Você não sabe quantas noites passei em claro, com ódio de meu pai, de mim mesma e da vida por ter colocado Sílvio no meu caminho. Eu queria saber de Deus o porquê de ter me aproximado de Sílvio, que apaixonado fez loucuras para se casar comigo e só me fez infeliz, até que conheci a Doutrina Espírita e passei a ter consciência das verdades espirituais, descobrindo que estava tudo certo, que eu tinha que passar o que passei ao lado de meu marido, que precisava limpar meu carma com ele para ser feliz no futuro. Não quero com isso dizer que eu não tive escolha, nós sempre podemos escolher o que queremos para a nossa vida, pois Deus não nos obriga a nada; pelo contrário, respeita o nosso livre-arbítrio, e eu escolhi seguir ao lado de Sílvio até o fim de sua vida, porque me sentia em dívida com ele.

– Eulália, minha doce Eulália! O tempo passou e você aprendeu com seu sofrimento, assumiu as rédeas de suas escolhas e hoje segue o seu caminho com a consciência tranquila. Quando você me deixou, compreendi que fora por causa de minha situação financeira, eu era um simples estudante de Medicina de classe média que precisava da ajuda de meus tios ricos para manter a faculdade. Você não sabe o quanto amaldiçoei a vida por ser pobre e não ter um nome de respeito na sociedade, mas esta ilusão me fez abrir a visão para a vida, para os verdadeiros valores do espírito. Eu descobri um mundo novo que me faz feliz. Hoje posso ajudar o meu próximo com o pouco de conhecimento que adquiri ao longo dos anos, e isso faz de mim um ser humano melhor... – Jorge fez uma pausa e, pegando a mão de Eulália, levou-a aos lábios, dando um leve beijo; em seguida, prosseguiu: – Eu sou completo interiormente por ser quem eu sou e ficaria mais feliz se me disser que poderemos nos relacionar daqui para a frente, não como bons amigos, mas como espíritos ligados pelo amor que a vida separou para que pudéssemos aprender e cumprir nossas missões. Saiba que nunca me envolvi seriamente com nenhuma outra mulher, pois em meu coração só tinha lugar para uma, você!

Eulália deixara uma lágrima de felicidade rolar por sua face e, sem conseguir articular palavras, fez um gesto afirmativo com a cabeça, o que fez Jorge abraçá-la fortemente e beijá-la nos lábios com carinho, ficando juntinhos, apreciando o céu estrelado.

Carla, que ao lado de João observava a cena a uma certa distância, voltou-se para o amigo dizendo emocionada:

– Tudo indica que cumpriu sua missão!

– Sim e não, sabe o quanto isso me deixa feliz. Quando me aproximei de Jorge, minha intenção era aproximá-lo de Marlene para que ele pudesse ajudá-la, e assim o estaria ajudando a reencontrar seu amor. O mesmo diz respeito a você. Somos almas interligadas com a mente divina, pois agindo no bem, recebemos o bem. E, acredite, todas estas pessoas fazem parte de meu passado, portanto a felicidade delas é minha também; mas ainda falta ajudar Sílvio, que, endurecido com seus sentimentos ao desencarnar tivera seu corpo perispiritual arremessado direto para as zonas umbralinas, onde dorme pesadamente por não acreditar na vida fora da matéria nem em Deus, e Olga, que enquanto não rever seus valores ficará sofrendo nas mãos daquela organização à qual se aliou antes mesmo de deixar o plano material.

Carla ficou pensativa, assim como o amigo, ainda precisava fazer sua parte ajudando dois corações a se unirem para finalmente poder seguir seu caminho no plano espiritual com a consciência tranquila.

CAPÍTULO 27

O amor verdadeiro

Era fim de tarde quando os convidados para a cerimônia nupcial começaram a chegar à casa de Eulália, sendo direcionados para o vasto jardim, onde havia um pequeno altar decorado com flores de várias espécies, ao centro um tapete vermelho e cadeiras dispostas de ambos os lados, que pouco a pouco foram sendo preenchidas pelos amigos mais íntimos de ambas as famílias. Diva olhava com satisfação para o trabalho dos decoradores e, ao ver Eulália andando de um lado para o outro cumprimentando a todos alegremente, foi ter com ela:

– Falta pouco para o começo da cerimônia, é melhor ir ver se os noivos estão prontos!

– Acalme-se, Diva, a orquestra já está posta e tudo transcorre na mais perfeita ordem!

Diva olhou para a amiga, que estava linda. Eulália usava um lindo vestido verde claro, na cabeça um pequeno chapéu com delicado véu que cobria somente a região dos olhos no mesmo tom do vestido e, mudando o rumo da conversa, comentou:

– Vendo você renovada, chego a sentir saudades de quando João estava na carne. Ah, como o amor mexe com os sentimentos mais nobres das pessoas!

– O amor verdadeiro é o mais nobre dos sentimentos, sempre gostei de me cuidar porque gosto de mim e me sinto bem com minha presença, vivo em harmonia com minha consciência e, estando em paz comigo mesma e com a vida, estendo meus sentimentos para a humanidade. Muitas pessoas sentem-se felizes quando estão apaixonadas e acreditam que a felicidade só pode lhes invadir a alma se estiverem ao lado de alguém que lhes ame, pois ainda não aprenderam que podemos, sim, ser felizes sozinhos, e que o amor e a felicidade devem nascer de nós mesmos, pois uma vez estando de posse de tais sentimentos conseguimos atrair situações e pessoas positivas, criando à nossa volta uma aura de harmonia. Eu sempre acreditei na força do amor e que um dia reencontraria Jorge e, ao seu lado, viveríamos os melhores momentos de nossas vidas. Passei anos ao lado de meu marido, a princípio porque a vida nos uniu. Claro que fora uma relação para acertos de contas, e fiz o meu melhor, dei o melhor de mim para aquele homem que vivia a me maltratar, e mesmo assim o amei como a um irmão, amigo e companheiro de luta abençoada e redentora rumo à espiritualidade maior. Amei da forma mais pura, assim como procuro amar o meu próximo. Jorge eu amo com toda força de minha alma, e a ele devoto um amor que sei que será para sempre. Não sei se em uma próxima encarnação estaremos juntos, pois dependerá dos desafios, missões e resgates de cada um, mas nesta Deus me deu a oportunidade de ser feliz ao seu lado e estou aproveitando cada minuto.

– Você merece, Eulália... Você merece! – falou Diva, enxugando uma lágrima que teimava em cair por sua face diante da felicidade da amiga, que para ela era uma irmã do coração. Em seguida, fora até o quarto reservado para a filha que acabava de ajeitar o enfeite do cabelo com a ajuda do maquiador. Quando voltou ao jardim, deu o aval para o começo da cerimônia, que seria realizada pelo juiz de paz, que após algumas palavras de Henrique tomaria a palavra para formalizar a união perante a lei.

Em segundos, uma suave melodia pôde ser ouvida por todos para a entrada do noivo. Alberto olhou para o céu, findava a tarde e a natureza lhes presenteava com um lindo crepúsculo onde as cores variavam entre o lilás, o laranja e o amarelo, proporcionando um espetáculo de rara beleza. Em seguida, andou calmamente até o altar, de mãos dadas com a madrasta, seguido por Diva, que estava de braços dados com o pai do noivo, Saulo e Antônia, Eulália e Rogério, padrinhos dos noivos, ficando todos de frente para os convidados.

Um breve silêncio se fez presente, fazendo os convivas olharem para trás ao ouvirem o som da *Ave Maria* de Schubert sendo tocada pela orquestra. E, com as primeiras estrelas que apontavam no céu, Marlene deu seus primeiros passos ao altar, de braços dados com Jorge. Ela estava linda, usava um vestido longo de seda cor de pérola com decote em V, que uma leve brisa fazia questão de brincar enquanto passava lentamente pelo tapete vermelho. Os cabelos estavam soltos em cachos com pequenas flores de laranjeira, simbolizando a pureza de sua alma, deixando sua fisionomia ainda mais graciosa; nas mãos um lindo buquê de rosas coloridas. Alberto, ao vê-la se aproximar, não se conteve, amava aquela mulher com toda força de sua alma, e erguendo a cabeça aos céus, agradeceu a Deus por aquele momento de sua vida, e com lágrimas nos olhos apertou a mão de Jorge, que lhe entregou a noiva e juntos sentaram-se para ouvir as palavras de Henrique, que esperou os convidados se sentarem e pegando o microfone cumprimentou a todos dizendo em seguida:

– Nesta noite em que celebramos a união de Marlene e Alberto, nossos corações estão em festa. Todos sabemos o quanto as batalhas e as lutas do dia a dia podem aniquilar uma relação e é importante que tenhamos a consciência de que os noivos, ao saírem daqui, não viverão felizes para sempre. Não, meus amigos! Porque cada ser é único, e mesmo duas pessoas que se amam passam por dificuldades e contratempos, e o que diferencia uma relação de sucesso e outra de fracasso é a força de vontade que ambos precisam ter para superar os problemas que surgirão em suas vidas – Henrique fez uma pausa para respirar; olhando para os convidados viu uma figura conhecida e sorriu, e, sendo inspirado pelo espírito de Carla, falou: – O que posso lhes dizer hoje é que esta união será consolidada com base no amor, no respeito e na cumplicidade, porque se tratam de duas almas que se afinam, que desejam seguir o caminho traçado por Deus. E casamento é isso, duas almas que o destino uniu com um propósito em comum, que é a evolução dos casais, que podem somar suas forças para seguir no caminho do bem. Por isso, neste momento peço que todos elevem seus pensamentos a Deus pedindo que esta união, que já é abençoada, dê frutos, e que esses frutos sejam de amor, amor que poderá no futuro ajudar a humanidade com a missão dos filhos que virão para completar a vida de ambos – Henrique fechou os olhos fazendo sentida prece, rogando a Deus que a paz e a saúde fossem constantes na vida de todos. Em seguida, passou o microfone para o juiz de paz, que deu prosseguimento à cerimônia.

Alberto, ao pegar a aliança e colocar no dedo da noiva, respirou profundamente e tentando controlar as lágrimas falou olhando fixamente em seus olhos:

– Marlene, receba esta aliança como prova do meu amor e da minha fidelidade. Hoje você está me fazendo o homem mais feliz deste mundo, pois finalmente encontrei a mulher que sempre sonhei ter ao meu lado. Quero viver com você o amor mais puro e verdadeiro, quero aquecê-la nos dias frios e refrescá-la nos de verão, lhe dar a mão e passear à luz do luar quando, após um dia exaustivo de trabalho, o desânimo nos abater, provocar-lhe um sorriso quando as amarguras da vida baterem à nossa porta, amá-la e respeitá-la até que a vida nos separe. Porque meu coração e o seu são um só, que pulsa até que Deus ou a vida assim permitir – Alberto calou-se; aquelas palavras, pronunciadas com toda força de sua alma, fez todos chorarem de emoção.

Em seguida, foi a vez de Marlene, que lhe fez promessas de amor eterno. E, ao assinarem o livro de registro civil, uma voz feminina doce e melodiosa pôde ser ouvida, emocionando ainda mais os convidados ao cantar a música "Eu sei que vou te amar", de Tom Jobim e Vinicius de Moraes. Rogério baixou a cabeça, a cerimônia, as palavras sinceras pronunciadas por Alberto à amada, fizeram-no lembrar-se de Arlete, do amor que ela sentia por ele e, que por estupidez deixara esvair-se. Carla, ao ler seus pensamentos, envolveu-o em suas energias, fazendo-o olhar para a última fileira de bancos, onde Arlete estava ao lado de outros convidados, visivelmente emocionada, e com o coração aos saltos esperou os noivos passarem pelo corredor e foi ao encontro da moça. O que ele não sabia é que Marlene, inspirada por Carla, escrevera uma carta à jovem lhe informando que, desde que deixara o país, Rogério tornara-se solitário e não se relacionara com mais nenhuma mulher, dedicando os dias de sua vida ao aprendizado no centro espírita e às assistências sociais ao lado do primo e da tia, fazendo--a compreender que ele mudara de fato e que se ainda houvesse amor de sua parte aquele era o momento oportuno para um reencontro o que fez a jovem voltar ao país para assistir à cerimônia do casamento.

Um breve silêncio se fez entre os dois ao se olharem nos olhos, enquanto as pessoas se encaminhavam para o outro lado do jardim, onde a pista de dança e as mesas haviam sido postas para a festa, ficando somente o casal, que após alguns minutos de silêncio que falaram por mil palavras se abraçaram, deixando todo o amor que sentiam um pelo outro brotar de suas almas errantes.

– Eu ... Eu te amo com toda força de minha alma e foi preciso ficar sozinho para perceber isso... Diga que me perdoa e me faça o homem mais feliz desse mundo...

– Psiu... Não fale mais nada – interpelou a bela moça, limpando as lágrimas que caíam copiosamente pela face daquele homem, que assim como ela aprendera com seus erros e, dando-o lhe um beijo apaixonado, despertou aquele amor adormecido pelas circunstâncias, que voltava com toda a sua força para juntos repararem erros do passado e se ajustarem moralmente.

Carla, ao ver o beijo apaixonado dos dois, voltou-se para João dizendo:

– Agora sim poderei viver em paz com minha consciência e junto do homem que amo no plano espiritual.

– Você fez sua parte, compreendeu que não deve julgar seu próximo nem fazer justiça com suas próprias mãos, que Deus tem meios para ensinar o que deve ser aprendido por cada espírito, encarnado ou não, e com isso poderá seguir em frente, viver ao lado de Flávio e serem felizes no plano astral até o chamado para uma nova passagem na Terra. Eu soube que um querido amigo logo voltará à carne como filho dos dois e você poderá regressar num futuro próximo como neto deles e se harmonizar definitivamente com o casal.

Carla sentiu um bálsamo refrescante invadir sua alma, agradecendo a Deus a oportunidade abençoada de estar presente naquele momento da vida da amiga, abraçando o senhor em seguida, e juntos deram uma última olhada para a festa, onde Rogério e Arlete, ao se juntarem aos noivos, foram convidados para uma foto em família.

João, ao ver os seus felizes e no caminho da redenção, agradeceu intimamente a Deus pela oportunidade salutar de ajudá-los e, dando a mão para Carla, volitaram rumo às estrelas.

FIM

Impressão e acabamento:

tel.: 25226368